Novelle Esemplari...

Miguel de Cervantes Saavedra

NOVELLE ESEMPLARI

DI

M. Cervantes Saavedra.

NOVELLE ESEMPLARI

DI

MICHELE CERVANTES SAAVEDRA

antica versione italiana

DI

Guglielmo Alessandro de' Novilieri Clavelli

EDIZIONE

riscontrata col testo spagnuolo, reintegrata e corretta.

—— ——

Volume Secondo

—— ——

EDITORE **Francesco Pagnoni**, TIPOGRAFO

MILANO   NAPOLI
Via Solferino, 7.   Largo Monteoliveto, 86.

1875

Tipografia di F. Pagnoni.

LA FORZA DEL SANGUE

Novella V.

ARGOMENTO.

Leocadia ritornando una sera da spasso col padre e con la madre vien rapita da un giovine gentiluomo. Costui se la porta via a casa tramortita, e mentre ch'ella è priva di sentimento, ei la viola. Ed in quello che la giovine comincia a risentirsi, egli le benda gli occhi e la mette sulla strada. Ella se ne ritorna a casa del padre, ove dopo molti sospiri e pianti si consola con un Crocefisso che segretamente ella aveva preso in casa di colui che l'aveva stuprata. In capo a nove mesi ella partorisce un puttino bellissimo a meraviglia; il quale miracolosamente vien ad esser riconosciuto, e riparato l'onore della madre con l'essere sposata col suo rapitore.

Una sera della stagione la più calda dell'anno, un vecchio gentiluomo in Toledo ritornava da spasso da lungo il fiume colla moglie, un figliuolino, una figliuola di sedici anni ed una serva. La notte era chiara, le tre ore suonate; non era più nessuno sulla strada, e quella compagnia camminava a passo lento, per non pagare troppo caro colla stracchezza il gusto che si piglia lungo il fiume, o per la pianura di Toledo. I

buon gentiluomo fattosi sicuro dalla sicurezza che la
buona giustizia e gli ottimi costumi di quei cittadini
promettono, se ne veniva con l'onorata sua famiglia
molto lontano dal pensare che nessuna disgrazia oc-
correr gli dovesse. Ma, come tutte quelle che, soprag-
giungono non sono state pensate, così quando egli non
ci pensava, gliene successe una che turbò quel suo
gusto, e gli diede da piangere per molti anni. Allora
in quella città stava un gentiluomo di anni ventidue,
a cui il sangue illustre, la ricchezza, l'inclinazione
sviata, la troppa libertà, e le cattive compagnie con
chi ei praticava, facevano far delle stravaganze che
non convenivano alla sua qualità, e gli davano nome
di rompicollo. Ora questo gentiluomo (di cui per buon
rispetto taceremo il nome, e gli daremo quel di Ridolfo) con quattro amici suoi tutti allegri e tutti insolenti, scendendo per l'istessa costa, che il vecchio gentiluomo saliva, s'incontrarono l'agnelle ne' lupi. Ridolfo
e i suoi compagni con maniere insolenti, e le faccie
coperte co'ferraiuoli mirarono la madre in viso, la figliuola e la serva. Il buon vecchio turbossi tutto, e lor
rinfacciò l'insolenza; eglino gli risposero con beffe e
burle, e senza fare altro sproposito camminaron innanzi. Però la gran bellezza che Ridolfo avea veduta
nella faccia di Leocadia (così era il nome della figliuola) cominciò a stamparsegli di modo tale nella mente,
che ne restò ardentemente acceso, e nacque in lui
il desiderio di goderla, seguissene che potesse : ed al-
l'istante comunicò ai compagni il suo pensiero, ed in
un altro istante si risolvettero di ritornare, e rapirla,
per favorire i gusti di Ridolfo : così i ricchi liberali
trovano facilmente chi approvi i lor cattivi disegni, e
canonizzi le loro ingiustizie. Il mal pensiero, il comu
nicarlo, l'approvarlo e il mandarlo ad effetto nel rapi.
Leocadia, fu quasi tutto in un tempo. S'ascosero le
faccie con i loro fazzoletti, e sfoderate le spade, torna-

rono indietro, ed in pochi passi raggiunsero e s'avventarono addosso a quelli, che appena finivano di ringraziar Dio che gli avesse liberati da quegli insolenti. Ridolfo diede di piglio a Leocadia, e portandola in braccio si diede a fuggire. Ella non ebbe forza da potersi difendere, ed il repentino insulto levandole la voce, le vietò il lamentarsi, ed anche la luce degli occhi, perchè svenuta, non vide da chi, nè dove fosse portata. Si dette a gridar suo padre, a stridere sua madre, a piangere il suo fratellino ; e la serva a graffiarsi il viso : ma non furono le grida udite, nè le strida sentite, nè il pianto commosse a compassione ; nè i graffi giovarono: perciocchè il luogo deserto, il silenzio della notte, ed i cuori di quei crudeli non avevan orecchi. Infine, gli uni se n'andarono allegri, gli altri restarono afflitti e sconsolati. Senza impedimento alcuno giunse Ridolfo a casa sua, ed alla loro i padri di Leocadia per gran dolore quasi disperati. Privi della figliuola erano diventati ciechi, perch'essa era la luce degli occhi loro; non avendo più la sua dolce e grata compagnia, restavano come solitari. Insomma si ritrovavano confusi, senza sapere se dovessero o no riferire alla giustizia l'infame caso, e querelarsi, e timorosi d'essere il principale stromento che palesasse quel disonore. Vedevano (come a poveri gentiluomini) mancargli il favore; e finalmente non sapevan di chi dolersi, se non della loro disgrazia. Frattanto Ridolfo astuto e sagace tenevasi già Leocadia in casa, e nella propria camera; e quando che nel portarsela s'accorse ch'ella veniva meno, le coprì gli occhi con un fazzoletto, acciocchè non vedesse e notasse le strade per dove passava, nè la casa e la camera nella quale era condotta ; perchè il padre di lui, ch'ancor viveva, gli aveva dato un appartamento, ed egli ne teneva la chiave ; grand'errore de' padri che pensano ritenere i figliuoli ne' loro termini, lasciandogli così vivere separatamente.

Innanzi che Leocadia si riscotesse dal suo tramortimento, Ridolfo s'ebbe soddisfatta la voglia, perché gl'impeti della gioventù non casta, poche volte, o nessuna, non istanno a considerare il tempo, ma solamente si vagliono delle comodità che più gl'incitano. Così egli, fatto cieco della luce dell'intendimento, nel buio delle tenebre rapi a Leocadia la gioia più preziosa ch'ella s'avesse. E siccome la maggior parte dei peccati della sensualità non passano oltre i termini dell'effetto e gusto seguiti, Ridolfo avrebbe voluto che Leocadia allora fosse stata indi molto lontana: per il che gli venne in pensiero metterla sulla strada così svenuta com'era. Ma in quello ch'egli s'accingeva a dargli effetto, ei sentì ch'ella tornava in sè, dicendo: Ohimè meschina, dove son'io? Che oscurità è questa? Che tenebre ho io attorno? Sono nel limbo della mia innocenza, o nell'inferno de' miei peccati? Gesù, chi mi tocca? Io in letto? Ah, misera me. Mi sentite voi, dolce madre, e signora mia? Mi sentite amato padre? Ahi, lassa me! ora sì ch'io conosco che nè padre, nè madre m'odono, e che mi toccano i miei nemici. Oh, quanto felice sarei io, se questa oscurità durasse eternamente, e se gli occhi miei mai più vedessino luce in questo mondo; e se il luogo, qual ch'egli sia, nel quale mi ritrovo fosse la sepoltura del mio onore: poichè il disonore non conosciuto, vale più dell'onore che solamente sta nell'opinion delle genti. Pur mi ricordo (e volesse Iddio che non mi ricordassi) che poco fa io veniva in compagnia de' miei genitori. Io mi ricordo, che di repente fui assaltata; e già m'imagino, e veggo, che non stà bene che la gente mi vegga. Oh, chi che tu ti si' che qui con meco sei (e in dicendo questo ella teneva strette le mani di Ridolfo) se tu hai l'anima capace di concedere una grazia, pregoti, poichè m'hai tolto l'onore, di tormi ancora la vita: toglilami or ora, che non la deve più godere quella che ha perduto l'onore. La crudeltà che m'hai usata nell'offendermi, sara da scusare per la compassione che avrai di me facendomi morire : e così in un tempo sarai stato crudele e pietoso.

Le parole e la querela di Leocadia fecero rimaner Ridolfo tutto confuso, e come giovane di poca esperienza, non sapeva che dirsi, nè che fare. Ed il suo silenzio causava maggior meraviglia a Leocadia : la qual tastando con le mani procurava disingannarsi, se quello, che le stava allato, fosse fantasma od ombra. Ma conoscendo che toccava un corpo, e ricordandosi della violenza usatale in presenza dei suoi genitori, ella era fatta chiara della sua disgrazia. Con questa certezza tornò a proseguire le sue querele, che i molti singhiozzi e sospiri avevan interrotte, e così diceva : Giovine temerario (che 'l tuo procedere dà ben ad intendere che sei di pochi anni), io ti perdono il torto che m'hai fatto, pur che mi prometta e giuri, che come l'hai coperto con quest'oscurità, lo coprirai ancora d'un silenzio perpetuo. La ricompensa che ti domando per così fatto oltraggio, è poca cosa; nulladimeno ella sarà per me la maggiore ch'io sapessi domandarti e tu potessi darmi. Sappi, e considera, che non ho mai veduta la tua faccia, nè manco veder la voglio; perchè quantunque mi si ricordi dell' offesa che mi fu fatta, non voglio però ricordarmi dell'offensore, nè serbare nella memoria l' imagine dell'autor del mio danno. Fra me, ed il cielo, passeranno i miei lamenti, senza ch'io voglia che gli senta il mondo, il quale non giudica le cose dai loro successi, se non conforme alla sua opinione.

Non so come di questi particolari io possa dirti la verità, perchè ha i suoi fondamenti nell'esperienza di molti accidenti, e nel corso di molti anni, ed i miei non arrivano ai diecisette. Ma ora io conosco che il dolore lega, e scioglie la lingua agli afflitti, alcune volte esagerando il loro male acciocche se gli creda, ed altre

volte tacendolo, acciò non vi si dia il rimedio conveniente. Or in che modo io taccia, ò parli, credo, ch'io
debba indurti a credermi, od a rimediarmi: posciachè
il non credermi sarebbe ignoranza, e troppa crudeltà
il non volere dar rimedio al mio male, benchè insana-
bile ei sia. Non voglio disperarmi, perchè ti costerà
ben poco il darmi quell'alleviamento, ed è questo il
modo. Non aspettare, e non ti confidar che il tempo
temperi, o mitighi il giusto sdegno che teco tengo, nè
voler più accrescere gli aggravi miei, mentre meno go-
deraimi, perche già di me avesti il godimento e meno
fieno ardenti i tuoi desiderj. Fa conto che a caso ed impensatamente tu m'offendesti, e senza primieramente
aver dato luogo alla ragione; ed io farò conto di mai
esser nata al mondo, o che s'io vi nacqui, fu per essere infelice. Or ora mettimi in mezzo alla strada, od
almeno vicino al Duomo, ch' indi saprò tornarmene a
casa. Ma tu hai da giurare di non seguitarmi, nè domandare il nome de' miei genitori, il mio, nè de'miei parenti; i quali se fossero ricchi, quanto son nobili, non
vedrebbon la loro figliuola sì infelice. Rispondimi a
questo, e se tu temi ch'io possa conoscerti alla favella,
credi per certo, che dal mio padre in poi e dal mio
confessore mai ho parlato con uomo al mondo, e sì
pochi ho sentito a parlare, che non saprei far distin-
zione di voci o di parole.

La risposta che fe' Ridolfo alle discrete ragioni della
dolente Leocadia, altra non fu che abbracciarla, signi-
ficando ch' egli volesse ritornare al gusto suo, ed al
disonore della donzella; ma ella, conoscendo l'intento
dello scellerato, con più forza che i teneri anni suoi
non comportavano si difendeva coi piedi, con le mani,
coi denti e con la lingua, dicendogli: Ah, traditore;
uomo senza coscienza, o chi che tu ti sii; le spoglie
che rapite m' hai, non son altro che quelle che rapir
avresti potuto ad un tronco, o ad una colonna, che non

ha sentimento. Quella vittoria e quel trionfo non può tornarti se non a disonore e ad infamia. Però quello che ora da me pretendi non l'avrai se non con la mia morte. Tu m'hai calcata, e strapazzata, mentre fui tramortita; ma adesso, che ho animo e forza, anzi mi ammazzerai che vincermi. Se ora che ho riavuti i miei sentimenti, mi lasciassi andare, senza far resistenza, ai tuoi nefandi gusti, potresti credere che il mio svenimento fosse stato infinto, quando temerariamente avesti ardire di rovinarmi.

Finalmente, Leocadia con tanta gagliardia, e sì costantemente s'oppose e si difese che la seconda forza, ed i desii di Ridolfo furono deboli e vani. Or come l'insolenza ch'egli con lei aveva usata, non nasceva se non da impeto lascivo (dal quale mai procede il vero amore, che sempre sta in luogo di quell'empito che presto passa, e non lascia se non il pentimento, o per lo manco una tepida volontà in sua vece), Ridolfo freddo, e stanco, senza dire parola lasciò Leocadia nel suo letto e nella sua casa, serrò la porta della sua camera, ed andò a trovare i suoi compagni, e consigliarsi con essi loro, che cosa ei dovesse fare. Quando che Leocadia conobbe esser sola, e serrata di dentro, uscì dal letto, e camminò tutta la stanza brancolando, e con le mani tastando i muri per trovare la porta, e per quella uscire, o pur qualche finestra per gettarsi giù nella strada. Trovò la porta, ma inchiavata, poi un balcone, ch'ella aprì, e per dove entrò lo splendor della luna sì chiaramente, ch'ella potette discernere i colori d'una tappezzeria di seta che adornava la stanza. E vide anche esser la lettiera indorata, e sì riccamente guernita, che pareva letto da principe, anzi che da privato cavaliero. Contò le sedie e gli studioli e scrigni; e notò da che banda stava la porta. Ed ancorchè vide attaccato ai muri alcuni quadri, non potette conoscere le lor pitture. La finestra era grande, tutta interriata:

guardava nel giardino, che parimente era serrato attorno d'alte mura; difficoltadi che s'opponevano al suo
disegno di gettarsi giù nella strada. Tutto ciò ch'ella
potè vedere ed osservare della capacità e dei ricchi addobbamenti di quella casa, le diede ad intendere che'l
padrone di quella dovesse essere persona d'importanza
è ricca; non già mezzanamente, ma largamente. In
quello ch'ella andava considerando, ed osservando da
per tutte le bande, vide sopra uno scrigno accanto alla
finestra un picciol Crocefisso tutto d'argento, e quello
prese, e se lo portò via nella manica della vesta, non
per devozione, nè con animo di rubarlo, ma per valer-
sene in tempo e luogo, come giudiziosamente aveva
disegnato. Fatto questo, riserrò la finestra, e rimisesi
sopra il letto, aspettando il fine del cattivo principio
della sua sventura. Appena, al parer suo, era passata
mezz'ora, quando ch'essa sentì aprir la porta della
stanza, e che se l'accostò una persona, la quale senza
dir parola le bendò gli occhi con un fazzoletto, e pigliandola pel braccio, la trasse fuora della stanza, ed
ancora sentì quando quella persona andò a riserrar la
porta. Era Ridolfo, il quale, quantunque uscito fosse
per ir a ritrovare (come dicemmo) i suoi compagni, però
non andò a cercarli, perchè gli parve che non istaria
bene, nè occorreva palesar loro, e fargli consapevoli di
ciò che tra quella donzella e lui era passato, e che
non bisognava che avesse testimonj, anzi si risolvette
dir loro, che pentito del mal già fatto, e commosso
dalle lagrime di lei, senza toccarla nell'onore, a mezza
strada l'avesse lasciata andare.

E stando in questa determinazione, era tornato a
metter Leocadia (presto come a lui chieduto aveva)
presso al Duomo, innanzi che spuntasse l'alba, temendo
che la luce del giorno non permettesse di poterla metter fuora di casa, e lo forzasse a tenerla ancora in camera fino alla notte, nel quale spazio di tempo egli

non aveva in animo di ritornare ad usarle più forza, nè dar occasione d'essere conosciuto. Dunque, ei la condusse sino alla piazza chiamata Piazza Maggiore, o della Signoria; ed ivi con voce contraffatta ed in lingua mezzo portoghese e mezzo castigliana le disse, che poteva sicuramente tornarsene a casa, senza timore d'esser seguitata da nessuno. E prima ch'ella avesse tempo da levarsi dagli occhi il fazzoletto, egli già s'era posto in parte ove non potess'essere veduto. Così restò sola Leocadia, levossi il fazzoletto, e riconobbe il luogo dove l'avevano lasciata. Guardò da ogni banda, e non vide alcuno; tuttavia, temendo di esser da lungi seguitata, di quando in quando si fermava, andando sempre verso la casa di suo padre, che non era molto lontana. E per ingannare le spie, se ve ne fosse, che la seguitassero, entrò in una casa ch'ella vide aperta, ed indi a poco giunse alla sua. Vi trovò il padre e la madre tutti afflitti, e che passata avevan quella notte senza spogliarsi, ed anche senza speme di poter ritrovare alcun alleviamento al suo dolore. Quando la videro, le corsero incontro ad abbracciarla, e con le lagrime agli occhi la ricevorono. Leocadia, che aveva l'animo tutto turbato, pregò suo padre e sua madre che fossero contenti tirarsi con lei in disparte. Così fecero essi, ed ella in poche parole lor diede conto di tutto l'infausto successo della sua disgrazia; e d'ogni circostanza d'essa, e come in modo nessuno del suo rapitore non aveva notizia. Ma disse loro quel ch'avea visto nel teatro, dove della sua sventura era stata rappresentata la miserabile tragedia, la finestra, l'inferriata, il giardino, gli scrigni, il letto, la tappezzeria: e finalmente lor mostrò il Crocefisso, che vi aveva preso. Davanti a quello si rinnovarono le lagrime, si fero imprecazioni, si dimandò vendetta, e furono desiati miracolosi castighi. Disse ancora, che quantunque non disiasse di conoscer colui che l'aveva offesa, però se a' suoi padri paresse bene di doverlo conoscere, potrebbon farle col mezzo di quel Crocefisso, facendo che i sacristani, o parrocchiani di tutte le parrocchie della città pubblicassero in pulpito, che chi perduto avesse un Crocefisso, lo troverebbono dal tale prete, ch'essi avrebbono segnalato, e che dando i contrassegni gli sarebbe restituito; per quella via si saprebbe la casa, e si verria in cognizione della persona che si vituperosamente l'aveva trattata. Questo staria bene, cara figliuola, rispose il padre, se la malizia ordinaria non s'opponesse alle giudiziose tue ragioni; ma s'ha da credere che oggi questo Crocefisso si troverà mancare in quella casa che tu dici, e colui di chi egli è, avrà per cosa sicura che la persona che con lui era se l'avrà portato via: attalchè in luogo di venire in cognizione per la via del prete, di quello a chi egli appartenga, farà manifestare colui che adesso l'ha nelle mani, perchè potrebbe esser che qualcun altro a chi lo scellerato violatore avesse dati i contrassegni del Crocefisso, si presentasse e dicesse, che fosse suo. Così cercando d'informarci, noi ci troveremo confusi, posto che usar possiamo il medesimo artificio che temiamo, e valercene con farlo dare per terza persona in man del sagrestano o prete. Ciò ch'hai da far figliuola, si è di guardar questo Crocefisso ed a quel ch'egli rappresenta, raccomandarti. E poichè è stato il testimonio della tua sciagura, permetterà Iddio, ch'egli farà il giudice per la tua giustizia. Sappi, figliuola mia, che più affligge un'oncia di pubblica infamia, che dieci libbre di disonor segreto. E posciachè tu puoi vivere con onore pubblicamente davanti a Dio, non ti dia pena l'essere stata disonorata segretamente, non avendo avuta la volontà d'offenderlo. Il vero disonore consiste nel peccato, ed il vero onore nella virtù. Si offende Iddio con la parola, col desiderio e con l'effetto: ma poichè tu non l'hai offeso nè con parole, nè col desi-

derio, nè con l'effetto, abbiti per onorata, che io per
me sempre t'averò per tale e mai ti guarderò se non
con occhio di buon padre. Con queste prudenti parole
il padre consolò la figliuola, e la sua madre in abbracciandola di nuovo procurò ance di consolarla. Ella ge-
mè, e tornando a lagrimare, ridussesi a viver ritirata
sotto la protezione del padre e della madre, vestita si
onestamente, come umilmente.

Frattanto Ridolfo tornato a casa sua, trovò mancargli il Crocefisso, però s'immaginò chi l'avesse portato via. Ma perchè era ricco, non ne fè vista nè conto
alcuno; manco i suoi padri ebbero a domandarglielo,
quando che di lì a tre giorni, partendosi per il viaggio d'Italia, diede in nota, e consegnò ad una came-
riera di sua madre tuttociò ch'ei lasciava nella sua
camera. Già molto tempo Ridolfo aveva determinato
d'irsene in Italia. Suo padre, che v'era stato, gliele
persuadeva, dicendo, che non eran cavalieri quelli che
solamente l'erano nella patria, e bisognava esserlo anche in quella d'altri. Queste e simili altre ragioni disposero la volontade di Ridolfo a conformarsi con quella
del padre, il qual gli diede lettere di credito per toc-
car di molti denari in Barcellona, Genova, Roma e
Napoli.

Non stette guari che si parti con due compagni, adescato da quello che dir sentito aveva ad alcuni soldati
dell'abbondanza nelle osterie di Francia e d'Italia, e
della libertà che avevano gli Spagnuoli dove alloggia-
vano. Gli eran grate all'orecchio queste parole: *Ecco
buoni pollastri, buoni piccioni, prosciutto e salsiccie*, con
altri nomi di questo suono, de'quali i soldati si ram-
memorano, quando di quelle parti sono tornati in queste, ed hanno da patire quella miseria e quelle incomodità, che mai si partono dalle taverne ed osterie,
che sono in Ispagna. Finalmente egli si parti con si
poca memoria di quello che tra lui e Leocadia s'era
passato, come se giammai stato fosse.

In questo mentre, ella passava la vita in casa di suo padre con sì stretta ritiratezza, che più non era possibile, senza lasciarsi vedere da nessuno; temendo che in fronte se le leggesse la sua disgrazia. Tuttavia di lì a pochi mesi conobbe essere sforzata a dovere far quello che sino a quell'ora di grado aveva fatto. Si sentì gravida, e perciò conveniva che stesse ritirata ed ascosa: successo, per lo quale le lagrime, che per un pezzo erano state asciutte, le tornarono agli occhi. I guai, sospiri e lamenti, cominciarono di nuovo ad empir l'aria e percuotere i venti, senza che la discrezione della pietosa madre potesse consolarla. Volò il tempo, e giunse il punto del partorire, il qual fu sì secreto, che la madre istessa fece l'uffizio d'allevatrice, non osando fidarsi di chiamarvi un'altra. Dunque partorì Leocadia il più bel figliuolino che immaginare si potesse. Con quella segretezza ch'egli era uscito del ventre della madre, fu nodrito, ed allevato in una villa, per lo spazio di anni quattro; in capo ai quali il suo avo se lo prese in casa; ove fu allevato non delicatamente, per esser quella poco ricca, ma costumatamente, per arricchirlo di virtù. Era il puttino (che del nome dell'avo fu chiamato Luigi), bellissimo di viso, d'umor mansueto, d'ingegno acuto; ed in tutte le azioni di quella tenera età mostrava segni d'essere stato ingenerato da nobil padre. Talché la sua gentilezza e bellezza e discrezione fecero, che i suoi avi gli presero sì fatto amore, ch'ebbero per buona ventura la sventura della figliuola. Quando egli andava per la strada gli piovevano addosso mille benedizioni. Gli uni benedicevano la sua bellezza, gli altri il padre che l'aveva ingenerato; questi la madre che sì bello l'aveva fatto; quelli colui che l'aveva sì ben creato. Con questo applauso di quei che lo conoscevano, e non lo conoscevano, pervenne il puttino all'età di sette anni; nella qual già sapeva leggere latino e volgare, ed anco scrivere buona e formata lettera. Era l'intenzione degli avi suoi di farlo virtuoso e savio, poichè non potevano farlo ricco : come se le virtù e la scienza non fossero ricchezze, sopra di cui non hanno poter i ladroni, nè quella che da tutti è chiamata fortuna.

Or successe, che un giorno il putto fu mandato dalla sua ava per un servizio ad un parente di lei, e passando per una strada, ove alcuni cavalieri correvano all'anello, fermossi a vedere e per migliorare di luogo, passò da una banda all'altra, ma non potè sì prestamente farlo, che un cavallo nella furia del corso (a mal grado di quello che 'l cavalcava) non gli passasse sopra e lo calpestasse. Così il ragazzetto disteso in terra come morto, buttava dalla testa gran quantità di sangue. Appena era occorso quell' accidente, che un vecchio gentiluomo che stava a guardare quel correre, con incredibile leggerezza saltò da cavallo in terra e corse dov' era il putto mezzo morto : e levandolo dalle braccia d'uno, lo prese nelle sue, e senza far gran conto della sua vecchiezza, nè della sua qualità, ch'era importante, se n'andò di buon passo al suo palazzo, e comandò ai suoi servidori, che lo lasciassero ed andassino presto a chiamar un chirurgo per medicare il putto. Molti gentiluomini lo seguitarono e lor rincresceva grandemente della disgrazia di sì bel figliuolino : per il che subito si sparse voce che quello che calpestato era stato da un cavallo, era Luisetto, nipote del tal gentiluomo, nominando il suo avo. Questa voce passò di bocca in bocca sin che pervenne agli orecchi dei suoi avoli e della sua ascosa madre : i quali fatti certi del caso com' impazziti e forsennati, uscirono di casa a cercar il lor caro pegno. E perchè il gentiluomo, che portato l'aveva seco, era uno de' principali della città, molte persone di quelle ch'incontrarono, lor insegnarono la casa sua, ove giunsero a tempo, che il ragazzetto già era tra le mani del chirurgo.

Il gentiluomo e sua moglie, padroni della casa, confortarono quelli ch'essi credevano esser genitori del putto, a non piangere e lagnarsi sì fortemente, perchè non gioverebbe nulla al poveretto calpestato. Avendolo il chirurgo, ch'era famoso, medicato con gran destrezza e diligenza, disse, che la ferita non sarebbe mortale, come temeva da principio. A mezza cura il putto ch'era infin allora stato tramortito, si riscosse, tornò in sè e rallegrossi nel veder i suoi avi. Gli domandarono, piangendo, com'egli si sentiva, rispose che assai bene, se non che per la vita e nella testa sentiva gran dolore. Comandò il chirurgo che lo lasciassino riposare.

Lasciaronlo, ed il suo nonno ringraziò il padron della casa della gran carità, che al nipote aveva usata. A cui rispose il gentiluomo, che non vi era di che ringraziarlo; perchè gli faceva sapere, che quando egli vide cascar in terra il putto e calpestarlo dal cavallo, gli parve di vedere il viso d'un suo figliuolo, ch'egli amava svisceratamente, e per questo se 'l recò in braccio e portollo a casa, acciò vi stesse sin che fosse guarito, con quel buon trattamento che sarebbe possibile. La moglie ch'era una molto nobile gentildonna disse l'istesso e più ancora. Restavano meravigliati gli avoli di Luigi di tanta carità; ma più di loro meravigliossene la madre, perchè essendosi alquanto raquietate l'animo di lei per la speranza datale dal chirurgico, prese a guardare ed osservare minutamente la camera ove stava il figliuolino, e da molti segni conobbe indubitatamente che quella era la stanza ove le fu tolto il suo onore; ed ancorchè ella non fosse parata come era allora delle sue tappezzerie ed altri addobbamenti, nientedimeno d'essa conobbe la disposizione, vide la finestra inferriata che guardava sopra il giardino, com'ella seppe da qualcheduno a chi aveva dimandato, perchè allora la finestra era serrata a causa del ferito, e non bisognava aprirla. Ma quello che più chiaramente ella conobbe, fu che il letto era quello medesimo, che il suo onore aveva avuto per sepoltura; e confermoglielo ancora, che il proprio scrigno stava in quell'istesso luogo, come quando vi prese il Crocefisso. In fine gli scalini per dove si scendeva da quella stanza nella strada, e che giudiziosamente ella aveva contati, quando ne la trassero fuora con gli occhi bendati, chiariron ogni dubbio. E gli contò di nuovo scendendogli nel ritornar a casa ed era come prima lo stesso numero. E così conferendo l'uno con l'altro i segni e contrassegni, restò certissima, che la sua immaginazione non era punto ingannata; di che diede minutissimo conto a sua madre.

Questa, ch'era prudente donna, s'informò, se il gentiluomo nella cui casa era il suo nipote, avesse avuto o tenesse alcun figliuolo. Ella trovò, e seppe ch' egli n'aveva uno ed era quello che chiamiamo Ridolfo, e che allora si ritrovava in Italia. E computando il tempo, che dissero lui esser assente di Spagna, ebbe il suo conto, ch'erano i sett'anni appunto ch'aveva il nipote. Di tutto questo ragguagliò il marito, e tra di loro tre, il padre, la madre e la figliuola, risolsero di dover aspettare ciò che piacerebbe a Dio disporre del ferito; il quale in termine di quindici giorni fu fuori di pericolo ed in capo di altri quindici fu risanato, essendo stato sempre in quello spazio di tempo visitato dalla sua madre e sua ava, e ben trattato dai padroni di quella casa come se lor proprio figliuolo stato fosse.

Alcune volte la signora Stefana (cosi era chiamata la madre di Ridolfo) ragionando con Leocadia le ebbe a dire, che quel puttino rassomigliava tanto un suo figliuolo, ch'era in Italia, che quando lo guardava, le pareva aver davanti il proprio figlio. Da questo dire Leocadia prese occasione, trovandosi allora sola con lei, di farle intender ciò che co' suoi genitori ella aveva determinato dirle, e fu in questo senso.

Il giorno, signora, che 'l mio padre e mia madre ebbero nuova della disgrazia succeduta al suo nipote,
pensaronsi e credettero, che per loro il cielo fosse affatto serrato, e che lor cascasse addosso tutto il mondo.
S' immaginarono, l'aver perduta la luce de' suoi occhi
e l'appoggio della lor vecchiezza, mancandogli questo
nipote. È cosi grande l'amore che gli portano, ch'egli
eccede quello che sogliono i padri portare ai figliuoli.
Ma come suole, quando Iddio dà la piaga, egli dà anche la medicina e guarigione; l'ha trovata il putto
in questa vostra casa ed io in quella una memoria di
tanto benefizio, che mentre io viva non sono per scor-
darla. Io, signora son gentildonna, poichè i miei genitori sono di nobile stirpe, come anco furono tutti i miei
antepassati : i quali con mediocre facoltà dei beni della
fortuna si sono conservata felicemente la riputazione
in qual si voglia parte ch'abbiano dimorato. Al sentir le parole di Leocadia, la signora Stefana ebbe
gran meraviglia e ne restò sospesa, non potendo capire (ancorchè lo vedesse), come tanta discrezione
potesse ritrovarsi in sì poca età, perchè le pareva che
Leocadia non passasse i venti anni, e senza dirle, nè
replicar parola, stette aspettando sin tanto ch' avesse
detto ciò che voleva dire. In fine Leocadia le raccontò
di fil in ago le insolenze e l'indegno procedere del suo
figliuolo, il rapimento con che egli rapi il suo onore,
come le bendò gli occhi e la menò in quella camera ;
e tutti i segni e contrassegni, ch'ella v'aveva osservati,
i quali davano certezza ch'era stato lui stesso che le
aveva tolto l'onore. E per più confermazione di quella
verità, la si trasse di seno il Crocefisso ch'ella s'aveva
portato via, e con parole efficaci guardandolo, così prese
a dire : Oh tu Signore, che fosti testimonio della forza
che mi fu fatta, sii adesso giudice della riparazione
che far si deve all'onor mio. Pigliai l'imagin tua sopra di quello scrigno con intenzione di ricordarti sem-

pre il torto che m'è stato fatto, non tuttavia per domandartene la vendetta (ch'io non la pretendo) ma si perchè tu mi dessi qualche consolazione, acciò ch'io potessi con pazienza sopportar la mia disgrazia. Questo putto signora, verso del quale v'ha piaciuto usare così gran carità, è senza dubbio vostro vero nipote. Credo che sia stata permission del cielo, quando che dal cavallo egli fu calpestato, acciocchè portato a casa vostra, io trovassi in essa, come spero trovarvi, se non il rimedio conveniente, almeno il modo con che io possa riparare il danno della mia disdetta.

Questo dicendo, ed abbracciando il Crocefisso, cascò svenuta tra le braccia di Stefana; la quale come nobile e donna (sesso in cui la commiserazione e la misericordia suol esser così naturale come la crudeltà nell'uomo) appena si accorse dello svenimento di Leocadia, ch'ella congiungendo il suo viso con quello della tramortita, vi sparse sopra tante lagrime, che non fu già bisogno d'altr'acqua per ispruzzarnela, acciò la ritornasse in sè. Mentre che loro due stavano in quel frangente, ecco entrare nella camera il gentiluomo, marito di Stefana, seco menando per mano Luisetto; e come vide le lagrime di sua moglie ed il tramortimento di Leocadia, volse di subito che gli dicessero di dove procedesse. Il ragazzetto abbracciava sua madre, come cugina, e la sua avola come benefattrice, da cui tanti beneficj aveva ricevuti, e domandava ad amendue, perchè così piangessero. Disse Stefana, rispondendo al marito; cose grandi, signore, avrei da dirvi, ma per conchiuderle in poco giro di parole, dico, che quest'afflitta giovine senz'altro è vostra nuora, e questo putto vostro nipote. Ella m'ha fatto capire questa verità, ed egli ce l'ha confirmata, e conferma, poichè rassomiglia affatto nostro figliuolo. Questo che dite, signora, io non intendo, soggiunse il gentiluomo, se non lo dichiarate meglio.

Frattanto a Leocadia ritornaron gli spiriti smarriti, e stando abbracciata col Crocefisso pareva che fosse trasmutata in un fonte di lagrime. Per tutte queste cose stava confuso il gentiluomo, ma uscì di confusione raccontandogli la moglie tutta la storia, che raccontata gli aveva Leocadia: e permesse Iddio ch'egli ebbe a credere quanto di quel particolare gli venne detto, come se da veraci testimonj fosse stato giurato. Egli consolò Leocadia, e l'abbracciò, baciò il nipotino, e quel medesimo giorno ei con la moglie spedirono un corriere a Napoli, con lettere al figliuolo, che dovesse, senza indugiare ritornarsene a casa, perchè avevano trattato per ammogliarlo con una nobile donzella, d'isquisita bellezza, e tale che a lui conveniva. In questo mentre non vollero acconsentire che Leocadia nè il figliuolo ritornassero più a casa de'loro genitori; i quali allegri e contenti del felice successo della figliuola, ne davano infinite grazie a Dio.

Giunse il corriere a Napoli, e Ridolfo adescato dalla promessa di suo padre, di fargli godere sì bella moglie, due giorni dopo ch'egli ebbe la lettera, con l'occasione di quattro galere ch'erano allestite per passare in Ispagna, s'imbarcò sopra quelle coi due suoi compagni, che mai l'avevano lasciato, e con prospero viaggio, in dodici giorni giunse a Barcellona, d'indi in sette altri su per le poste pervenne in Toledo, ed entrò in casa del padre sì bizzarramente vestito, e sì vistosamente, che pareva che avesse addosso quanta galanteria ritrovar si potesse. Suo padre e sua madre lo ricevettero molto amorevolmente, e rallegraronsi della sua salute. Stava sospesa Leocadia tra la tema e la speranza, e lo mirava da certo luogo ove la signora Stefana le aveva ordinato starsi ascosa, e nel resto portarsi conforme le istruzioni che le aveva date. I due compagni di Ridolfo vollero incontanente girsene a casa loro: ma con cortesissime parole quella signora gli

ritenne, perchè aveva bisogno d'essi nell'eseguire il
suo disegno. Era quasi la notte, quando Ridolfo giunse, e mentre che si apparecchiava da cena, la signora
Stefana ebbe a chiamar in disparte quei compagni del
suo figliuolo, credendo senza dubbio ch'essi dovessero
essere i due dei tre che Leocadia aveva detto ch'erano
con Ridolfo quella notte ch'ei la rapi. Gli scongiurò
con caldissimi prieghi le volessero dire se si ricordas-
sero il suo figliuolo aver rapita una donzella la tal
notte in tal tempo ed in tal luogo: perchè dal sapersi
la verità di questo fatto n'andava l'onore ed il riposo
di tutti i suoi parenti : perlocchè non facessero difficoltà nessuna di voler dirle alla libera ciò che ne sapessero. Infine, con si dolci parole gli seppe tanto ben
pregare, e di tal modo assicurarli, che non potrebbe
venirgli alcun danno per questo rapimento, ch'eglino
si disposero a confessare il vero. Dissero dunque, che
una notte di quella state, ed in quel luogo, ch'ella
aveva detto, lor due ed un altro compagno, andando a
spasso con Ridolfo, tutti quattro insieme avevano rapito
una donzella. Che Ridolfo l'aveva portata via, mentre
ch'eglino stavano a ritener quelli che venivan con lei,
i quali colle grida sforzavansi difenderla, e ch'egli il
giorno seguente loro aveva detto che se l'aveva condotta a casa : che questo era quanto di ciò sapessero,
e potessero dirle. La confessione di questi due fu la
chiave che apri tutti i dubbj, che potessero occorrere
in questo caso. Risolsesi dunque la signora Stefana
di proseguire, e condurre a capo l'intento suo buono
in questo modo.

Poco prima che si mettessero a tavola, ella fece entrare seco in una camera il suo figliuolo, e così sola
a solo mettendogli un ritratto in mano, gli disse: Ridolfo, voglio darti una cosa appetitiva, acciò tu ceni
meglio, con mostrarti la tua sposa. Questo è il vero
suo ritratto : ma tu hai da sapere che quello di bel-

·lezza che potesse mancare al suo originale, dalle sue
·virtù vien supplito al doppio. Ella è gentildonna, molto
·discreta, e mediocremente ricca. E poichè il tuo padre
·ed io te l'abbiamo eletta, vivi sicuro ch'ella è tale qual
·ti conviene. Ridolfo attentamente si mise a considerare
il ritratto, e disse: Se i pittori, che ordinariamente
sogliono esser prodighi nel far più belli di quello
siano i visi che ritraggono, hanno usata la loro prodigalità anche con questo, io credo senza dubbio che
il suo originale debba essere la bruttezza istessa. Affè,
signora madre, è giusto e di ragione che i figliuoli ub-
bidiscano ai padri in. tutto ciò che lor comandano;
tuttavia è cosa ancor più giusta e ragionevole, che i
padri e le madri diano a'figliuoli quello stato che più
sia di loro gusto. E poichè il matrimonio è un lega-
me, che quando è stretto, altro se non la morte non
lo può sciorre, bisogna per star bene che i suoi vincoli siano uguali, e tessuti d'uno istesso filo. La virtù,
la nobiltà, la prudenza, ed i beni della fortuna, ben
possono rallegrar l'animo di colui a cui con la sposa
gli vennero in sorte. Ma che la bruttezza d'una moglie contenti gli occhi del marito, questo mi pare affatto essere impossibile. Son giovine; nientedimeno io
·so, che 'l gusto casto e dovuto che godono i maritati
col sacramento del matrimonio non è incompatibile, e
·che quando egli manca, zoppica il matrimonio, e disdice
assai alla seconda intenzione. Dunque, pensare che un
brutto viso che ad ogni ora s'avrà davanti agli occhi
nella sala, a tavola e nel letto, possa piacere, dico
anco un'altra volta, che io lo tengo per impossibile.
Vi supplico, signora madre, che mi diate compagnia
che mi trattenga, e che non mi sia a schifo; affinchè
senza torcere nè qua, nè là, sopportiamo ambidue per
il dritto cammino il giogo impostoci dal cielo. Se questa donzella è nobile, savia e ricca, come voi dite, non
lo ha da mancare sposo che sarà d'altro umore differente

dal mio. Alcuni cercano la nobiltà del sangue, altri prudenza e discretezza, altri denari, altri bellezza ; ed io sono dell'umore degli ultimi; perchè la nobiltà, i miei antepassati il mio padre e la mia madre (grazie al cielo) me l' hanno data ereditaria. Per la prudenza e discretezza, mentre che una donna non sia sciocca o goffa, tanto le basta, e che non venga a spuntarsi per troppa sottigliezza, nè ad esser ridicolosa per la sua goffaggine. In quanto poi alle ricchezze, quelle che voi e mio padre mi lascerete, faranno che mai avrò da diventare povero. Cerco bellezza, alla bellezza ho l'animo, e quella bramo, non altra dote, purchè ella sia accompagnata di onestà e di buoni costumi. Se quella che mi sarà sposa avrà queste qualità servirò Dio con tutto il cuore, e sarò grato appoggio alla vecchiezza dei miei genitori. Contentissima restò Stefana delle ragioni di Ridolfo, e da quelle comprese che le riuscirebbe il suo disegno. Rispsegli, ch' ella desiderava ammogliarlo conforme il desiderio di lui, e che però stesse di buona voglia e consolato, perocchè facil cosa era di sconcertare e rompere l'accordo che avevan fatto di dargli per sua moglie la gentildonna, originale del ritratto. Ne la ringraziò Ridolfo, e venuta l'ora di cena si posero a mensa. Ma come il padre e la madre, Ridolfo ed i suoi due compagni s'erano già posti a sedere, la signora Stefana, come se se l'avesse scordato, prese a dire : Oh che io sono mal creata, certo sì, che io tratto bene la mia ospite. Andate voi, disse ad un famiglio, a dir alla signora Leocadia, da parte mia, ch'io la prego, che senza farsi scrupolo a causa della sua onestà, ella si contenti venire ad onorare questa tavola, e che tutti quei che vi sono, son miei figliuoli e suoi servitori. Questo era invenzion sua, e lo faceva a disegno, e Leocadia era avvisata di quanto avesse da fare. Ella stette poco a venir fuora, e comparire, e a fare di sè un' improvvisa e la più bella mostra

che mai potesse fare un' adornata e natural bellezza.
Era vestita (per esser d'inverno) d'una veste di velluto
nero, grandinata tutta di bottoni d'oro e di perle, la
cintura e la gargantiglia di diamanti. La sua propria
chioma, che molto lunga era e bionda mediocremente,
le serviva d'adorno e d'acconciatura di capo; e la vaghezza de'ricci e dell'intrecciatura di quella con brilli
di diamanti, abbagliava gli occhi che la miravano.
Era Leocadia di bella vista e svelta. Ella menava per
la mano il suo figliuolino, e le andavano davanti due
donzelle, facendo lume con due candele di cera in due
candelieri d'argento. Tutti si levarono in piedi a farle riverenza, come se fosse qualche cosa del cielo che quivi
apparisse miracolosamente. Di quanti erano in quella
compagnia non fu nessuno a chi bastasse l'animo di
dirle pur una parola, tanto erano stupiti nel rimirarla. Leocadia con molto garbo e modesta umiltà fece
riverenza a tutti, e Stefana pigliandola per mano se
la fece sedere accanto, ed a fronte a Ridólfo. Ed il
putto sedette presso all'avolo. Ridolfo più attentamente
di nessun altro stava contemplando l'incomparabile bellezza di Leocadia, e diceva fra sè: Se quella che mia
madre mi vuol dar per sposa avesse la metà della bellezza di costei, io mi chiamerei il più felice de' mortali. Oh Dio, che cosa veggo io? È egli per avventura
qualche angelo che io sto contemplando?

Così discorrendo fra sè stesso gli entrava per gli
occhi, e penetrava nell'anima, impossessandosi di quella
la bella imago di Leocadia; la quale, mentre si cena-
va, e veggendosi tanto appresso colui ch'ella amava più
che i propri occhi, co' quali alle volte di soppiatto il
guardava, se le cominciò a rivolgere per l'immaginazione ciò che tra Ridolfo e lei era passato. Di sorte
che le speranze che la madre di lui le aveva date ch'e-
gli saria il suo sposo, cominciarono a svanirsi nel suo
animo, temendo che le sue promesse avessero da cor-

rispondere colla sua mala ventura. Considerava quanto
fosse vicina d'esser felice od infelice per sempremai.
Or fu tanto intensa la considerazione, e vi s'immerse
cotanto, ed i pensieri talmente andarono sossopra che
le strinsero il cuore di sì fatta maniera ch'ella cominciò a sudare, con smarrirsele il colore in viso tutto
ad un tempo, perchè le venne un sì forte tramortimento che fu sforzata a chinare la testa tra le braccia
della signora Stefana, che tutta conturbata la sosten-
ne. Per l'accidente si commossero tutti, e si levarono
da tavola per aiutarla. Ma più di tutti Ridolfo mostrò
di sentirlo, poichè nel correre presto da lei inciampò
e cascò due volte. Nè per islacciarle il petto, nè spruz-
zarle acqua in viso non tornava in sè: anzi il palpi-
tante cuore, ed il polso che le mancava, davano evi-
denti segni della vicina morte; talchè i famigli e le
serve di casa, come poco considerati, si misero a gridare, che ella era morta.

Pervenne questa cattiva nuova alle orecchie dei padri di Leocadia, che la signora Stefana faceva star
ascosi, per a suo tempo accrescere la sperata allegrezza. Eglino col parrocchiano, ch'era con loro, rompendo
l'ordine dato dalla signora Stefana, entrarono nella sala.
Presto il parrocchiano s'accostò alla tramortita, per
vedere s'ella dava qualche segno di contrizione e pentimento de' suoi peccati per assolvernela: ma dov'egli
pensò trovare un solo tramortito trovonne due, pero-
chè in seno di Leocadia vide Ridolfo già tenere chi-
nato il viso. Gli aveva dato sua madre comodità di
accostarsele, come a cosa che doveva essere sua: però
quando s'accorse che anco lui aveva perso il sentimento, poco mancò che non perdesse il suo, e l'avrebbe
perduto, se Ridolfo non fosse tornato in sè, come tornò
vergognoso e confuso, perchè lo avessero visto aver
dato in quegli estremi. Ma sua madre, che quasi
s'indovinava dove il male lo premesse, gli disse: Non

ti vergognare Ridolfo, perchè tu abbi mostrata tanta
debolezza: ma più presto vergognati per quello che
tu non facesti, quando saprai ciò che più non voglio
celarti, e ch'io aspettava scoprirti con più allegra occasione. Dunque hai da sapere, caro figliuolo, che
questa sconsolata che tra le braccia, come tu vedi, so-
stengo tramortita, è tua vera e legittima sposa: cosi
la chiamo, poichè il tuo padre, ed io insieme te l'abbiamo eletta, perchè quell'altra del ritratto è stata fin-
ta. Quando Ridolfo senti questo, di modo tale fu tras-
portato dall'amoroso ed ardente suo desio, che il nome
di sposo levandogli ogni considerazione ed impedimento
che l'onestà e la decenza del luogo gli potessin metter davanti, si gittò sopra il viso di Leocadia, e strin-
gendo la bocca colla bocca di lei, stava come aspettando ch'ella spirasse l'anima per riceverla lui dentro
la sua. Ma mentre che le lagrime di tutti andavano
crescendo per il pietoso caso, e che le strida s'alza-
vano più fortemente, che il padre e la madre di Leocadia i loro canuti capegli strappavano, e che le grida
di Luigetto penetravano sino al cielo, riscossesi, e tornò
in sè Leocadia, e restitui agli astanti l'allegrezza che
loro aveva involata il funesto accidente. Trovossi Leocadia in braccio a Ridolfo, e con onesto sforzo sfor-
zava liberarsi: ma egli cosi disse: No, questo no, signora, non conviene che vi sforziate per liberarvi dalle
braccia di quello che nell'anima vi tiene strettamente.
Queste ultime parole fecero ritornar intieramente a
Leocadia gli spiriti smarriti; e più innanzi la signora
Stefana non volle seguitare il suo primo disegno, perchè disse al piovano, e lo pregò, che allora allora volesse sposare il suo figliuolo con Leocadia. Tanto fece
il piovano; perchè non v'era impedimento per esser
succeduto il caso in tempo e luogo che con la sola
volontà delle parti, e senza che s'usassero le diligenze
e forme giuste e sante, che ora si usano, era fatto il
matrimonio. Cosi fu fatto questo.

Lascio ad altra penna più delicata della mia il raccontare il giubilo universale di tutti quelli che vi furono presenti : gli abbracciamenti che i genitori di Leocadia diedero a Ridolfo; le grazie che diedero al cielo ed ai genitori dello sposo lor genero ; gli scambievoli complimenti ; l'ammirazione dei compagni di Ridolfo, che videro sì impensatamente la notte stessa del loro arrivo così nobile sponsalizio. Ma tutti ebbero assai più da maravigliarsi quando la signora Stefana raccontò che Leocadia era quella donzella che il suo figliuolo rapita aveva. Questo non fu di manco meraviglia a Ridolfo, il quale per meglio informarsi di quella verità, pregò Leocadia si contentasse di dargli qualche contrassegno, con che avesse chiara cognizione di quello di che non faceva dubbio alcuno, poichè il suo padre e la sua madre n'erano bene informati. Quando io mi riscossi, rispose Leocadia, dall'altro mio tramortimento, mi trovai nelle vostre braccia senza onore : tuttavia io l'ho per benissimo speso, posciachè al tornar in me da quello, che ora ho sostenuto, mi ritrovo ancora tra le medesime braccia, ma con onore. E se non basta questo contrassegno, supplirà quello d'un Crocefisso, il quale nissun altro che me non ve l'ha potuto rubare ; ed è quello che il di seguente voi trovaste mancarvi, e quell'istessa che mia Signora si tiene appresso. Dette queste parole egli abbracciolla da ricapo, e furono raddoppiate le benedizioni e le carezze con complimenti di congratulazione. Fu portata la cena, e vennero i musici e suonatori, che per questa allegrezza stavano in punto. Vedevasi Ridolfo, si rimirava e riconosceva sè stesso, come in uno specchio, nel viso del figliuolo. I quattro genitori sparsero lagrime da eccessiva gioia e tenerezza. Non vi fu cantone in casa che dal giubilo e contento non fosse visitato; e benchè la notte venisse volando con ale nere e leggiere, tuttavia pareva a Ridolfo ch'ella non volasse con ale, ma camminasse lentamente colle gruccie, tanto era il desiderio ch'egli aveva di vedersi solo con la sua amata sposa. Finalmente, siccome non è cosa che non abbia il suo fine, giunse l'ora desiderata. Andarono tutti a dormire Stette tutta la casa sepolta nel silenzio; ma non vi resterà la verità di questa storia, poichè non lo permetterà l'illustre discendenza dei molti figliuoli che questi due felici maritati lasciaron in Toledo, dov'essi vivono ancora. Hannosi goduto l'un l'altro per lo spazio di molti anni, e veduti i figliuoli dei loro figliuoli. Cosi l'ha permesso il cielo, e la forza del sangue, che vide sparso in terra il valoroso, l'illustre e cristiano avolo di Luigetto.

IL GELOSO DA ESTREMADURA

—

Novella VI.

ARGOMENTO.

Filippo Carrizale, gentiluomo da Estremadura, provincia di Spagna, si prende per moglie nell'ultima sua vecchiaia una donzella d'anni quattordici, chiamata Leonora. Egli fa fabbricar un palazzo, e vi serra la moglie con tutti i famigli di casa, senza che nessuno di loro possa uscirne che non abbia da lui licenza. Un giovine per nome Loaisa operò tanto, ch'egli guadagnò il portinaro e la governatrice o maggiordoma, insieme colle cameriere, e dà una bevanda per il Carrizale, la quale un gran pezzo lo fa dormire. Svegliasi, e trovando la moglie che stava a giacere, e dormendo in braccio del giovine, di gran cordoglio se ne muore. Ella, che non aveva peccato, che colla volontà sforzata, si fa solitaria in un monastero, e Loaisa vinto da disperazione vassene all'Indie.

Non è gran tempo, che fu un gentiluomo di un luogo d'Estremadura, il quale, come un altro prodigo, camminò per molte provincie di Spagna, d'Italia, e di Fiandra, consumando le sue sostanze e gli anni insieme. Dopo molti viaggi (il padre e la madre di lui essendo morti ed il suo patrimonio quasi del tutto consumato) venne a fermarsi in Siviglia, ove trovò pur

troppo occasione per finire quel poco di roba che gli
avanzava. Quando egli si vide poi senza denari ed anche con pochi amici, ricorse al rimedio a cui ricorrono parecchi simili falliti di quella terra, ed è di girsene all'Indie, rifugio e ricetto dei disperati di Spagna,
asilo de' falliti, salvocondotto de' micidiali, manto e coperta di quelli giuocatori che, periti nell'arte, o per dir
meglio, mariuoli sono chiamati; ladri pubblici e generali
delle donne sviate, inganno comune di molti e rimedio
particolare di pochi. In fine, venuto il tempo che una
flotta si doveva partire per terraferma, accomodatosi
con l'ammiraglio d'essa, fece le provvigioni per lo suo
passaggio e si apparecchiò la coltre di giunchi marini.
Ed imbarcandosi in Calis quella flotta, e dicendo addio
alla Spagna, levò le ancore, e con universale allegrezza
diedero le vele al vento ch'ebbero favorevole di modo,
che in poche ore non videro più terra, e si scoprirono agli occhi loro le ampie e spaziose campagne ma-
rine del grand'Oceano, padre di tutte l'acque.

Il nostro passaggero tutto pensoso, stava rivolgendo
e ripensando per la memoria tanti pericoli, ch'egli aveva
passati in altri suoi viaggi, ed il suo mal governo sin a
quell'ora. Così dando conto a sè stesso delle passate sue
azioni, faceva fermo proposito di mutar vita e stile nel
conservar meglio per l'avvenire il bene che piacerebbe a
Dio dargli, procedendo con manco liberalità e con più
di circospezione con le donne di quello che fin a quel-
l'ora avesse fatto. Stava con bonaccia la flotta, quando
che Filippo Carrizale (questo è il nome di colui, che
ha dato soggetto a questa novella) sentiva i suoi pensieri agitati da quella burrasca. Ma tornò a soffiar il
vento ed a spingere con tanta forza i legni, che non
puotè nessuno star saldo ed in riposo nel suo luogo:
attalchè fu sforzato il Carrizale lasciar le sue imaginazioni per lasciarsi portare solamente da quelle cure,
che il viaggio gli arrecava. Fu quel viaggio tanto fe-

lice che, senza incorrere in nessun infortunio e senza
impedimento, arrivarono al porto di Cartagena.

Or per conchiuderla in poche parole, e non disten-
dersi in quelle che non fanno al proposito, dico ch'il
Carrizale quando se ne passò all'Indie, era di quaran-
tott' anni ed in venti ch'egli vi stette, seppe così ben
fare colla sua industria e diligenza, ch' esso diventò
ricco di più di centocinquantamila scudi. Veggendosi
comodo tanto, gli si svegliò quel naturale desiderio
che sta in ciascheduno di ritornare alla patria, pospo-
nendo ogni interesse dei molti profitti che se gli offerivano. Così egli si partì dal Perù, ove aveva guadagnato tanti denari, ch' ei ridusse in masse d'oro e
d'argento ed in registro, per iscansargli da ogni in-
conveniente, e prese la volta di Spagna. Venne a sbar-
care a San Lucar, ed indi giunse a Siviglia tanto carco
di anni, quanto pien di ricchezze. Ivi riscosse le sue
facoltà, cercò i suoi amici, e trovò ch'eran morti tutti.

Perciò si risolse di ritirarsi nel luogo ov' era nato,
ancorchè avesse avute nuove che la morte gli aveva
tolti tutti i parenti. E se, quando andava alle Indie,
egli era combattuto da moltissimi pensieri, che non lo
lasciavano riposare un sol momento in mezzo all'onde
del mare, non era manco travagliato in terra da mille
imaginazioni, benchè per differente causa. E s'egli allora non poteva dormire per essere povero, adesso non
gli era dato di poter riposare per esser ricco: perciocc-
chè la ricchezza non è peso men grave a colui che non
è usato di possederla, e non la sa spendere come bisogna, di quello che sia la povertà a chi l'ha sempre
per compagna. Cure e pensieri apporta l'oro posseduto ; gli stessi effetti apporta il mancamento di esso. Però questi hanno il suo rimedio nel possedere medio-
cri ricchezze, e quanto più si ha di queste, più crescon
quelli. Considerava il Carrizale le sue masse d'oro, non
già da misero (perchè nello spazio d'alcuni anni che

era stato soldato aveva imparato ad esser liberale), ma
più presto in che avesse da dover spenderle: rappre-
sentandosi, che il tenersele in casa gli era cosa infrut-
tuosa, un allettamento a' cupidi, ed a' ladroni uno sve-
gliatoio. Era morta in lui la voglia di ritornare al fa-
ticoso esercizio dell' arte mercantile, perchè parevagli
che rispetto agli anni che aveva, gli avanzerebbono i
denari nel passare la vita, e quella voleva finire nella sua
patria, e darvi que' denari a guadagno, girsene ad essa,
come abbiam detto, e là finire la sua vecchiaia con riposo e tranquillità d' animo, donando per amor di Dio
quello ch' egli donar potrebbe, poichè al mondo aveva
dato più che non gli doveva dare. Dall'altra parte considerava, che la strettezza della sua villa era tale, e gli
abitanti di essa tanto poveri, che l'andarvi a stare lui
era esporsi quasi bersaglio a tutte quelle importunità,
che i poveri soglion dare all'uomo ricco che a loro stia
vicino, e maggiormente quando che in quel luogo non
vi è nessun altro da chi ricorrere, per rimediare alle
loro miserie.

Oltra di ciò desiderava avere qualcheduno a chi dovesse, dopo morto, lasciare i suoi beni, e con questo desio si toccava il polso, e gli pareva che avesse
ancora assai forza da poter portare il peso del matrimonio. Però, venendogli questo pensiero, un si fatto
timore lo sopraggiunse, che restava disfatto, siccome
al vento si disface la nebbia: imperocchè dalla sua natura era il più geloso uomo che avesse il mondo, anche senza essere maritato; poichè la sola imaginazione di voler esserlo, già cominciava a dargli gelosia,
che tutto il turbava, ed aver sospetti che gli frastorna-
vano il cervello, di modo, che mutò sentenza, e propose
assolutamente di non tor moglie.

Stando in questa risoluzione, ed irresoluzione che vita
dovesse menare, volle la sorte che un giorno ch'egli
passava per una strada, rivolgendo gli occhi ad un bal-

cone vi vide una fanciulla di anni tredici o quattordici
in circa, sì bella e graziosa, che senza potersi difendere
s'arrese, e sottopose la debolezza dei molti anni suoi ai
pochi di Leonora; così era chiamata quella bella donzella. E subito, senza pensar ad altro, cominciò fra sè
stesso un mondo di discorsi con dire: questa fanciulla
è molto bella, e all'aspetto di questa casa per lo di
fuori, ella non dev'esser ricca. È giovinetta, i suoi
pochi anni potranno assicurare l'animo mio da ogni
sospetto. Averla voglio per mia moglie. Terrolla rin-
chiusa e serrata, e la farò a mio modo a tale, che con
questo non sarà d'altra condizione, se non di quella
che stampata le avrò io. Non son sì vecchio che debba
perdere la speranza di aver figliuoli, quali saranno
miei eredi. Ch'ella abbia o non abbia dote a me poco
importa, poichè piacque al cielo darmi tante comodità
che per noi potran bastare. I ricchi cercar non debbono nei loro matrimonj altro che gusto, perchè il
gusto fa che si viva più lungo tempo, e i disgusti
ch'entrano fra i maritati, loro scortano la vita. Sia
che sia, il dado è tratto. Quella è che il cielo vuole
ch'io abbia.

Avendo fra sè stesso fatto questo discorso, non una
volta ma cento, in capo ad alcuni giorni, egli parlò col
padre e con la madre di Leonora, e seppe che, con
tutto che fossero poveri, erano nobilmente nati. Loro
disse qual egli fosse, che facoltadi eran le sue, e quale il suo intento, pregandoli che fossero contenti a
dargli per moglie la loro figliuola. Pigliaron tempo per
informarsi di ciò ch'egli diceva, ed in quel mentre
anch'esso dalla banda sua potrebbe fare altrettanto, e
rendersi certo di quanto gli avessero detto della loro
nobiltà. Partironsi l'uno dall'altro, s'informarono le
parti, e trovaron esser così come avevano detto. In fine
Leonora divenne sposa del Carrizale, avendola primieramente vantaggiata con farle carta di dote di venti-

mila ducati, tant' era l'animo del buon vecchietto acceso dell'amore di lei. Ma appena egli ebbe data la mano
nell'impromettere, ch'unó squadrone di arrabbiate gelosie venne ad assaltarlo, e ad ammartellargli la fantasia.
Senza apparente causa cominciò a tremare e ad essere,
più che mai fosse stato, posseduto da sospetti. E la prima
certezza ch'esso mostrò e diede del suo geloso umore,
fu quando ch'egli non volle, che delle molte vesti ch'ei
voleva far fare alla sua sposa, alcun sartore gliene pigliasse la misura. Perlocchè considerò e cercò fra molte
donne, una che fosse di vita come Leonora poco più,
poco meno. Dopo l'aver cercato molto tempo, trovò una
poveretta cenciosa, e alla misura di lei fece fare una
vesta per la sua sposa; trovò che le stava benissimo:
onde sopra quella misura fece fare le altre vesti, che
furon tante e sì ricche che i genitori della sposa s'ebbero per felici d' essersi incontrati in tal genero, per
aiutarli nella loro necessità e per il bene della figliuola Ella stupiva, veggendo tanta pompa di drappi e
sfoggiamenti; perocchè mai in vita sua altro che una
saia di rascia ed una vesticciuola d'ormesino non aveva portato. Il secondo segno della gelosia di Filippo fu
questo, che non volle sposarsi sin tanto che non avesse
levata casa da per sè. Comperonne una per dodicimila
ducati, in una contrada delle migliori della città. Ella
era bagnata dall'acqua, ed aveva il giardino con molti
begli aranci. Egli serrò per sempre tutti i balconi che
guardavano la strada, ed a perpendicolar linea prese
luce dal cielo; e fece il simile di tutti gli altri di quella
casa. Accanto al portone della strada fece fare una stalla
per la sua mula, e sopra d'essa un pagliaio, ed un appartamento per stanza di colui che la dovesse governare.
E fu costui un negro vecchio eunuco, o diciam castrato. Ora il nostro geloso aveva fatto alzar i muri al pari
delle logge o terrazzi di sorte, che colui che dal cortile voleva guardare il cielo, bisognava che lo guar-

dasse come per lo camino, senza che altra cosa veder
potesse. Di più, fece fare un torno o parlatoio, che dal
portone della strada, rispondeva al cortile. Comperò
ricchi mobili per adornar la casa: di modo, che chi
avesse veduto le vaghe tappezzerie, tappeti, strati e bal-
dacchini, avria giudicato esser quella casa un palazzo
da gran signore. Comperò eziandio quattro schiave
bianche, e le bollò in fronte, ed altre due negre moresche, che non avevano ancor servito. Concertossi poi con
un cuoco, acciò gli dovesse comperare e portar da mangiare tutto apparecchiato, però a condizione che non
dormisse in casa, e non vi entrasse più avanti del
torno, ove dovrebbe consegnare quello che porterebbe.
Fatte queste diligenze, diede la maggior parte delle sue
facoltà a censo, alcune assicurò in istabili, alcune mise
nel banco ed altre se le tenne appresso per ogni buon
rispetto. Ed ancor fece fare una chiave maestra che
aprisse tutte le porte di quella casa, nella quale rinchiuse ogni cosa da farne a suo tempo provvigione per
tutto l'anno. Subito ch'egli ebbe fatti tutti questi pre-
parativi, andossene a casa del suocero, lor domandò la
moglie ; con le dovute solennità furono sposati, e la
condusse a casa non senza lagrime dei parenti di lei,
perchè pareva loro ch'ella andasse alla sepoltura.

La tenera Leonora, che non conosceva ancora a che
fosse venuta, lagrimando con i suoi genitori, lor domandò la loro benedizione, e partendosi da quelli,
avendo attorno le sue serve e schiave, e condotta per
mano dal suo sposo, venne a casa di lui, e nell'entrarvi, egli fece a tutte un'esortazione, raccomandan-
do loro strettamente di aver l'occhio in guardar Leonora, e che non lasciassero in modo nessuno entrar anima vivente più oltre della prima porta, ancorchè fosse
il negro eunuco. Ed a chi più espressamente raccomandò la guardia ed il buon trattamento di Leonora,
fu ad una matrona di molta prudenza e gravità, e

che come maggiordoma e sovraintendente comandasse
per tutta la casa, ed anco alle schiave, e alle altre due
donzelle della medesima età di Leonora ch'egli aveva
condotte, acciocchè ella si trattenesse meglio con donzelle dei suoi anni. Promise loro che le tratterebbe e
regalerebbe di modo, che per quella chiusura non sentirebbono rincrescimento, e che ogni giorno di festa
potriano ire a messa, con patto però che fosse si di
buon'ora che appena l'alba le potesse vedere. Gli promisero le schiave e le altre di fare quanto lor comandava volentierissimo. La novella sposa stringendosi in
le spalle, ed abbassando il capo disse: ch'ella altra
volontà non aveva che quella del suo sposo e signore,
e che voleva essergli sempre ubbidiente. Dati questi
ordini, il buon Carrizale ritirossi nelle sue stanze, e
cominciò, come potette, a cogliere e godere i frutti del
matrimonio, i quali a Leonora (per non aver provati
altri), non erano di gusto nè di disgusto: e con quelli
passava il tempo, e con la sua aia, donzelle e schiave,
e quelle per passarlo meglio si dettero alla leccardia;
a tal che pochi giorni passavano ch'elle non facessero
mille cosucce, ove c'entra mele e zucchero, per farle
saporite. Tutto quello che volevano l'avevano in abbondanza, perchè non mancava nel loro padrone la volontà di darlo, parendogli, che così le trattenesse occupate, senza che potessero avere il tempo da pensare e
annoiarsi di quel loro rinserramento. Leonora si portava da compagna con le sue serve, e negli stessi trattenimenti di esse passava il tempo, sino a venire a questa
semplicità di far poavole, o fantoccie di cenci ed altre
cose fanciullesche che mostravano la schiettezza di lei
e la tenerezza dei suoi anni: il che tutto molto piaceva al geloso marito, perocchè gli pareva che avesse
incontrato a far elezione della più accomodata sorte
di vita che potesse imaginare, e che per nessuna via
l'industria nè la malizia umana potrebbe perturbargli il

tipnso. Così metteva tutto il suo studio in portar regali alla sua sposa, e in ricordarle ch'ella gli domandasse quanti le verrebbono in pensiero, che di tutti saria compiaciuta.

Nei giorni di festa, ch'ella andava a messa (al barlume come abbiamo detto), suo padre e sua madre parlavano con lei in chiesa ed in presenza del suo marito, il quale lor dava tanti presenti, che quella sua liberalità mitigava assai il gran dolore ch'essi sentivano per la grande ristrettezza in che vedevano la loro figliuola. Levavasi la mattina, e stava aspettando che venisse lo spenditore, il quale la notte innanzi era avvisato con un polizzino che si lasciava sul parlatoio, di ciò che il dì vegnente egli dovesse portare apparecchiato. Or quando ei veniva, il Carrizale se ne usciva di casa, il più delle volte a piedi, avendo lasciate serrate le due porte, quella di strada e l'altra del di dentro, e tra di esse stava il negro. Andava per le sue faccende, ch'erano poche, e ritornava presto: e riserrandosi con la sposa, si tratteneva con essa lei in regalarla ed in passare familiarmente il tempo con le sue serve; le quali tutte gli volevano gran bene, perchè egli era di natura benigna e grata, e soprattutto liberalissimo con esse. In questo modo passarono un anno di noviziato, e professando quella sorte di vita con risoluzione di continuarla sin che vivessero: il che così sarebbe stato, se il cauto nemico e perturbatore del genere umano non glielo avesse disturbato, come intenderete.

Or mi risponda adesso il più savio ed avvisato di tutti i mortali: che altra cosa il buon Filippo avrebbe potuto inventare e che miglior ordine per la sua sicurtà, poichè nè anco volle mai permettere che nessun animale, che fosse maschio, gli entrasse in casa? I sorci di quella giammai da gatto vi furono perseguitati, nè men vi fu mai sentito l'abbaiare de' cani. Tutto vi era del genere femminino. Di giorno egli pensava: di notte non dormiva. Era la ronda e la sentinella di casa sua, e l'Argo sopra di ciò che più egli amava. Dalla porta sino al cortile mai v'entrò uomo. In su la strada negoziava co' suoi amici. Le figure rappresentate nelle tappezzerie, che adornavano le sue sale e le camere erano femmine, viole, rose ed altre cose di questo genere, e ogni altra sorta di verdura.

Tutta la sua casa non sentiva che onestà, ritiratezza e modestia, eziandio sin alle favole, che nelle veglie delle lunghe notti d'inverno le serve raccontavano sotto il camino (per starvi lui presente) niente vi si scorgeva che avesse del lascivo. L'argento dei capelli bianchi del Carrizale pareva agli occhi di Leonora che fosse oro puro, perchè il primo amore delle donzelle s'impronta negli animi loro, come il suggello nella cera molle. La stretta guardia che se le faceva addosso, parevale una prudente avvertenza. Ella pensava e si credeva, che tutte le nuovamente maritate menassero vita simile alla sua. Non s'arrischiavano i suoi pensieri di spuntar fuori le muraglie di casa sua; nè la volontà di lei altra non era che quella del marito. Mai vedeva le strade, se non nei giorni che andava a messa, ed era questo tanto per tempo la mattina, che ancora non era luce per vederle, se non quando essa tornava dalla chiesa. Mai non si vide monasterio più serrato, mai monache più rinchiuse, mai pomi d'oro così ben guardati. Con tutto questo non potette in modo nessuno prevenire, nè fare che non cascasse in quello che temeva, o per lo manco che non credesse di esservi cascato.

In Siviglia vi è una spezie di gente oziosa e spensierata: si chiama volgarmente la gente della contrada*. Sono figliuoli dei più ricchi cittadini: vestono attil-

---

* *Gente de barrio*, Coureurs de rue,

latamente e pomposamente, e a vicenda si banchettano l'un l'altro. Vi saria pure assai da dire circa i loro portamenti, il suo modo di vivere, la loro condizione, e intorno alle leggi od usanze ch'essi guardano: ma per buon rispetto non ne diremo più oltre. Or uno di questi zerbinotti (che fra di loro si chiamano scapoli, o non maritati, che dir vogliamo) s'incontrò a mirare e considerare la casa del solitario Carrizale, e veggendola perpetuamente serrata, gli venne una fervente voglia di sapere chi vi stava dentro. Per il che usò sì fatta diligenza, che in fine egli contentò la sua curiosità, e seppe quello ch'ei cercava. Fu informato della condizione e dell'umore del vecchierello, della bellezza della sua sposa e del modo ch'egli osservava in custodirla. Tutto questo gli accese nell'animo un desiderio ardentissimo di tentare, se fosse possibile, espugnare o con arte o con forza quella rocca guardata con tanta vigilanza. Comunicò il suo pensiero a due altri scapoli e ad un novizzo, o recentemente maritato, suoi amici: a talchè risolsero di sforzare la fortezza, che per imprese tali mai manca chi dia consiglio ed anche porga aiuto. E dopo aver ben pensato sopra le difficoltà del negozio, e ventilato il modo che si avesse da seguire per superarle, presero questo partito.

Loaisa (cosi si chiamava uno di quelle buone limosine di scapoli), fingendo di andar in villa, s'assentò per alcuni giorni dagli occhi de' suoi amici. Misesi poi dei calzoni di tela ed una camicia netta, e per disopra un vestito sì lacerato e rappezzato, che non v'era nessun briccone in tutta la città che lo portasse cosi disgraziato. Un pochettino di barba ch'egli aveva si fece radere, si mise sopra un occhio un impiastro, fasciossi una gamba strettamente, e camminando sostenuto da due grucce, trasmutossi in un povero storpiato sì furbamente che uno storpiato daddovero non lo poteva pareggiare. In questa statura e positura, ei non mancava di venire ogni sera tardi a dire delle orazioni alla porta di Carrizale. Era di già serrata, e tra quella e la seconda vi slava il negro, il cui nome era Luigi. Ivi postosi Loaisa, cavò fuori una chitarretta, alquanto unta e sucida, e che non aveva tutte le corde; e poi, come quello che s'intendeva un poco di musica, cominciava a suonare alcune suonate allegre e gustose, accompagnate col cantare, però mutando la naturale sua voce, acciò non fosse conosciuto. Con questo andava di galoppo in cantare romanzi e canzoni moresche alla buffona, con tanta grazia, che tutti coloro che per quella strada passavano fermavansi ad ascoltarlo, e mentre cantava gli stava attorno un cerchio di ragazzi. Ed il medesimo Luigi, il negro, accostando l'orecchio alle fessure della porta stava sospeso alla musica del furbaccio, e avrebbe volontieri dato un braccio a chi gli avesse aperta la porta, affine di ascoltare più comodamente quella musica: tanto sono i negri naturalmente desiderosi d'essere musici e suonatori d'istromenti. E quando che Loaisa voleva che quelli che l'ascoltavano se ne andassero via, egli lasciava il cantare, riponeva la sua chitarretta, ed appoggiandosi e sostentandosi sopra le sue grucce, se ne partiva. Per quattro o cinque volte aveva già data la serenata al negro (chè a lui solo la dava), perchè pensava (e non gli venne fallato il pensiero), che per demolire a poco a poco quell'edifizio, bisognava cominciare dal negro. Per lo che una sera ritornato (come soleva) alla porta, prese ad accordare la sua chitarretta, e sentì che il negro stava già attento; per lo che appressandosi ad un pertugio o fessura di essa porta, con voce bassa gli disse : Saria possibile, Luigi, darmi un poco di acqua, perchè io mi spelo di sete e non posso più cantare? No, rispose il negro, perchè non ho la chiave di questa porta, nè vi è pertugio tanto largo per dove io vi possa dar acqua. Chi tien la chiave? domandò

Loaisa. Il mio padrone, rispose il negro, il quale è il più geloso uomo del mondo. S' egli sapesse ch' io sto qui adesso a parlare con qualcheduno, guai a me, mi ammazzerebbe Ma chi siete voi, che mi domandate dell'acqua. Io, rispose Loaisa, sono un povero storpiato d'una gamba, che mi guadagno la vita, domandando la limosina per amor di Dio alla buona gente, e con questo insegno a suonare d'istromenti ad alcuni negri, e ad altri poveri: e medesimamente ho già insegnato a tre negri schiavi (di ventiquattro che apparano da me), i quali possono cantare e suonare in qualsivoglia festino, e in qualsivoglia taverna; ed essi mi hanno molto bene ricompensato. Assai meglio io vi pagherei, disse Luigi, s' io potessi pigliare delle vostre lezioni, ma non è possibile, a causa che il mio padrone uscendo la mattina di casa, serra con chiave la porta della strada, e dopo ritornato fa lo stesso lasciandomi serrato tra le due porte. A fede mia Luigi, replicò Loaisa, (che già sapeva il nome del negro), se voi trovaste modo od invenzione ch' io entrassi là dentro alcune notti a darvi lezione, in manco di quindici giorni io vi farei si valent'uomo nella chitarra, che francamente e con onor vostro ne potreste suonare per qualsivoglia cantonata. E dovete sapere che ho pur assai grazia nell'insegnare, e metodo facilissimo. E tanto più sarebbe facile che voi imparaste bene, che ho sentito dire che avete buon ingegno. E per quanto posso giudicare da quel ch'io sento, per l'organo della voce, ch'avete molto sonora e dolce, e dovete cantar bene.

Non canto male, rispose il negro: ma questo non mi giova nulla, poichè non so sonata alcuna da quella della *Stella di Venere* in poi, e quella: *Per un verde prato*, e quella che s'usa adesso che dice: *Per una inferriata presa la turbata mia mano*. Tutte quelle canzoni sono da niente, disse Loaisa, in comparazione di altre ch'io potrei insegnarvi: perciocchè so tutte quelle

del moro Abindarraez, e della sua dama Scalarifa; e
tutte quelle che si cantano del gran Sofi Tomumbeio,
e insieme la Zarabanda sì divinamente composte, che
per l'orecchie rapiscon l'animo agli stessi Portoghesi.
Ora io insegno tutto questo con tanta destrezza e facilità, che quantunque non v' affrettiate e senza lam-
biccarvi il cervello nell'imparare, appena avrete man-
giate tre o quattro moggia di sale, che vi vedrete musico a tutta prova in ogni genere di chitarra. A questo
sospirò il negro e disse: A che giova tutto ciò, posciachè non so come io possa introdurvi in casa? Buon
rimedio, rispose Loaisa. Procurate di pigliar destramente le chiavi al vostro padrone, e vi darò un pezzo
di cera nella quale le impronterete, di maniera che ri-
manghino benissimo segnate in quella; e per la buona
affezione che vi tengo farò sì che un chiavaro amico mio
le faccia, e così potrò entrare là dentro, ed insegnarvi
a suonare meglio che il Pretagianni dell'Indie; e certo
veggo ch'è gran peccato che una voce così buona come
la vostra si perda, per mancamento d'accompagnarla
col suon della chitarra. E voglio che sappiate, caro
fratel Luigi, che la miglior voce del mondo perde assai
del suo valore, quando non viene aiutata con l'istromento o sia di chitarra o clavicembalo, d'organo o di
arpicordo. Ma quello che, per mio parere, si confaccia
meglio con la vostra voce è la chitarra; e poi egli è
il più portatile d'ogni altro istromento, e anche di meno spesa. Tutto ciò mi pare che staria bene, replicò
Luigi, ma non può essere; perchè mai le chiavi vengono in mie mani, nè mai si partono da quelle del mio
padrone. Di giorno e di notte stanno sotto il suo capezzale. Farete dunque un'altra cosa Luigi, disse
Loaisa, se volete diventar musico consumato ed isqui-
sito sonatore: ma se non avete voglia non occorre
che mi stracchi il cervello in darvi consiglio. Come, se
non ho voglia? tornò a replicare Luigi; ne ho tanta

che nessuna cosa possibile trascurerò per diventar musico. Se così è, disse il furbo Loaisa, vi porgerò fra porta e muro (pur che m' aiutate dalla banda vostra scalcinando un poco di calcinaccio, e qualche pietra della muraglia), delle tenaglie ed un martello con che potrete sconficcar di notte li chiodi della serratura con molta facilità, e con la medesima torneremo ad inchiodarla, di modo che non si potrà conoscere che sia stata schiodata. Poi quando sarò là entro serrato con voi nel vostro pagliaio, ovvero dove voi dormite, userò tanta diligenza in far ciò che pretendo, che voi stesso vedrete assai più di quel che ho detto con util mio ed augumento della vostra capacità. Per conto poi del mangiare non ve ne date pensiero, perchè io porterò provvisione per noi due, e per più di otto giorni. Ho discepoli ed amici che non mi mancheranno al bisogno.

Per questo, replicò il negro, non vi date travaglio, che la parte che mi dà il mio padrone, e gli avanzi che mi vengono dati dalle schiave basterebbono per ancora due altre persone. Venga solamente quel martello e quella tenaglia che dite, ch'io farò qui presto a questo ganghero un buco, per dove si possa passare, e poi tornerò a coprirlo e turare con la creta o calcinaccio. E con tutto che io dia alcuni colpi nel levare la serratura, il mio padrone dorme di qui tanto lontano, che sarebbe miracolo o gran disgrazia se gli sentisse. Faccia la buona ventura, disse Loaisa, che di qui a due giorni, Luigi, voi avrete tutto ciò che bisogna per condurre a capo il nostro virtuoso disegno. Frattanto avvertite a non mangiare cose flemmatiche, perchè non son buone per la voce, che la guastano affatto. Non v'è cosa che me la faccia diventar tanto rauca, rispose il negro, quanto il vino, ma per questo non voglio lasciarlo per quante voci ha la terra. Questo non dico io, soggiunse Loaisa, e tolgalo

Iddio. Bevete, caro Luigi, bevete pure, che buon pro
vi faccia; perchè il vino che si beve moderatamente
e con misura, mai fece danno alcuno. Così lo bevo
con misura, disse il negro, perchè ho qui un boccale
che ne tiene due degli ordinari. Le schiave me lo
portano pieno senza che il padrone lo sappia, e lo
spendidore me ne dà di nascosto un fiasco che tiene
giustamente due boccali, e questi suppliscono per l'altro. Dico, disse Loaisa, che questo mi va bene per la
fantasia, perchè la gola asciutta non grugne nè canta.
Andate con Dio, disse il negro, ma per vita vostra non
mancate di venir ogni notte, mentre indugerete a portar qua quello che avete di bisogno, per entrare qui
dentro. Già mi pizzicano le dita per la gran voglia di
vederle poste sopra la chitarra. Ch'io non manchi di
venire? replicò Loaisa; verrò senz'altro, ed anche con
nuove canzonette e sonate. Oh! questo bramo, disse
Luigi, e ancora vi prego non vi partire senza cantarmi
qualche cosa, acciò io vada a dormire con più gusto.
In quanto poi del pagamento sappiate, signor storpiato,
che meglio da me che da un ricco sarete soddisfatto.
Non pongo mente in questo, disse Loaisa, voi mi pa-
gherete secondo che io v'insegnerò. Per adesso state
a sentire questa suonata. Quando sarò là dentro voi
sentirete maraviglie, vedrete miracoli. Sia in buon'ora,
rispose il negro.

Finito questo lungo parlare Loaisa cantò una canzone di sottil invenzione, con che restò il negro sì contento e soddisfatto, che gli pareva che mai quell'ora
di aprire la porta fosse per arrivare.

Appena Loaisa quindi s'era partito, che con più prestezza che non permettevano le sue crocciole, corse ad
avvisare i suoi compagni e consiglieri, del buon principio, augurio del buon fine che indi sperava. Trova-
tili, lor diede conto di quanto tra lui ed il negro era
passato; e l'altro giorno ebbero i loro ordigni, ed eran

tali che rompevano i chiodi così facilmente, come se di legno fossero stati. Poi non mancò il furbo citaredo di ritornare alla porta a dar la serenata al negro, e lo trovò appresso il buco cn' esso aveva fatto, largo quanto vi potesse passare tutto ciò che il suo maestro gl porgesse, ed era coperto in modo che a non essere guardato con occhio attento e sospettoso, possibile non era che fosse conosciuto. La seguente notte Loaisa gli diede gli ordigni, coi quali il negro mettendosi a provar le sue forze, senza troppa fatica ruppe i chiodi, e gli restò in mano la serratura Allora egli aprì la porta e accolse il suo Orfeo e maestro. Ma quando lo vide con le crocciole, sì straccioso ed anco con una gamba tutta infasciata, stette sospeso ed oltremodo meravigliato Più non aveva Loaisa l' impiastro sopra l'occhio, perchè allora non era più il bisogno. Entrando nella porta, egli abbracciò il suo caro discepolo e baciollo: e nell' istante gli pose in mano un bottaccio di vino ed una scatola di confezioni, con altre cose dolci che egli portava in un bisacco molto bene provvisto. E lasciando le grucce, come quello che nessun male aveva, cominciò a spiccar capriole, di che ancora più che mai stupì il negro. Ma Loaisa gli disse : Sappiate. caro fratello Luigi, che io non sono storpiato nè zoppo di natura o da infermità, se non a posta e da industria, con la quale io mi procaccio il vitto, domandando per amor di Dio ed aiutandomi con quella, e con la mia musica e istromento passo la più felice vita di questo mondo; nel quale tutti coloro che non saranno industriosi ed imbrogliatori vi morranno da fame; e questo il vedrete nel corso della nostra amicizia. Ella lo dirà, rispose il negro; ma fra tanto diamo ordine, che questa serratura sia tornata al suo luogo, di modo che non si conosca alterazione. In buon'ora, disse Loaisa, e cavando chiodi dalla sua bisaccia rassettarono la serratura, in quella medesima positura ch'ella stava dapprima.

Contentossene assai Luigi, e Loaisa, salendo al pagliaio ove stanziava il negro, vi si accomodò il meglio che potè. Subito Luigi accese un candelotto, e Loaisa immantinente prese la sua chitarra, e cominciò a sonarla pian piano e con tanta soavità che ne stava sospeso il povero negro, e come fuor di sè nell'ascoltarlo. Avendo Loaisa alquanto sonato, ei cavò da ricapo dal suo bisacco dei confetti da fare colazione, e ne diede al suo discepolo, il quale, non ostante la loro dolcezza, bevette con tanto gusto nel bottaccio che quel liquore lo trasportò fuora di sè più che non fece il suono dell'istromento. Fatto questo, volle che Luigi pigliasse la sua lezione: ma il povero negro che aveva quattro dita di vino a buona misura nella zucca, non sapeva trovar i tasti, e suonar non poteva; e nondimeno Loaisa gli dava ad intendere, che già egli sapeva due canzoni o suonate; di modo che tutta quella notte altro non fece se non suonare con la chitarra scordata, e che non aveva tutte le sue corde. Dormirono quel poco che della notte loro avanzava, e circa le undici ore venne da basso il Carrizale, ed aprì la porta di mezzo e quella della strada, stando ad aspettare che venisse lo spenditore, il quale d'indi a poco venne, e porgendo per lo torno la vettovaglia, ed avendo chiamato il negro che venisse giuso a pigliare la sua parte e la biada per la mula, se ne ritornò via. Quando che l'ebbe pigliata, il vecchio Carrizale se ne andò per i fatti suoi, ed aveva serrate le due porte, senza punto accorgersi di quello che s'era fatto in quella della strada, di che non poco si rallegrarono maestro e discepolo. Appena era il padrone uscito di casa, che il negro diede di piglio alla chitarra, e cominciò a suonarla sì fortemente che fu sentito dalle serve, le quali per il parlatoio gli domandarono: Che cosa è questa Luigi? da quando hai tu la chitarra? chi te l'ha data? Chi me l'ha data, rispose Luigi, è stato il miglior suonatore del mondo,

e quello cne in manco di sei giorni m'ha da insegnare
più di sei mila canzoni. Dov' è questo sonatore? se-
seguitò la donna. Non è molto lontano, rispose colui,
e se non fosse ch' io temo il nostro padrone, potria
essere che ve 'l facessi veder or ora, ed affè che vi
sarebbe di gusto il vederlo. Ma come lo potremmo vedere, replicò lei, se in questa casa mai nessun altro
che 'l nostro padrone è entrato? Basta; non voglio dir
di più, soggiunse il negro, sin tanto che non vediate
quello ch'io so, e ch'egli, nel poco tempo che vi ho
detto, m' ha insegnato. Così Dio m' aiuti, disse la donna, se colui che t' insegna non è qualche demonio in-
carnato, perchè è impossibile che un uomo possa in si
poco di tempo farti esperto nel suonar d' istromento.
Andate, andate, replicò il Negro, lo vedrete e sentirete
qualche giorno. Questo non potrà essere, disse una
delle serve, perocchè non abbiamo finestre sopra la
strada per poter vedere o sentire alcuno; sta bene, rispose Luigi, ma a tutto, dalla morte in poi, v'è rimedio.
Se voi altre sapeste o voleste tacere, vedreste s'io dico
il vero. Che dici tu, tacere, caro fratello? disse una
delle schiave; taceremo via più, che se fossimo nate
mute; perchè io mi muoio dalla gran voglia ch' ho di
sentire una buona voce. E da che stiamo qui rinserrate tra quattro muraglie, nè anche il canto delli pas-
seri non che degli uomini abbiamo sentito.

Stava Loaisa ascoltando con grandissimo gusto tutti
questi ragionamenti, parendogli che tendevano a fargli conseguire il bramato suo intento, e che la sorte
amica si fosse pigliato l'assunto di condurlo conforme
la volontà di lui. Levaronsi via di li le serve, promettendo loro il negro, che quando meno vi pensas-
sero, le chiamerebbe a sentire una buona voce. Ora
egli non volse star piu a ragionare con esse, temendo
che il padrone ce lo trovasse, e così si ritirò nella
sua stanza. Averebbe voluto pigliar lezione, ma non

ardiva suonar ui giorno, acciò non lo sentisse il suo
signore, il quale d'indi a poco giunse, ed avendo
(secondo l'usanza sua) serrate le porte, si ridusse in casa. In quell'istesso giorno una delle schiave, anche lei
negra, dando al negro da mangiare per lo torno o
parlatorio, egli le disse: che quella notte, dopo addormentato il padrone, ella e le sue compagne potevano
venire nel medesimo luogo, ove sentirebbono senz'altro
quell'isquisita voce, che loro aveva detto. Egli è vero
che innanzi ch'ei lor promettesse questo, aveva pregato
istantemente il suo maestro, che fosse contento di cantare e suonare al parlatorio quella notte, acciò potesse
compire la promessa che aveva fatta alle serve di far
loro sentire una voce delle migliori, accompagnata con
un mirabil suono di chitarra, assicurandolo, che da
quelle saria molto ben visto. Fecesi alquanto pregare
il maestro di ciò, che più del suo discepolo egli desi-
rava; ma disse che per compiacerlo farebbe tutto quello
che gli domandava, solamente per dargli gusto, senza
interesse alcuno. Abbracciollo il negro, e lo baciò nella
guancia, per segno del contento grande che recato gli
avea il promesso favore. E quel giorno diede da mangiare a Loaisa, e lo trattò e regalò così bene, come
se avesse mangiato in casa sua e forse meglio; perchè
poteva essere che in quella non vi fosse cosa più fredda del focolare della cucina. In questo mentre si fece
notte, e fatta mezza od incirca, si cominciò a zizitare
al torno, e subito Luigi intese, che la brigata femmi-
nina vi era giunta. Avvisonne il suo maestro e amendue scesero dal pagliaro colla chitarra molto ben in-
cordata e accordata. Domandò Luigi alle serve quali e
quante erano quelle che stavano ad ascoltare. Gli risposero che tutte, dalla lor signora in fuori, v'erano
venute, e ch'ella stava in letto dormendo col marito.
Questo dispiacque in gran maniera a Loaisa, però non
si rimosse dal dar principio al suo disegno e conten-

tare il suo discepolo. Cominciò dunque a suonare pian
piano la chitarra e con tanta dolcezza, che restò rapito
il negro, e sospesa da meraviglia la brigata donnesca
che l'ascoltava. Ma che dirò io di quello ch'esse sentirono, quando gli udirono cantare e suonare la sua
passione innamorata, ed in fine di quella la Zarabanda
di suono indemoniato, allora nuova in Ispagna? Ivi
non era vecchia nè giovane che non si scongiontasse
le ossa a forza di ballare, però tutto alla sorda e con silenzio meraviglioso, avendo poste le sentinelle e spie, per
avvertire caso che'l vecchio si svegliasse. Cantò ancora
Loaisa alcune stanze, con che finì di riempire di stupore le orecchie delle ascoltanti, le quali con molta
istanza pregarono il negro che lor dicesse chi era quello
si meraviglioso musico. Egli lor disse ch'era un povero
mendico, il più galante gentiluomo che fosse in tutta
la mendica povertà di Siviglia. Pregaronlo ch'egli facesse in modo ch'elle potessero vederlo. E lo scongiu-
rarono, per vita sua, che nol lasciasse partir di casa
di quindici giorni, promettendo che da loro sarebbe
regalato e molto ben trattato. Gli domandarono che
mezzo avesse adoperato per introdurlo in casa. A questo tacque il negro senza rispondere parola. In quanto
al resto poi lor disse ch'elle, per vederlo, facessino un
buco picciolo nel torno, il quale di poi turerebbono con
cera. E circa il ritenerlo in casa, ch'egli questo procure-
rebbe. Ed anco Loaisa parlò con quelle offerendosi al
servizio loro con tante e si buone parole, ch'elleno
compresero facilmente ch'esse non nascevano da ingegno mendico. Lo pregarono che volesse l'altra notte
seguente ritornare al medesimo luogo, e che opererebbe-
bono si con la loro padrona, che anche lei verrebbe
ad ascoltarlo, non ostante e malgrado il lieve ed interrotto sonno del suo sposo; la qual interruzione di
sonno non procedeva dalli molti anni di lui, ma si
bene dalla sua gran gelosia.

Rispose Loaisa, che se volessero aver gusto in sentirlo, senza sospetto nè tema del vecchio, lor darebbe una certa polvere, la quale mettendogliela nel vino che avesse da bevere, era di tanta virtù che 'l farebbe dormire più dell' ordinario. Ohimè Dio, disse una delle serve, se questo fosse vero, che buona ventura saria entrata in questa casa insensibilmente, e senza che l'avessimo meritata. Non sarebbe per il nostro vecchio polvere da far dormire, anzi polvere di vita per tutte noi altre, e per la povera signora Leonora sua moglie, ch'egli non lascia mai che 'l sole o la luna la vegga, nè anche la perde di vista un sol momento. Deh, caro signore, portate quella polvere, così Iddio vi dia quanto bene desiderate. Andate in buon' ora, e non tardate a ritornare, ma sopra tutto non scordate la polvere. Io m'offero a mescolarla con il vino, e servirlo di coppiera. Volesse Iddio che 'l vecchio dormisse tre di e tre notti, che altrettanti a noi sarebbono una gloria. Senz'altro ve la porterò, disse Loaisa, ed è tale quella polvere, che non fa mal nè danno a chi la piglia, se non di fargli venir sonno e dormire a sodo. Tutte insieme lo ripregarono che gliela portasse quanto prima. Fra tanto si risolsero di dover l'altra notte fare un buco nel torno con un trivello, e che farebbono di modo che la loro padrona vi venisse a vederlo ed ascoltarlo. Sopra di questo si licenziarono dal negro; ed egli, benchè spuntasse quasi l'alba, volse pigliar lezione, e Loaisa gliela diede, dandogli ad intendere che di tutti gli altri suoi discepoli non era alcuno che avesse miglior orecchio del suo; e tuttavia il povero negro non sapeva, nè mai seppe far un accordo. In questo mentre non mancavano gli amici di Loaisa di venire di notte ad ascoltare alla porta della strada, ed a saper da lui se avesse bisogno di qualche cosa. E facendo un certo segno, concertato tra di loro, conobbe Loaisa ch'essi erano alla porta, e per un buco di quella disse loro succintamente del buon termine in che si ritrovava il negozio, supplicandoli caldamente che trovassero qualche cosa che provocasse il sonno, per darla al Carrizale. Lor disse, come altre volte avea sentito dire d'una certa polvere propria a quell'effetto: disserogli li suoi compagni che avevano un medico amico loro, che lor darebbe il migliore rimedio ch'egli sapesse, se qualcheduno ve ne fosse di buono. Intanto gli fecero animo acciocchè proseguisse innanzi la cominciata sua impresa, promettendo di ritornare l'altra notte con tutto quello che fosse necessario, e così prestamente quindi si partirono. Venne la notte, e la banda delle colombe si ridusse, al richiamo della chitarra, al luogo appostato. Ancor vi venne con esse la semplice e poco cauta Leonora, tutta timida e tremante. perchè temeva che 'l suo marito si svegliasse. Ed ancorchè vinta da questa temenza non volesse venirci, tante cose le dissero le sue serve, e specialmente la maggiordoma, della soavità della musica e della gagliarda disposizione del povero musico (e senza averlo veduto il lodava ed innalzava di bellezza sopra di Narciso, e di cantare e suonare sopra d'Orfeo), di modo che la povera signora, vinta dalle persuasioni di quelle, ebbe a far ciò che non aveva, nè mai avrebbe avuto in animo. La prima cosa che fecero fu di far un buco al torno per vedere il musico, il quale non era più vestito da povero. Egli aveva i calzoni di zendado lionato lunghi e larghi alla marinaresca, il giubbone del medesimo, con sopravi le trine d'oro ed una montiera di raso dell'istesso colore; il collaro fatto a lavoro co' suoi merletti e inamidato. Così era venuto col bisacco provvisto di tutto ciò che gli era necessario, perchè aveva ben pensato e antiveduto ch' egli si troverebbe in occasione, nella quale converrebbe ch' ei si mutasse il vestito.

Egli era giovine, di bella vita e di buon garbo ed aspetto. Ed a tutte quelle femmine (che da molto tempo

non avevano veduto altro uomo che il loro vecchio).
mirando questo giovine pareva che vedessero una meraviglia dell'altro mondo. Ora questa metteva l'occhio
al buco per vederlo, ora quella subito faceva lo stesso,
e così tutte a vicenda. E perchè lo potessino vedere
meglio, gli andava il negro attorno attorno con il lume in mano. Quando che tutte, sin alle guattere, l'ebbero ben guardato, prese Loaisa la sua chitarra e cominciò a suonarla sì soavemente, ch'egli le rapì affatto
così la vecchia come le giovani. Or tutte pregarono il
negro ch'egli trovasse qualche invenzione e desse ordine acciò il signor suo maestro entrasse dentro, per
poter meglio udirlo e vedere più dappresso, e non per
la bussola e per lo buco e senza tema che il loro signore (essendo sì discoste da lui) le cogliesse all'improvviso ed in flagrante col furto in mano; il che non
succederebbe così se 'l tenessero ascoso dentro. A questo non volle acconsentire la padrona, allegando molte
buone ragioni, e dicendo: che non si dovesse fare una
tal cosa, nè permettere l'entrata al suonatore, perchè
se ne potrebbono poi pentire. Però si dovessero contentare di vederlo di lì, e udirlo a man salva e senza
pericolo dell' onore. Che onore ? (replicò la maggiordoma) il re ne ha d'avanzo per tutti. Per mio consiglio state rinserrate col vostro Nestore, e lasciateci
almanco passar il tempo come potremo. Questo signore
ne pare tanto onorato, ch'egli non ci domanderà mai
se non quello che vorremo noi. Io, signore mie, disse
allora Loaisa, non venni qua per altro che per servire
le signorie vostre con tutto il cuore; condolendomi di
questa vostra stretta ed inaudita chiusura, e delle occasioni e del tempo che in questo rinserrato genere di vita
si perdono. Per vita del padre che m'ha ingenerato, io
sono uomo sì sincero, sì mansueto e sì ubbidiente che
non farò mai più di quello che da voi mi venga comandato. Se mi direte: maestro sedete qui, maestro passate

là, venite qua; andate, tornate, subito il farò come il meglio ammaestrato cane che salti pel re di Francia. Se così ha da essere, disse l'incauta Leonora, come si avrà da fare perchè qua entri il signor maestro? Cosa facile, rispose Loaisa, se le vostre signorie tanto faranno, che di questa porta di mezzo la chiave venga rimpronta in cera, ed io farò che domani notte n'avremo una simile bella e fatta, che ne potrà benissimo servire. In aver quella chiave, disse una delle serve, si avrà tutte le altre di casa, perciocchè è chiave maestra che apre tutte le altre porte. Tanto meglio, replicò Loaisa. Dice il vero, disse Leonora, ma questo signore primieramente ha da giurare, che dopo che l'averemo introdotto qui in casa, egli non farà altro che cantare e suonare quando glielo comanderemo, e starà serrato e zitto nel luogo dove lo metteremo. Io Io giuro, disse allora Loaisa. Quel giuramento non vale, replicò Leonora; bisogna che giuriate per la vita di vostro padre e per la Croce, e quella baciare che tutte il veggano. Io giuro, disse Loaisa, per la vita di mio padre, e per questo santo segno di Croce, che con mia bocca indegna io bacio; e facendo egli la croce colle dita, per tre volte baciolla. Fatto questo, un'altra delle fanti disse: Avvertite, signore, che non bisogna scordarsi la polvere, perchè questa è l'importanza di tutto il negozio.

Qui finì il ragionare di quella notte, e tutti restarono contentissimi dell'accordato. E la sorte, che di bene in meglio incamminava le cose di Loaisa, condusse allora (ed era circa le due ore dopo la mezza notte), ivi i suoi compagni, i quali diedero il solito segno, ed era di suonare una ribeba, o scacciapensieri *, che dir vogliamo. Parlò con esso loro Loaisa

---

* Stromento di ferro molto piccolo, il quale, appoggiandolo ai denti, e percotendolo leggermente col dito, si suona.

e gli ragguagliò del termine in che stava la sua pretensione. Lor domandò s'avessero portata la polvere, od altra cosa come gli aveva pregati per far dormire il Carrizale, ed ancora lor disse ciò ch'era stato risoluto per la chiave maestra. Eglino risposero che la seguente notte gli recherebbero la polvere od un unguento ch'era di tanta virtù, che ungendone i polsi e le tempie, gli faceva venire un profondissimo sonno, senza svegliarsi di due notti con i suoi giorni, se non bagnando con aceto le parti unte. Gli domandarono poi che lor desse la chiave impronta in cera, che facilmente ne farebbono fare una simile. Così accordatisi, indi partirono, e Loaisa ed il suo discepolo dormirono quel poco che della notte loro avanzava; però non tanto Loaisa, ch'egli non avesse sempre il pensiero desto o fisso ad aspettare l'altra prossima notte, per vedere se i compagni gli serverebbono la promessa nel portargli la chiave. E quantunque il tempo paia molto lungo a coloro che aspettano, e che cammini a passo lento, nulladimeno egli corre al fine di corso pari alli pensieri, e giunge il termine ch'essi desiderano, perchè non si ferma nè posa mai. Or venne la notte, e l'ora solita del ridursi al torno. Vi vennero tutte le serve di casa grandi e piccole, negre e bianche; perciocchè tutte erano desiderose di veder dentro il serraglio il signor musico; però non comparve Leonora: e Loaisa domandando di lei, gli risposero ch'ella stava a dormire col suo vecchio, il quale teneva serrata colla chiave la porta della camera ov'ei dormiva. Gli dissero ancora, che 'l Carrizale, dopo aver così serrato, metteva essa chiave sotto il suo capezzale, e che la lor padrona aveva detto che quando il vecchio dormirebbe la piglieria, o l'impronterebbe in cera ch'ella di già aveva preparata e che d'indi a poco tempo dovessero venire per quella alla gattaiola della porta per dove la porgerebbe loro. Stette Loaisa tutto meravigliato del circospetto antivedimento del geloso vecchio, nè perciò se gli smarrì l'animo, e dalla cominciata impresa non si distolse punto. In questo mentre egli sentì suonar la tromba; venne presto alla porta e parlò co' suoi compagni che gli diedero un buon bussoletto pieno d'unguento della virtù che gli avevan detto. Pigliollo Loaisa, e gli pregò che aspettassero un poco, che lor darebbe l'impronto della chiave. Ritornato al torno, egli disse alla maggiordoma (ed era quella che più di nessun' altra mostrava di desiderare ch'egli entrasse) che allor allora lo portasse alla signora Leonora, avvisandola della virtù e proprietà di quello, e ch'ella procurasse di ungerne il suo marito, di modo però che nol sentisse, e poi vedrebbon meraviglia. Tanto fece la maggiordoma; ed accostatasi, trovò Leonora che l'aspettava, distesa boccone in terra, e posto il viso nella gattaiola. La maggiordoma anche lei vi si mise in simile postura, pose la bocca all' orecchia della sua signora, e pian piano susurrando le disse ch'ella aveva lì l'unguento, e come bisognava adoperarlo per provar la sua virtù. Lo prese Leonora, e disse alla maggiordoma che non era cosa possibile pigliar la chiave a suo marito, imperocchè non la teneva più come soleva sotto il capezzale, ma tra i due materassi, e quasi sotto il mezzo della vita. Tuttavia ch'ella dicesse al maestro suonatore, che se l'unguento operasse così com' egli diceva, si potrebbe facilmente aver la chiave ogni volta che si volesse: a tal che non sarebbe altrimenti di bisogno improntarla in cera. Leonora dunque disse alla maggiordoma che senza indugio andasse a dirlo al maestro suonatore, e ch'essa poi ritornasse a vedere che operazione l'unguento avesse fatta, perchè allor allora ella andava ad ungerne il suo vecchio. La maggiordoma andò a dirlo a Loaisa, ed egli licenziò i suoi compagni che stavano aspettando l'impronto della chiave.

Temendo e tremando di paura Leonora, e quasi non

osando fiatare, cominciò ad ungere i polsi del geloso marito, ed anco gli unse le nari: e quando vi portò la mano spasimava di paura, e le pareva che fosse colta sul fatto in fine, il meglio che potette, ella finì di ungere tutti i luoghi che le avean detto, e quello fu poco manco che se l'avessero imbalsamato per darlo alla sepoltura. Non tardò molto il sonnifero unguento a dare manifesti segni della sua virtù, perchè incontanente cominciò il vecchio a russare sì fortemente che poteva essere sentito insino alla strada: musica più soave e più grata agli orecchi della sposa, di quella del maestro del negro. Però non ben sicura di ciò ch'ella vedeva, gli si accostò e lo mosse un poco, anche un poco più e poi un altro poco, per vedere se si svegliasse. Veggendo ch'egli niente sentiva, ella andossene alla gattaiola, e con voce non tanto bassa quanto dapprima, chiamò la maggiordoma che quivi stava aspettandola, e gli disse: Buona nuova, sorella, buona nuova; il Carrizale dorme meglio d'un morto. Che state dunque ad aspettar signora, rispose la maggiordoma, che non pigliate la chiave? fa più d'un'ora che il musico sta aspettando. Ch'egli abbia un poco di pazienza, amica mia cara, replicò Leonora, ch'io vado per essa. Così dicendo ella andò al letto, mise la mano tra i due materazzi, e ne trasse la chiave senza che 'l vecchio addormentato nulla sentisse. Quandochè l'ebbe in mano saltava d'allegrezza, e, senza indugiare, con quella aprì la porta, e poi diedela alla maggiordoma, la quale la ricevette col maggior gusto del mondo. Comandolle Leonora che andasse ad aprire al musico, e che 'l menasse al corritore, perchè di lì ella partirsi non osava per ciò che succeder potesse. E le impose che prima di ogni cosa facesse di nuovo giurare a mastro Loaisa per ratificazione del suo primo giuramento, di niente altro pretendere nè fare che quello ch'esse gli ordinassino; e se così non volesse giurare confermativa-

mente, a niun patto gli aprisse. Tanto farò, disse la
maggiordoma, e vi prometto sopra la fede mia, che
qua non entrerà, se prima egli non avrà giurato e ri-
giurato, e baciato sei volte la croce. Non ci mettete
tassa, soggiunse Leonora, la baci quanto vuole. Ma
avvertite di fargli giurare per la vita dei suoi padri e
per tutto ciò ch'egli ama: perciocchè mediante questo
giuramento saremo sicure, e ci sazieremo di sentirlo
cantare e suonare colla sua chitarra. Invero egli la
suona maestrevolmente. Andate, non indugiate più,
acciò non se ci passi la notte in ragionamenti. La buona
maggiordoma si succinse le falde, e con ispedita leggerezza corse al torno, dove la famiglia di casa stava
aspettandola; e quando che lor ebbe mostrata la chiave
ch'ella teneva in mano, ne sentirono tutte tanto contento, che l'alzarono di peso proferendo *viva, viva,*
come quando si è addottorato uno. Ed anco più ebbero
da rallegrarsi quando ch'ella lor disse, che non era
più di bisogno di contraffar la chiave, perciocchè secondo che 'l vecchio profondamente dormiva, potrebbono ad ogni lor piacere adoperare quella di casa. Orsù
dunque, sorella, disse una delle donzelle, che s'apra
quella porta ed entri questo galant'uomo. Ha aspettato
un pezzo. Ora sì che dobbiamo pigliarci una buona
corpacciata di musica, e satollarne, e tanta che più
non vi sia da dire. Vi è da dire e da fare, replicò la
maggiordoma; perchè bisogna ch'egli giuri, com'ei fece
la passata notte. È così buono e da bene, disse una
delle schiave, che non guarderà a giuramenti, e non
contraffarà. In questo la maggiordoma aprì la porta, e
tenendola mezzo aperta chiamò Loaisa, il quale aveva
ascoltato il tutto per lo buco del torno. Or egli volle,
accostandosi alla porta entrare di slancio: ma la maggiordoma opponendogli la mano al petto, gli disse:
Sappia vostra signoria, signor maestro, e sallo Dio, e
sopra la mia coscienza, che noi tutte che qui dentro

stiamo, dalla nostra padrona in poi, siamo vergini; come le madri che ne partorirono. E quantunque io paia essere di quarant'anni, non ne ho tuttavia trenta compiti (perchè ve ne mancano due mesi e mezzo), e son donzella. E se pare che vecchia io sia, i travagli, le afflizioni, i disgusti e le fatiche fanno invecchiare, secondo che le pigliamo a petto. Ora stando questo come sia, non istaria bene, che per sentire due o tre o quattro canzoni, venissimo a perdere tanta verginità che è qui dentro, chè anco questa negra, che si chiama Ghiomara è donzella. Per il che, caro signore, vostra signoria prima che entri in questo nostro regno, ha da fare un solenne giuramento, che non oltrepasserete gli ordini nostri. E se vi pare che quello che vi si domanda sia molto e di molt'importanza, considerate che molto più è quello che s'arrischia. Se qualche buona e schietta intenzione v'ha portato da noi, il giuramento vi sarà facile; però che a buon pagatore poco importa il dar pegno. Benissimo ha detto la signora Marialonso, disse una delle donzelle, e l'intende come donna discreta e che vuol sempre stare nei termini dell'onesto. Di modo che se questo signor maestro non vorrà giurare, qui non ha da entrare. Sopra di questo Ghiomara la negra, anzi goffa che no, con modo di parlar rozzo prese a dire: Per me, benchè mai lo giuri, entri con sua mal'ora, perchè più ch'egli giurerà, se dentro entra tutto si scorda. Riposatissimamente Loaisa stette a sentire l'aringa della signora Marialonso, a cui con gravità e ponderate parole rispose. In verità, signore sorelle e compagne mie, mai fu pensier mio nè mai sarà, se non per darvi gusto e soddisfazione, per quanto mi basteranno le forze: e però non m'è grave il giuramento che a me domandate, ma vorrei bene che vi fidaste alquanto della mia parola, perchè già data da tal persona quale son io è l'istesso, ed è tanto valida quanto se fosse un obbligo autentico, ov'entra il mallevadore per sicurtà. E voglio che sappiate, che sotto rozzi panni si ritrova alle volte spirito gentile, e sotto cattiva cappa un buon bevitore. Tuttavia acciò tutte stiate sicure della sincera mia affezione ed intenzione, giurerò come cattolico ed uomo da bene. Dunque io giuro per l'inviolabile efficacia, in qual si voglia parte, ch'essa più pura e diffusamente sia contenuta; per l'entrate ed uscite del monte Etna, e per tutto quello che contiene nel suo proemio la verace storia di Carlomagno, con la morte del gigante Fierabrasso, di non trasgredir in un sol punto dal giuramento che già ho fatto, nè da comandamento della minima e più abbietta di queste signore sotto pena che se io facessi o volessi fare in contrario in sin d'adesso, come d'allora, e sin d'allora come da presente, l' ho per nullo, come non fatto nè valido.

Qui finì il buon Loaisa il suo ragionamento, quando una delle donzelle, che con attenzione era stata ad ascoltarlo, prese a dire: Questo sì, ch'è un giuramento da far intenerir i sassi. Mio malanno, se più per la mia parte voglio che tu giuri; poichè col giuramento ch'ora hai fatto, potresti entrare nella caverna di Cabra ed acchiappandolo per le brache lo tirò dentro. Subito tutte l'altre l'attorniarono ed una d'esse corse ad avvisarne la sua padrona, che stava invigilando sopra il sonno del marito. Quando la messaggia le disse, che già saliva il suonatore, l'allegrezza ed il timore tutto ad un tempo se le entrarono nell'animo: ciò non ostante, non si scordò di domandare s'egli giurato avesse: Ella rispose di sì, ed era stato con la più nuova ed insolita forma di giuramento che mai in vita sua si ricordasse aver udita. Poichè ha giurato (soggiunse Leonora), egli è nostro, legato lo teniamo! O che ben avveduta fui, allora che pensai fargli giurare. In quel mentre ecco venire tutte insieme la frotta delle donne. Stava in mezzo il cantore ed il negro e Ghiomara la ne-

gra con ciascheduno una candela in mano facevan
lume. Di subito, che Loaisa vide Leonora, si gittò a'
suoi piedi per baciarle le mani. Ella tacendo gli fece
cenno che dovesse alzarsi, e così egli fece.

Erano diventate tutte come ammutite e non osavano
muover il labbro per isciorre una parola temendo d'essere sentite dal lor padrone. Ma Loaisa considerando
il lor silenzio disse che potevan liberamente parlar
forte, perchè l'unguento, col quale il lor signore unto
era stato, aveva virtù tale, che senza far morire ren-
deva un uomo come morto. Questo cred'io, soggiunse
Leonora, e se così non fosse, egli per più di venti volte
già svegliato si sarebbe : perchè le sue molte indispo-
sizioni di ordinario non lasciano ch'ei dorma di profondo sonno ; e da che l'ho unto, sornaca come una
bestia.

Stando questo, disse la maggiordoma, andianne a
quella sala dirimpetto ove potremo comodamente sentir
cantare, suonare il signor mastro e rallegrarci un poco.
Andiamo, disse Leonora; fra tanto, resti qui Ghiomara
la negra a far la spia per venire ad avvisarne se si
svegliasse il Carrizale. Allora Ghiomara col suo solito
modo di parlar zotico e ridicoloso disse : come io negra resto, bianche vanno, Dio perdoni tutte. Così restò la negra, e l'altre se n'andarono alla sala ov'era
disteso un ricco strato. Si misero a seder sopra, ed
in mezzo ad esse il mastro suonatore. Or, la buona
Marialonso avendo presa in mano una candela, cominciò a considerare da capo a' piedi il compagnone. L'una
diceva, o che ciuffetto egli ha si vago e si ricco! L'altra, o che bei denti bianchi! pignoli mondi; hi bò, non
sono così netti nè di tanta bianchezza. O che occhi
grandi ed ispaccati, diceva ancora un'altra! pel secolo di mia madre sono così verdi che paiono sme-
raldi. Questa si perdeva a lodar la sua bocca ; quella
i piedi e tutte insieme fecero un'anatomia del suo cor-

o, anzi un minuzzame. La sola Leonora non diceva parola ma lo guardava fisso fisso, e le pareva ch'egli fosse di un'altra stampa e d'altro garbo, che il suo vecchierello.

Intanto la maggiordoma prese la chitarra che il negro aveva in mano e la mise in quelle di Loaisa pregandolo, che volesse suonarla e cantar sopra una gustosa villanella che allora per tutta Siviglia era in credito. Volle compiacerla Loaisa e contentarla.

Si fecero tutte in piedi, e cominciarono a disfarsi in pezzi a forza di ballare. La maggiordoma con più gusto che buona voce, anche lei prese a cantare la canzone, perchè la sapeva a mente ed era questa.

> Madre la mi madre
>   Guardas me poneis,
>   Que se yo no me guardo,
>   No me guardareis.
> Dizien que esta escrito,
>   Y con gran razon,
>   Ser la privacion
>   Causa de apetito:
>   Crece en infinito
>   Encerrado amor,
>   Por esso es mejor,
>   Que no me encerreis
>   Que se yo, etc.
> Si la voluntad
>   Por si no se guarda,
>   No la haran guardar
>   Miedo, ò calidad:
>   Romperà en verdad
>   Por la misma muerte,
>   Hasta hallar la suerte,
>   Que vos no entendeis:
>   Que se yo, etc.

Quien tiene costumbre
      De ser amorosa
      Como mariposa,
      Se irà tras su lumbre;
      Aunque muchedumbre
      De guardas le pongan,
      Y aunque mas propongan
      De hacer lo que haceis,
      Que se yo, etc.
Es de tal manera
      La fuerza amorosa,
      Que a la mas hermosa
      La vuelve en quimera:
      El pecho de cera,
      De fuego la gana,
      Las manos de lana:
      De fieltro los piés,
      Que se yo no me guardo
      Mal me guardareis *.

In quello che l'allegra brigata delle giovani, guidata
dalla maggiordoma (ch'era capo di ballo) finiva la canzone ed il ballare, ecco la negra Ghiomara, la sentinella, venir correndo tutta turbata e percotendo col piede
il suolo, e l'una man con l'altra come una spiritata;
la quale con voce roca e bassa disse: Svegliato signore,
signora, si signora, svegliato signore, e levassi e viene.
Chi vide mai una compagnia o frotta di colombe, star
beccando senza temenza in uno seminato e che di repente sentendosi sparar contra strepitosa archibugiata,

---

* Mamma; le guardie sono inutili; se io non mi guardo io
male mi guarderete. A star chiusa, cresce la voglia; lo stimolo
che porta all'amore è come la vaghezza della farfalla pel lume.
La forza d'amore trasforma le belle giovani; e le guardie non vi
possono far alcun buon riparo. Se non mi guardo io, mal mi
guarderete.

quella tutta impaurita lasciando il pasto, alzarsi a
volo confusamente di qua, di là per l'aria, s'immagini
che così fu della banda confusa di quelle ballerine. Voglio dire, che quasi spasimate da paura e tremanti, per
l'inaspettata nuova, che Ghiomara portata aveva, ciascuna d'esse pensando per la sua discolpa, diedero a
gambe, chi qua, chi là fuggendo ad ascondersi ne' gra-
nai e recessi della casa, lasciando solo il cantore ; il
quale abbandonata la chitarra e cessato il cantaro,
come una mosca senza testa, non sapeva ove voltarsi.
Storceva Leonora le sue belle mani, e la buona limosina di maggiordoma battevasi le guancie, però non
forte. In fine, tutto era confusione, spavento e timore.
Nientedimeno la maggiordoma, ch'era la più scaltra e
considerata, diede subito ordine, acciocchè Loaisa, se
n'entrasse in una camera di lei, ed ella con la sua
signora se ne stettero nella sala, pensando che non
loro mancherebbe scusa, quando che quivi il suo signore le trovasse.

Prestamente s'ascose Loaisa e stette attenta la maggiordoma ad ascoltare se il padrone veniva. Ma quando,
che non udi niente, ripigliò animo, ed a poco a poco
senza fare strepito s'accostò alla camera dove dormiva
il Carrizale, e senti, ch'ei russava, come da prima. As-
sicurata dunque del dormire di lui, s'alzò le vesti e ritornò correndo dalla sua signora a dargliene la buona
nuova : e domandandole la mancia per così buon an-
nuncio (come s'usa in Spagna) Leonora gliela donò
u olto cortesemente.

Non volle la maggiordoma perder la congiuntura che
se le offeriva, di godere prima dell'altre, le doti e le
grazie, ch'ella s'immaginava dovere ritrovarsi nel musico. Perilchè disse a Leonora che l'aspettasse nella
sala, mentre che anderebbe a chiamarlo. Entrò Marialonso ne'la stanza, dov'egli era tutto confuso e pensoso, aspettando d'intender nuova di ciò facesse il vec-

chio unto. Malediceva la falsità dell'unguento e lamentavasi della troppo credulità de' suoi compagni, e del poco avvedimento suo in non averne prima fatta l'esperienza sopra di qualch'un altro che sopra il Carrizale.

Mentre che questa confusione lo teneva perplesso, ecco venire la maggiordoma la quale l'assicurò che 'l vecchierello dormiva più che mai. Questo alquanto quietò l'animo di Loaisa, ed egli stette attento alle molte parole innamorate che gli diceva Marialonso: dalle quali comprese la poco buona intenzione di lei, e si mise in pensiero di valersi di quella per amo da pescare la sua signora. Stando amendue in quel lor ragionare, l'altre serve che s'erano ascose (come dicemmo) qua e là in diversi luoghi della casa, vennero fuora a sapere se fusse vero che il padrone più non dormisse. Ma quando videro che tutto stava sepolto nel silenzio, andarono alla sala ove trovarono ancora la lor signora, la quale lor disse, che il suo marito dormiva tuttavia. E dimandandole del musico e della maggiordoma lor disse dove stavano: di modo che col medesimo silenzio ch'esse eran venute, s'appressarono ad ascoltare tra le due porte quello che amendue dicevano. Non mancò Ghiomara la negra di venire a mettersi anch'ella in dozzina; ma non ci venne il negro; perchè come egli ebbe udito che il padrone si era svegliato, se ne fuggi con la sua chitarra e andò a nascondersi nel pagliaro, ove nel suo misero letto sudava e trasudava, non del calore della coperta che aveva addosso (ch'era una straccia) ma da paura. Però non lasciava di tastare le corde della chitarra, tanto egli era indiavolato intorno al voler sapere suonar quell'istromento.

In questo mentre le giovani stavano ad ascoltare le parole innamorate della vecchia Marialonso e ciascuna di esse le diede la mala pasqua. Nessuna la chiamò vecchia che non v'aggiungesse il suo epiteto o titolo ed adiettivo di strega, di barbuta, di capricciosa ed altri che per buon rispetto si tacciono. Ma quel che più faceva venir voglia di ridere erano le parole di Ghiomara, la negra, la quale per esser portoghese e di parlare rozzo e mescolato (come s'è detto) aveva tanta grazia nel biasimarla che non si può rappresentarla. In fine, la conclusione del ragionamento di Marialonso e di Loaisa si fu ch'egli sodisfarebbe secondo il desiderio di lei pur che gli facesse primieramente godere la sua padrona. Parve strano e difficile alla maggiordoma di promettere al suonatore quel che le domandava, ma per compire il suo desiderio, il quale già dell'animo di lei e dell'ossa e midolle del suo corpo s'era impossessato, gli avrebbe promesso tuttociò che impossibile si possa immaginare. Dunque la si partì da lui e se n'andò a parlare con la signora, e come vide star su la porta della stanza tutte le serve, lor comandò che alle loro stanze dovessin ritirarsi sino all'altra notte, ch'avrebbono tempo di godere con manco o con nessuna tema lo spasso del cantore; posciachè la paura lor aveva interrotto il gusto di quella notte. Bene intesero tutte che la vecchia Marialonso voleva restar sola, ma non potettero non ubbidire perchè aveva autorità di comandare a tutte.

Quando si furono ritirate se n'andò sola alla sala la maggiordoma a persuader Leonora di contentare il desiderio di Loaisa con un lungo ragionamento, e così ben contesto che pareva che infino da molti giorni l'avesse studiato. La mala femmina prese a lodarle sopra ogni cosa la gentilezza, il valore e la grazia di lui. Rappresentolle quanto più gustosi le sarebbono gli abbracciamenti dell'innamorato giovine di quelli del vecchio marito. L'assicurò che la cosa passerebbe con secretezza, che avrebbe durata il gusto con altri incantesimi di questa fatta, che il maligno ed ingannatore spirito le metteva in bocca. Incantesimi pieni ed ador-

nati di colori retorici tanto dimostrativi, vivi ed efficaci, ch'avrebbon intenerito un cuor di marmo, non che
quello già per sè tenero della poco avveduta e manco
cauta Leonora. In somma, la maggiordoma tanto seppe
ben dire, tanto seppe persuadere, che Leonora si lasciò
ingannare. Leonora s'arrese, e Leonora si perdè e restò
soverchiata con tutta la prudenza che, per prevenire
questo male, era stata adoperata dall'avveduto Carrizale;
il qual dormiva il sonno della morte del suo onore. La
maggiordoma prese per mano la sua padrona e quasi per
forza (avendo questa gli occhi pregni di lagrime) la menò
dove stava Loaisa. E dando loro la buona notte e con
sogghigno d'inferno sorridendo, gli serrò dentro e si
pose poi a dormire nello strato o, per dir meglio ad
aspettarñe la sua parte. Tuttavia, essendo vinta dal-
l'avere vegliato nelle passate notti, s'addormentò sopra
di esso strato.

Or sarebbe stato allora molto a proposito di domandar
al Carrizale (se non dormisse) ov'erano i suoi avve-
dimenti, le sue gelosie, i suoi antivedimenti, le sue
persuasioni alla consorte ed alla famiglia per conser-
vazione del suo onore. A che le alte mura della sua
casa? il non esservi mai entrato nè anche in ombra
e pittura cosa ch'avesse il nome mascolino? A che il
torno stretto? le spesse muraglie? le finestre senza
luce e tutta quella notabile chiusura? Di che gli pro-
fittava la vantaggiosa contraddote che aveva assegnata a
Leonora? i regali continui con che la tratteneva? il
buon trattamento ch'egli faceva alle sue serve e schiave? e la cura che aveva nell'esser puntuale in non
mancare a somministrar loro largamente tuttociò, ch'ei
s'immaginava avessero bisogno o potessero disiare?
Tuttavia come già dissi, non vi era luogo da poter di-
mandargli o rappresentarli queste cose, perchè dormiva più che non gli era di bisogno. E dato che egli
le avesse udite, altra risposta non avrebbe saputo dare.

se non istrignersi le spalle, inarcarsi le ciglia e dire :
Per quanto io posso comprendere l'astuzia d'un giovine scioperato e vizioso: la malizia d'una falsa matrona e l'inavvertenza d'una giovine sollecitata e per-
suasa, hanno sino dai fondamenti rovinato tutto ciò che
sopra di quelli io avevo fabbricato. Liberi Dio ogni
cristiano da si fatti nemici; contra i quali per difendersi non vi è scudo di prudenza che possa reggere,
nè spada di circospezione che tagli.

Non ostante questo, fu tale il valore di Leonora, che
nel tempo che conveniva mostrollo e l'oppose contra
la forza villana del suo astuto ingannatore, poichè
quella non valse e non potette vincerla. Di modo ch'egli
s'affaticò e si straccò indarno, ed essa rimase vinci-
trice ed ambidue s'addormentarono.

In quel mentre volle il cielo che, a malgrado della
forza dell'unguento, il Carrizale si svegliasse, e siccome era il suo costume, tastò per tutto il letto, e non
trovando in quello la sua cara sposa, saltò fuor d'esso
turbato e attonito, con più leggerezza e sveltezza di
quella che si potesse pensare da un uomo dell'età sua.
E quando che nè anco nella stanza non trovò la moglie e vide la porta aperta e che gli mancava la chiave
sotto ai materassi, stette per perdere il senso. Tuttavia, ripigliando un poco gli spiriti smarriti, usci nel
corritore, e indi pianamente se n'andò alla sala, ove
la maggiordoma stava dormendo. Veggendola sola, se
ne passò alla camera di quella, e aprendo pian piano
la porta, vide quello che mai avrebbe voluto vedere,
vide quello che, per non vederlo, avrebbe volentieri
voluto non aver occhi; vide, dico, Leonora tra le braccia di Loaisa, dormendo amendue di cosi profondo sonno,
come se fosse stato in loro ch'avesse operato la virtù
dell'unguento e non in quel geloso vecchio.

Lo spiacente spettacolo ch'egli aveva davanti agli occhi, gl'involò ogni spirito, e insensibile fecelo diventare

Non puotè la lingua formar parola, le braccia gli cascarono giù distese da svenimento e, quasi statua di marmo, restò freddo ed immobile. E con tutto che la collera facesse il naturale suo officio, ravvivandogli i poco men che estinti spiriti; però fu sì gagliardo il dolore, che non gli lasciò ripigliar fiato. Tuttavia, se allora egli avesse avuto arme, avrebbe fatta la véndetta di così grand'offesa. Perilchè si risolse d'ir alla sua stanza per un pugnale, e con quello cavar il sangue ai suoi due nemici e ancora a tutta la sua famiglia, per lavarne la macchia del suo onore. Con questa risoluzione onorata e necessaria, e col medesimo silenzio, ch' ivi era venuto, tornossene alla sua stanza; ma appena vi fu entrato, ch' un pungente dolore di sì fatta maniera gli penetrò il cuore, che senza poter sostenerlo, si lasciò cascar tramortito sopra del letto. In quel mentre apparve il giorno che colse i due adulteri allacciati e presi l'un l'altro nella rete delle lor braccia. Svegliossi Marialonso e volle farsi innanzi, per anche lei averne quella parte, la quale al parer suo le toccava: ma veggendo che l'ora era troppo tarda, ebbe per bene rimetterlo infino all'altra notte. Turbossi Leonora, quando vide il giorno esser già tanto chiaro: maledisse la sua trascuraggine e quella della maledetta maggiordoma. Con passi tremanti andarono amendue insieme, ove giaceva il Carrizale fra denti pregando il cielo, che lo trovassero ancora sornacando. Quando il videro sul letto senza che si movesse niente, pensarono che tuttavia l'unguento operasse. poichè egli dormiva: perlochè l'una l'altra si abbracciarono per l'allegrezza.

Accostossi al suo marito Leonora, e pigliatolo per un braccio lo mosse in qua in là, per vedere se si svegliasse senza che fosse di bisogno lavarlo con aceto siccome avevano detto. che bisognerebbe fare, quando che si vorrebbe riscuoterlo dal sonno. Per cotal movere egli ritornò in sè, diede un profondo sospiro e con voce querula e fiebile disse queste parole: Ah, sconsolato me! a che passo infelice m'ha condotto la mia mala sorte. Leonora, che non aveva inteso bene quello che il suo sposo avea detto, meravigliossi fortemente veggendolo svegliato e che parlava; e che la virtù dell'unguento non durava sì lungo tempo, come avevano detto; se gli accostò e giungendo il suo viso con quel di lui, ed abbracciatolo strettamente gli disse: Che cosa avete signor mio? a me pare che vi dogliate. Udì la voce della sua dolce nemica lo sfortunato vecchio, e stralunando gli occhi come attonito, fissogli in lei e fissamente senza mover le palpebre la stette guardando per buona pezza: in fine della quale così le disse: Fatemi questo piacere, signora, di mandar subito da parte mia per vostro padre e vostra madre, perchè mi sento non so che affanno nel cuore che mi dà gran travaglio e temo che di breve m'abbia da levare di vita, e però vorrei vederli innanzi ch'io mi morissi.

Credette Leonora, che senza dubbio fosse vero ciò che il marito le diceva, e che la virtù dell'unguento, non quello ch'egli veduto aveva, lo tenesse in quell'affannoso frangente. E rispose, che quanto egli comandava sarebbe eseguito. Così mandò il negro allor allora a chiamare il padre e la madre di lei; e abbracciando il suo sposo, gli faceva le maggior carezze che mai gli avesse fatte, dimandandogli spesso con teneri e amorevoli parole (come s'ei fusse la cosa del mondo, che più ella amasse) ove si sentiva male. Egli stava guardandola con quello stupore ch'è stato detto: essendogli ogni parola o carezza, ch'ella gli diceva o faceva, una lanciata che a lui passava il cuore. Di già la maggiordoma aveva fatto intendere alla famiglia di casa, ed a Loaisa dell'infermità ed accidente del loro padrone, esagerando che dovesse essere grande e repentino; posciachè s'era scordato di comandare che serrassero le porte della strada, dopo che il negro fu uscito per andare a chiamar i genitori della sua padrona. Essi gran meraviglia si fecero di cotal nuova, per non esser alcun di loro entrati in quella casa da che ebbero maritata la loro figliuola. In somma tutti stavano cheti e sospesi, non potendo dare nel segno in comprendere la causa dell'indisposizione del Carrizale: il quale di quando in quando esalava sospiri dal più profondo e più addolorato del cuore, e pareva che ogni sospiro a poco a poco gli cavasse dal corpo l'anima afflitta. Piangeva Leonora, veggendolo in tale stato, ed egli la guardava, e considerando la falsità del piangere di lei, gli prendeva da ridere, però con riso di persona fuora di sè.

In quel mentre giunsero i genitori di Leonora, e come trovarono la porta della strada e quella del cortile aperte, la casa sepolta nel silenzio ed erma, restarono stupiti e con non poca turbazione. Andarono alla camera del genero, e trovaronlo come s'è detto con gli occhi fissi nella sposa e tenendola per le mani, spargendo amendue rivi di lagrime: la moglie solamente perchè vedeva piangere il marito, il marito perchè vedeva pianger la moglie dissimulatamente. Come il padre e madre di Leonora entrarono, prese a dire il Carrizale: Prego le signorie vostre di sedere qua, e tutti gli altri vadano fuora di questa camera; però resti la signora Marialonso. Così fu fatto, e loro cinque solamente restaron dentro. Allora il Carrizale, senza aspettare che altri parlasse, ed asciugandosi gli occhi, con riposata voce disse in questo senso.

Io son certo, genitori e signori miei, che non faccia già di mestiere far venir qua testimonj, perchè voi mi crediate quello che ho da dirvi. Ben vi dovete ricordare (chè questo non vi può esser uscito di mente) con quanto amore e con quanta franchezza (oggi fa l'anno, un mese e cinque giorni e nove ore) vi compiaceste darmi per legittima sposa la vostra cara figliuola. Ed anco vi sovviene con quanta liberalità io la vantaggiai, assegnandole dote, con la quale più di tre di qualità pari alla sua avrebbono potuto accasarsi ed essere stimate ricche. Vi si ricordi parimente della cura ch'ebbi in vestirla ed adornare di tutto ciò ch'ella seppe desiderare e che secondo il mio giudizio le conveniva. Ed anco voi vedeste come portato dalla natural mia condizione e temendo il male, che senza dubbio ha da farmi morire, e i molti miei anni avendomi fatto esperto negli strani e vari accidenti di questo mondo, io fui curioso con la maggior prudenza che si possa imaginare, di guardar questa gioia ch'io m'elessi e che voi mi donaste. Io feci, dico, alzare le muraglie di questa casa; levai la veduta alle finestre sopra la strada; rinforzai le serrature delle porte, e vi feci far un torno, come s'usa ne' monasteri. Io bandii perpetuamente e tenni lontano da lei tutto ciò che di maschio aveva ombra o nome. Le diedi serve e schiave, che la servissero, nè a lei nè a quelle non ho negato cosa alcuna, che m'abbiano domandata. Fecila mia uguale; comunicaile i più intimi e segreti miei pensieri, le misi in mano tutto il mio avere. Tutte queste azioni e testimonianze di vero amore, se bene le avesse considerate, dovevan fare ch'io vivessi in santa pace e godessi senza sospetto od oppressione quello che tanto mi aveva costato, e ciò doveva indurla a procurare e a star avvertita, acciò nessuna occasione o sorte di geloso timore l'animo mio turbasse. Ma siccome non è possibile di prevenire con diligenza umana il gastigo che la volontà e giustizia divina voglia far sentire a quelli che non fermano intieramente i loro desiderj in quella e le loro speranze, non è gran fatto ch'io resti defraudato nelle mie, poichè sono stato quello ch'ha preparato il veleno che mi fa morire. Or, perchè io vi veggo tutti stare sospesi dalle parole che m'escono di bocca, voglio conchiudere questo lungo preambolo del preteso mio discorso e dirvi in poche parole quelle che in mille non si potrebbe dire. Dico dunque, signori, che tutto ciò ch'ho detto e fatto, non batte in altro che, in questo punto, ed è che questa mattina ho trovata costei (ed additava la sua sposa) nata nel mondo per la rovina del mio riposo e per finire la vita mia, trà le braccia d'un giovine gagliardo; il quale adesso si ritrova serrato nella stanza di questa pessima donna, la maggiordoma. Appena il Carrizale finiva queste parole, che Leonora sentì il suo cuore si fattamente angustiato, che tramortita cascò in grembo al marito. Impallidi Marialonso, e pareva che ai genitori di Leonora fossin chiuse le vie della favella; imperocchè non potero formar parola. Però non lasciò il Carrizale di seguitar innanzi il suo discorso, cosi dicendo: La vendetta che fare io voglio di questo affronto, non ha da essere di quelle che ordinariamente soglion farsi. Voglio, che come sono stato estremo in quello che ho fatto, cosi sia estrema la vendetta ch'io farò, facendola sopra di me medesimo, come essendo io il più colpevole di questo gran misfatto, perchè dovevo considerare chè i quindici anni di questa giovine, con i quasi ottanta miei, potrebbon male compatirsi insieme. Io son quello che a guisa di baco da seta fabbricaimi la casa, perchè io mi morissi dentro e fosse mia sepoltura. Non voglio incolparti, figliuola mal consigliata; e dicendo queste parole ei si chinò e baciava il viso di Leonora, ch'era venuta meno.

Dico, che non t'incolpo, seguitò egli, perchè le persuasioni d'astute e trincate vecchie, e le allettanti parole di giovani innamorati, facilmente sormontano e trionfano del poco di giudizio che sta con gli anni giovenili. Ma acciocchè il mondo tutto sappia di che qualità e pregio sia stato l'affetto, e la fede con che t'amai, in questo mio transito voglio mostrarlo di modo tale, ch'egli resti per un esempio se non di bontà, almeno di semplicità giammai udita nè veduta. Però voglio ch'or ora si chiami un notaio per far di nuovo il mio testamento. In quello io darò raddoppiata la dote a Leonora, e pregherolla che finiti i giorni della mia vita, il che sarà di corto, ella disponga la sua volontà (poichè lo potrà fare con dispensa senz'esservi costretta) per maritarsi con quel suo giovane, il quale mai dai capegli canuti di questo vecchio misero e afflitto è stato offeso: così ella vedrà che se vivente, io unqua mancai d'un punto in quello che seppi pensare essere di suo gusto, nella mia morte altrettanto io fui desideroso di contentarla e lasciarle libero il possesso di ciò che tanto a lei è caro. In quanto poi al rimanente de' miei beni, io ordinerò distribuirgli in opere pie. Ed a voi altri, signori miei, lascerò con che possiate vivere onoratamente, mentre che passerete quello che vi resta di vita. Venga dunque presto il notaio, perchè il grande affanno ch'io sento, mi preme di sì fatta maniera che con un poco più ch'egli mi scuota, giungerò all'ultimo fine. Detto questo, ei fu sopraggiunto da un tanto svenimento, che si lasciò cascare sì appresso a Leonora che i lor visi si giunsero l'uno con l'altro. Strano e tristo spettacolo al padre ed alla madre che stavano mirando la cara lor figliuola, e l'amato lor genero.

Non volle la scellerata maggiordoma aspettare le riprensioni che le avrebbono fatte il padre e la madre di Leonora; perilchè all'istante se n'uscì della camera, e tutto quello che passava andò a riferire a Loaisa, consigliandolo che ben presto si partisse di quella casa, e gli promise di avvisarlo pel negro di ciò che succedesse, poichè non v'era più nè porte nè chiavi che glielo vietassino.

Si stupì Loaisa di cotal nuova, e seguitando il consiglio di Marialonso, tornò a rivestirsi da mendico come era prima, e andò a dar conto a' suoi compagni dello strano e non più udito successo del suo innamoramento. Mentre che lo sposo e la sposa non s'erano ancor riscossi dal suo svenimento, il padre e la madre di essa mandarono per un notaro, il quale giunse a tempo, che già i tramortiti erano ritornati in sè. Or fece il Carrizale il suo testamento nel modo che aveva detto volerlo fare, senza mentovarci l'errore di Leonora, ma solamente che per buoni rispetti ei la pregava, che s'egli venisse a morire, volesse maritarsi con quel giovane, di cui segretamente già le aveva detto.

Quando Leonora udì quelle parole, gittossi ai piedi del moriente marito e, palpitandole il cuore, così gli disse: Vivete per molti anni, signor mio, e ogni mio bene. Quantunque non v'abbia obbligato a credermi di cosa che io vi dica, però sappiate, ed è vero, che non vi ho offeso, se non con solo il pensiero. E sopra di questo, come ella voleva continuare a scolparsi ed a distesamente raccontargli la verità del caso, più non potette muovere la lingua, e da ricapo venne meno. Abbracciolla lo sfortunato vecchio così tramortita com'ella era, abbracciaronla parimente il suo padre e la sua madre; e tutti piansero tanto amaramente che obbligarono, anzi sforzarono anche il notaro a piangere, mentre scriveva il testamento: per lo qual il Carrizale lasciò per vivere a tutte le serve di casa; alle schiave ed al negro donò la libertà, ed a Marialonso niente altro che il pagarle il suo salario. In somma, il dolore tanto lo costrinse, che al settimo giorno del suo male portaronlo a seppellire. Rimase vedova Leonora piangente e ricca. Ed allora che Loaisa sperava ch'ella adempisse quello che già egli sapeva esserle stato imposto dal marito nel suo testamento, vide, che in una settimana dopo della sua morte ella si fece monaca, in uno dei più austeri e riserrati monasteri della città. Egli perciò quasi affatto disperato e tutto vergognoso se ne passò all'Indie. Rimasero il padre e la madre di Leonora mestissimi, benchè alquanto si consolassero con quello che il genero loro aveva lasciato per testamento. Pari consolazione ebbero le serve e le schiave insieme col negro, quelle per i lor lasci e questo per la libertà. Ma la pessima maggiordoma rimase povera, tutti i suoi cattivi pensieri andarono in fumo, ed io resto col desiderio di venire al fine di questo famoso successo, esempio, e specchio del poco, che s'abbia da fidare di schiavi, di torni e muraglie, quando la volontà di chi vuole far male è libera. Nè s'ha da confidarsi ne' pochi e teneri anni di giovinette, se lor danno all'orecchie le esortazioni di queste donne da' veli lunghi e neri ed anche bianchi sino a terra. Io per me non so per qual soggetto Leonora non insistesse e stesse salda, e più costante in iscolparsi e far intendere al geloso marito, quanto ella fosse netta e incontaminata, e quanto valorosamente, per non offenderlo, s'era portata in quell'incontro, avendo resistito; ma vi è apparenza che la turbazione dell'animo di lei privò la lingua del suo ofizio, e l'affrettata morte del suo marito non diede luogo alla discolpa.

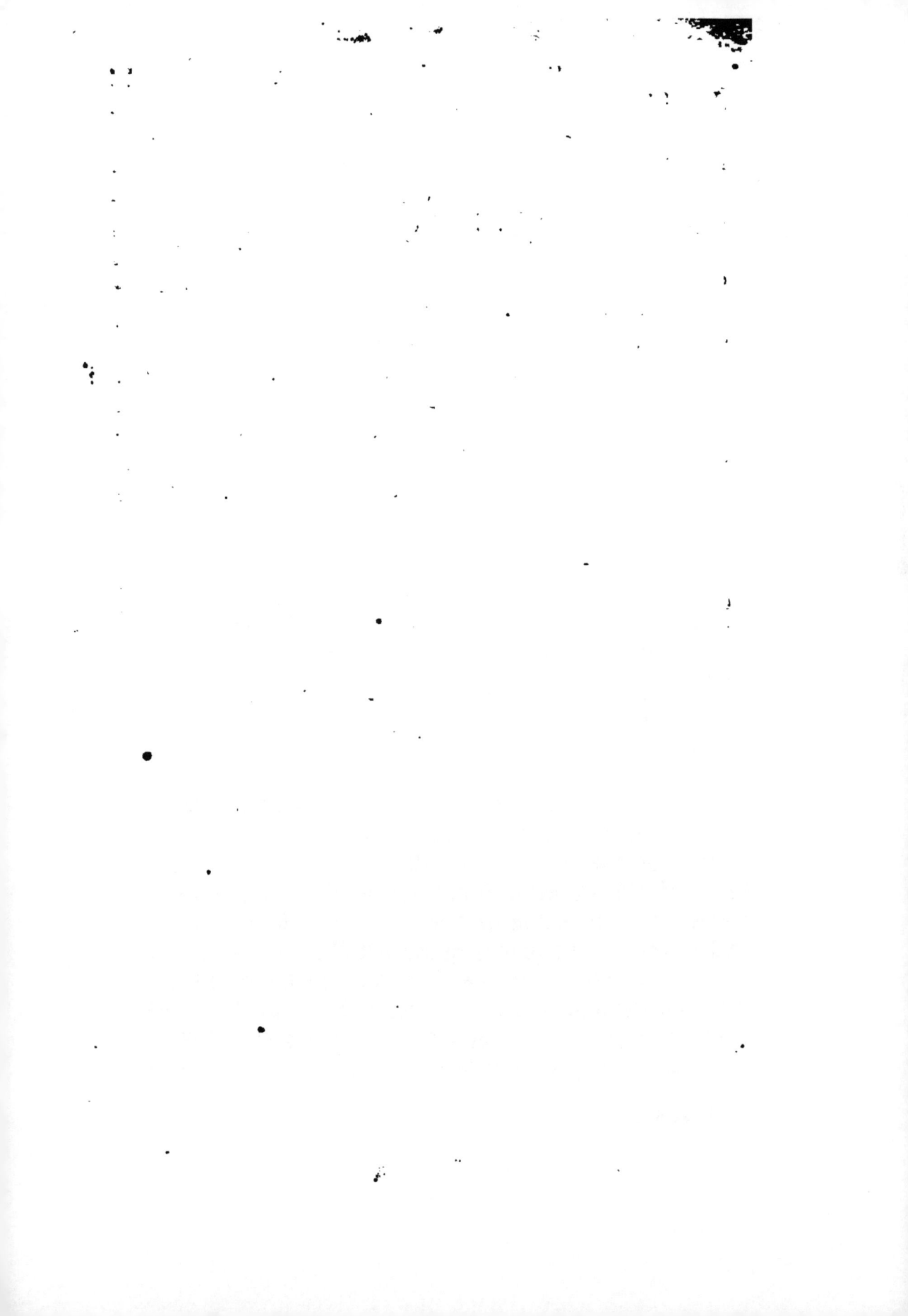

L'ILLUSTRE SGUATTERA

—

Novella VII.

ARGOMENTO.

Costanza, donzella di nobile casata, in una osteria di Toledo in Ispagna, sotto nome d'illustre sguattera s'alleva. Tomaso d'Avendagno, gentiluomo spagnuolo, s'innamora di lei, e per guadagnarsi la grazia sua, fassi famiglio di stalla. Mentre dura quel suo innamoramento, vi nascono vari e notabili accidenti: e dopo quelli è Costanza conosciuta chi ella sia, e con Tomaso maritata.

Pochi anni sono che nell'illustre e famosa città di Burgo stavano due gentiluomini dei principali e ricchi di essa l'uno chiamato don Diego * di Carriazo e l'altro don Giovanni d'Avendagno. Don Diego aveva un figliuolo del medesimo nome, e don Giovanni un altro che si chiamava don Tomaso. Or perchè questi gentiluomini hanno da essere le principali persone di questa novella, da qui innanzi gli chiameremo con i cognomi di Carriazo ed Avendagno. L'età del Carriazo poteva essere di tredici anni poco più, quando ch'egli portato da un umore o da

* Teodoro.

inclinazione furfantesca, senza a ciò esser costretto da alcun maltrattamento de' suoi parenti, ma solamente per suo gusto e capriccio, se ne fuggi dalla casa del padre e per lo mondo andò ramingo, si contento di quella vita libera in che viveva, che in mezzo all'incomodità e disagi e miserie ch'ella seco arreca, non si desiderava l'abbondanza della casa del padre: il camminare a piede non lo straccava; il freddo non l'offendeva, nè il calore gli era importuno. Per lui tutti i tempi e le stagioni dell'anno era primavera dolce e temperata. Così bene egli dormiva nell'aia come sopra un materasso: con tanto gusto si cacciava nel pagliaio d'un osteria, quanto se fosse stato per dormire fra due lenzuola di tela di renso. Insomma egli riusci così bene nell'essere furfante, che poteva come dottore nella facoltà furfantesca, leggerla in cattedra e dar lezione al famoso di Alfarace *.

Nello spazio di tre anni ch'egli mancò da casa, imparò in Madrid a giocare alla gobba ed al rentoi nelle taverne di Toledo ed al pressa e pinlapiè ** nelle barbacane di Siviglia. E con tutto che a questo genere di vita sia congiunta la miseria e spilorceria, mostrava il Carriazo aver del principe in ogni sua azione, spartendo co' suoi compagni di quello che aveva, tanto era ben nato e generoso. Non praticava molto per le taverne e bettole, e quantunque bevesse vino, era sì poco, che di ragione non poteva essere annoverato fra gl'imbriaconi; i quali quando hanno troppo bevuto, lor divien la faccia come fregata e tinta con cinabro. In fine il mondo vide nel Carriazo un furfante virtuoso, ben creato ed onorato, e più che mezzanamente discreto. Passò per tutti i gradi della furfanteria, sin che s'addottorò nella pescheria de' tonni di Zaara, ov'è

---

* Eroe d'un romanzo spagnuolo. (*Vida y aventuras del picaro Guzman de Alfarache.*

** Giuochi usati solamente dagli Spagnuoli.

il *Finibus terrae* dell'arte furfantesca. O guatteri sucidi, grassi, unti e bisunti, finti mendichi, falsi stropiati, taglia borse di Zocodover e della piazza di Madrid, sportaruoli di Siviglia, ruffianelli spampananti, con tutta l'innumerabil caterva compresa sotto questo nome di furfante e furfantone, abbassate l'orgoglio, calate l'albagia; non abbiate più l'ardire di chiamarvi furfanti, se non avete passate due carriere o corsi nell'accademia della pesca de' tonni. Li, li, come nel suo centro sta la fatica con l'infingarda poltroneria. Ivi è nettezza ed onestà la bruttura e villania, la grassezza nel suo punto, la fame pronta, la sazietà abbondante, ed il vitto alla scoperta, il giuoco sempre, le questioni di momento in momento e con esse la morte: motti e bottoni ad ogni passo; il ballare come a nozze, le villanelle come in istampa; i romanzi sulle staffe, la poesia senza cigne. Qui si canta, qui si rinnega e biastemma; qua si giuoca, là si contende, e per tutto si ruba. Ivi campeggia la libertà, e riluce il lavoratore: ivi vanno, o mandano molti padri a cercar i figliuoli, e ce li trovano, e levangli da quella vita, che lasciano così mal volentieri, come se alla morte si vedessin condotti. Ma tutta quella dolcezza che ho qui dipinta ha mescolato un succo amaro di aloe che l'amareggia, ed è questo il non poter dormirvi sonno che sia sicuro, senza timore che gli trasportino da Zaara in Barbaria. Per il che, fatta notte, si ritirano a certe torri alla marina, ed ivi pongono le ler guardie e sentinelle, in confidanza de' cui occhi serrano i suoi e dormono: benchè alcune volte lor sia succeduto, che guardie e sentinelle, furbi e capifurbi, barche e reti, con tutta la turba che quivi s'esercita, sien andati a dormire la sera in Ispagna, e la mattina levatisi in Tetuano *. Però non fu bastante questo ti-

---

* In Barbaria, di là dallo stretto di Gibilterra.

more ad impedire, acciò che il nostro Carriazo non
istesse li tre anni a pigliarsi bel tempo. All'ultimo de
quali fugli la sorte tanto amica, che vinse al giuoco
di carte da settecento reali *, coi quali volle comprare
da vestirsi e ritornarsene a Burgo, a rappresentarsi
agli occhi di sua madre, la quale a causa di lui tante
e tante lagrime sparse aveva. Licenziossi adunque dai
suoi amici e compagni, ch'erano molti. Promise loro
che la state seguente verrebbe a ritrovarli, se però
qualche infermità, o pur la morte non glielo impe-
disse.

Lasciò con loro la metà dell'anima sua, e tutti i
suoi desii in pegno a quelle secche arene, che gli pa-
reano più fresche, e più verdi dei campi Elisj. Ed essendo egli avvezzo a camminar a piedi, calzatosi un
paro di scarpe di corda si mise la via tra gambe e
camminò da Zaara a Vagliadolid, cantando la canzone
Tre anitre madre ecc. Stette li quindici giorni a ritor
narsi il colore in viso, scambiandolo da moro bianco
in flamengo, e per rintegolarsi **, e dello schizzo di
furfante, mettersi al netto di gentiluomo.

Tutto questo egli fece, secondo la comodità, che
gliene diedero i cinquecento reali, con che venne a
Vagliadolid, de' quali cento mise da parte per pigliar
una mula a nolo ed anche un servitore; ed in questo
arnese si presentò a' suoi parenti, altrettanto onorato,
al parer suo, quanto contento. Eglino lo raccolsero con
molta allegrezza, e tutti i loro amici vennero a con-
gratularsi con quelli della ben ritornata del signore
don Diego da Carriazo loro figliuolo, il quale nella
sua peregrinazione s'aveva mutato questo nome in
quello di Urdiales.

Tra quelli che vennero a vedere il nuovamente ri-

* Giuli.

** Rimettersi in arnese: è detto dal rintegolare, o racconciare il
elto.

tornato, furono don Giovanni di Avendagno, e suo figliuolo don Tomaso, col quale il Carriazo (per essere ambedue d'una medesima età e l'uno all'altro star vicino) contrasse strettissima amicizia. Il Carriazo raccontò a' suoi parenti ed agli amici mille magnifiche bugie delle cose accadutegli nei tre anni del suo viaggio. Però mai pensò di toccare della pesca dei tonni, benchè fosse il luogo alla mente di lui il più presente; e specialmente quando vide che il tempo nel quale aveva promesso di ritornare da' suoi amici e compagni s'avvicinava; nè la caccia in che suo padre l'occupava, nè i molti onesti e gustosi conviti che si usavano in quella città, gli erano di gusto. Ogni sorte di passatempo gli veniva a noia, e a tutti i maggiori che se gli offerivano, anteponeva quello che aveva avuto nella pesca dei tonni.

Veggendolo spesse volte l'Avendagno suo amico stare melanconico e profondamente pensoso, confidandosi nell'amicizia sua, s'inoltrò a domandargli della causa di si fatta melanconia, obbligandosi al rimedio di tutta la sua possa, e se fosse bisogno, col proprio sangue. Ebbe per bene il Carriazo scoprirgliela, considerato il molto amore, che fra essi passava: e così raccontogli minutamente la vita della pescagione de' tonni, e come la sua tristezza ed ogni suo pensiero nascevano dal desiderio di ritornare a quella.

Rappresentogliela di modo, ch'avendolo udito l'Avendagno, anzi che biasimare quel suo gusto, prese a lodarlo. In somma la conclusione fu, che il Carriazo dispose l'Avendagno a girsene con esso lui per una state a goder quella vita che si felice gli aveva rappresentata: laonde il Carriazo restò molto contento, parendogli che avesse fatto acquisto d'un testimonio approbativo della sua risoluzione, e che entrandovi per compagno rileverebbe la bassezza di quella. Pensaron poi di trovar modo per mettersi in borsa quanti denari più potes-

sero e la miglior invenzione si fu, che d'indi a d
mesi doveva l'Avendagno ire a Salamanca, ove
gusto suo era già stato tre anni a studiare la ling
greca e latina, ed il padre 'di lui voleva che passa
più oltra, e studiasse in quella facoltà ch'egli si
lesse eleggere. E per ciò fare, ci volevano soldi;
quali nel loro disegno si potrebbon servire.

Allora il Carriazo propose al suo padre, ch'egli e
in volontà d'ire a Salamanca con l'Avendagno a s
diarvi. Cotal proposta piacque di modo tale al s
padre ch'egli parlò con quel dell'Avendagno, e ris
sero lor due di mandare a Salamanca i due figliu
ed ivi dar loro casa, ove stessino insieme con tu
quelle comodità e quel decoro che conveniva alla
qualitade.

Venuto il tempo del partirsi, lor providero di sol
e lor diedero un aio per governarli: il quale via p
aveva dell'uomo da bene, che dell'accorto ed espert

Diedero i padri ai] figliuoli quegli avvertimenti ch
erano necessari intorno a quello ch'avessero da far
ed il modo di governarsi, affine d'acquistarsi nom
nelle virtù e scienze, ch'è il frutto che ogni buon
studente deve pretendere di cavar dalle sue fatiche,
dalle sue vigilie, principalmente se sarà ben nato. M
straronsi umili ed ubbidienti i due figliuoli: pianse
le lor madri, da cui ebbero ed insieme dagli altri pa
renti la benedizione. Eglino dunque si misero i
viaggio sopra le lor proprie mule, e con due servi
dori di quei di casa, oltre il loro aio, che si era la
sciato crescer la barba, per dar più di autorità al suo
governo.

Giunti poi alla città di Vagliadolid, dissero all'aio,
che per due giorni volevano fermarsi a vederla: ma
egli dando nel severo, gli riprese aspramente di que
soggiorno, dicendo loro, che quelli che andavano con
tanta fretta com'essi a studiare, non dovevano indugiare

una sol'ora, non che due giorni, in vedèr bagattelle:
e ch' egli si farebbe scrupolo, se poco o assai gli lasciasse fermare; perocchè avessero da partir presto, o
se no, ci provederebbe. In fin qui arrivava la capacità del signor aio. Ma i giovani che avevano provisto
ai casi loro, avendogli rubato quattrocento scudi d'oro
ch'esso portava per la loro spesa, pregaronlo che solo
per un giorno vi gli lasciasse, chè volevano spenderlo
in andar a vedere la fontana d'Argales, la cui acqua
con lunghi ed ampi acquedotti si cominciava a condurre nella città. In fine lor diede licenza, ma non
senza sentirne gran dispiacere, perchè voleva sparag-
gnar la spesa di quella notte, e passarla in Valdeasti-
glias, scompartendo li settantadue miglia per farli in
due giornate di lì a Salamanca, e non gli ottant'otto che
sono da Vagliadolid. Ma come il cavallo si pensa una
cosa, un'altra colui che l'insella, così all'aio successe
il contrario di ciò che pensato aveva di voler fare.

I giovani, montati sopra le loro casalinghe e buone
mule, e con solo un servitore tirarono verso la fontana d'Argales, famosa per le sue acque e la sua anti-
chità, a dispetto di quella della Doccia dorata, della
reverenda l'riora di Leganitos, e della arcifamosa Castellana *; in competenza della quale, tacciano Corpa, e
la Pizarra della Mancia. Or arrivati ad Argales, pensò
il servitore che l'Avendagno mettendo mano alle sac-
cocce del cuscinetto, volesse cavarne qualche cosa da
far colazione, ma vide che non trasse altro che una
lettera serrata ch'esso gli diede, col comandargli che
all'istante tornasse alla città, e quella desse al suo
aio, e poi gli aspettasse alla porta del Campo. Così
fece il famiglio, ed essi voltarono per altra strada, ed

* Il *Caño dorado* (il tubo dorato) era un'altra fontana di Val-
ladolid; la *Priora*, quella di *Leganitos* e la *Castellana* erano fon-
tane di Madrid. Le due prime non esistono più, l'ultima è fuo-
delle mura della città presso alla porta di Santa Barbara.

a Mosciados vennero a dormir quella notte, ed a Ma-
drìd da indi a due giorni: in altri quattro furono ven-
dute le mule in pubblica piazza, e vi fu chi lor diede
per infino a sei scudi a buon conto sopra il prezzo, ed
anche il denaro in oro, a ciascun la sua parte. Vesti-
ronsi alla rustica con brache, calzette e cappotto da
due falde di panno bigio. E vi fu strazzaruolo, il quale
avendo la mattina comprati i lor vestiti vecchi, infin
alla sera di modo tale gli avea trasformati che non si
conoscevano più. Così vestiti alla leggera, e nella foggia che l'Avendagno seppe e volle, s'inviarono a piedi
verso Toledo, e senza spada, perchè lo strazzaruolo le
aveva comprate, benchè non ne avesse punto bisogno
e non fossero mercanzia di sua bottega. Lasciamoli per
adesso andar a suo viaggio, poichè vanno contenti ed
allegri, e diciamo di ciò che fece l'aio quando aprì la
lettera che gli aveva portata il servitore, la qual così
diceva :

« Signor Pietro Alonso, sia contenta vostra signoria di
pigliar pazienza e ritornarsene a Burgo, come gliene
preghiamo a dir a' nostri padri, che noi avendo ma-
turamente considerato quanto più proprie sono l'arme
a' gentiluomini, di quello che siano le lettere, abbiamo
determinato di scambiare Salamanca per Brusselles, ed
Ispagna per Fiandra. Non cercate i quattrocento scudi, perchè gli portiamo via, e le mule vogliamo ven-
derle. La generosa nostra intenzione ed il lungo viaggio, sono bastevoli per la discolpa del nostro errore;
benchè nessuno (se non sia qualche codardo) lo giu-
dicherà tale. Or ora ci partiamo; il ritorno sarà quando
piaccia a Dio; il quale guardi vostra signoria, e la fe-
liciti, come noi, minimi discepoli suoi, desideriamo.
Dalla fontana di Argales, col piè già nella staffa, per
gire in Fiandra. Carriazo. Avendagno. »

Meravigliato l'aio di questa nuova, subito corse alla sua valigia, e trovandola vuota, fu confermato nella verità della lettera, e senza indugio sopra la mula che gli era restata se ne partì per ritornare a Burgo, ove arrivato, con diligenza diede la nuova a' suoi padroni, acciocchè provedessero, e dessero ordine per raggiungere i lor figliuoli. Però di questo non dice niente più l'autore di questa novella; perchè incontanente ch'egli ebbe lasciato Pietro Alonso a cavallo, ripigliò a raccontare ciò che succedette al Carriazo ed all'Avendagno nell'entrare in Iglescas, e disse, che alla porta di quella terra s'incontrarono in due putti vetturini (che parevano essere d'Andalogia) co'calzoni larghi di tela, i giupponi di canavaccio trinciato, i colletti di dante, le daghe ad oncino, e le spade senza pendenti. L'uno, come pareva, veniva da Siviglia, l'altro v'andava. Questo diceva a quello: se non fossero tanto innanzi i miei padroni, vorrei fermarmi un poco più a domandarti mille cose ch'io desidero sapere, perchè m'ha recato gran meraviglia ciò che m'hai raccontato, che il conte abbia fatto impiccare Genis, insieme col Riviera, senza voler ammettere la loro appellazione. Oh poveretti, soggiunse il Sivigliano, gli trappolò il conte, e colse in contrabbando nella sua giurisdizione (che eran soldati) senza che altra giustizia potesse torgli dalle mani di lui. Sappi, o amico, che questo conte di Pugnon rostro *, che anzi che sul viso, ci mette sin dentro il cuore le dita del suo pugno, ha in corpo un Belzebù; Siviglia è netta di furbi e ladroni e nessuno di loro può fermarsi ne' suoi contorni: tutti lo temono come il fuoco; benchè si dica, ch'ei sia per lasciare presto l'uffizio di assistente **, perchè egli non è di tanta testa, che possa ad ogni passo reggere al

---

* Nome composto di pugno e rostro, che vuol dire pugno sul viso.
** Tribunal superiore.

martello in detti e repliche con i signori dell'audien-
za '. Vivin'essi mill'anni, disse, colui ch'andava a Siviglia, che sono padri o protettori de'poveretti. Quanti
miserelli sono andati sotto, e non per altro, che per
la collera d'un assoluto giudice, d'un podestà o male
informato, o troppo parziale? molti occhi veggono più
che non veggono due: a tal che, il veleno nell'ingiusti-
zia non avvelena così presto molt'animi com'egli fa un
solo. Sei diventato dottore, disse quel da Siviglia, e
secondo hai cominciato, non sei per finirla sì presto,
e non posso più aspettare. Pur voglio avvisarti che tu
non vadi questa notte ad alloggiare ove solevi, ma in
casa del Sivigliano, e ci vedrai la più bella sguattera o
Fregona, che si possa vedere. Marietta dell'osteria Te-
seiada in comparazione di questa, altro non è ch'una
sudiceria, e tanto basti ; se non che corre voce, che
per l'amor di lei il figliuolo del podestà si beve i venti,
si muor in piedi. Di quelli due colà che vanno innanzi, l'uno, che è il mio padrone, ha giurato che nel tornare nella Andalogia, egli si fermerà per due mesi in-
teri in Toledo nella medesima osteria, solamente per
saziarsi di mirar quella putta e rimirarla. Già per caparra le dissi una saponata, e detti un pizzicotto, ed
ella in iscambio mi diede un bello schiaffo: è dura
come un marmo, sdegnosa come un villano da Saiago,
ed aspera come un' ortica. Con questo però ha una
faccia tutta di fiori, ed una cera da buon anno: par
propriamente che sopra l'una guancia abbia il sole,
sopra l'altra la luna; l'una è composta di rose, e l'altra
di garofani; e in amendue i gigli e gelsomini anco
son mescolati. Ed ecco, questo ti sia per avviso. Va,
vedila, è tu troverai che non t'ho detto se non poco
di quello che avrei potuto dirti delle sue bellezze.
Volentieri darei per la sua dote le due mule learde,

* Nome del Corregidor di Siviglia.

che tu sai sono mie, se per moglie me la volessin dare;
ma so che nol faranno; perciocchè è boccone da pren-
cipe o conte. Ritorno a dirti che tu la vegghi, e troverai ciò che ti dico, addio.

Cosi si separarono i due vetturini, il cui ragionamento lasciò come ammutiti i due compagni ch'erano
stati attenti ad ascoltarlo, specialmente l'Avendagno,
nell'animo del quale la semplice relazione che il vetturino aveva fatta delle bellezze della Fregona, destò
un impaziente disio di vederla: l'istesso fece in quel
del Carriazo, però non tanto che non desiderasse più
presto di ritornare alle sue tonnaie, che fermarsi un
punto a guardar le piramidi d'Egitto, ovvero le sette meraviglie del mondo se ivi presenti fossero state. In raccontare le parole dei due vetturini, e contraffare i ge-
sti con che le dicevano, trattennero i due compagni il
cammino sin a Toledo, ed il Carriazo servendo di guida
(perchè altre volte era stato in quella città) giunsero
all'osteria del Sivigliano. Tuttavia ad essi non bastò
l'animo di andarvi ad alloggiare, perocchè non lo com-
portava il loro arnese: con tutto ciò, e ancorchè fosse
già notte, e che il Carriazo importunasse l'Avendagno che dovessino in altra parte cercare albergo, non
potè levarlo dalla porta del Sivigliano, ove stava
aspettando se per sorte comparisse quella tanto celebre
Fregona.

Facevasi tardi e la Fregona non veniva fuora: di-
speravasi il Carriazo, e l'Avendagno se ne stava ostinatamente e con animo ad aspettare. Egli per condurre
a fine la sua intenzione, sotto pretesto di domandare
d'alcuni gentiluomini di Burgo che andavano a Siviglia,
se n'entrò sino al cortile dell'osteria: ed appena vi fu
entrato che da una sala di esso cortile vide uscire una
donzella di circa quindici anni, vestita da contadina,
portando in un candelliere una candela accesa. Non
fissò l'occhio l'Avendagno sopra i suoi vestiti, ma sì

bene nella sua faccia, e gli pareva vedere in essa quella di una ninfa. Restò maravigliato e rapito dal vedere tanta bellezza: di modo tale che non seppe che cosa dirle o domandarle, si fattamente era abbagliato. La giovane, veggendosi davanti quell' uomo gli domandò: Che cosa cercate, fratello? siete voi forse servidore di alcuno degli ospiti di casa? Non sono io di nessuno, se non vostro, rispose l'Avendagno, tutto turbato e commosso. Ella udendo i termini di cotale risposta, gli disse: Andate in buon' ora: quelle che servono non hanno bisogno di servidore, e chiamando il suo padrone: Guardate qua, messere, chi domanda questo giovine. Ecco che spuntò fuora l' oste, e domandogli che cosa ei cercasse. Rispose che cercava alcuni gentiluomini da Burgo che andavano a Siviglia, uno dei quali era il suo padrone, e l'aveva mandato innanzi ad Alcalà di Enares per un negozio che molto gl'importava, ed anco gli aveva comandato che l' aspettasse in Toledo all'osteria del Sivigliano ove verrebbe a smontare, e che pensava ch'esso fosse per arrivare quella sera medesima, o l'altro giorno al più tardi. Seppe così bene l'Avendagno colorire la sua bugia, ch'ella passò per cosa vera nel credere dell'oste, perchè gli disse: Dunque, fratello, restate qui in casa, ove potrete aspettare il vostro padrone sino che venga.

Gran mercè messer l' oste, rispose l'Avendagno: ma vi prego comandare che mi si dia una camera per me ed un mio compagno che viene meco; denari abbiamo per pagarla quanto un altro. In buon' ora, disse l' oste, e voltandosi alla giovine disse: Costanza, di' all'Arguaglio, ch' ella meni questi due galantuomini alla camera del cantone e lor dia lenzuola nette. Tanto farè messere, rispose Costanza, e facendo una riverenza al suo padrone, andossene via di lì; la cui assenza fu a gli occhi dell' Avendagno, quello ch' esser suole al camminante il colcarsi del sole ed il sopraggiungere la notte buia e melanconica. Nulladimeno ei venne fuora a riferire al Carriazo ciò che aveva veduto e fatto; ma costui ben conobbe a molti apparenti segni, che il compagno veniva tocco dal contagio d'amore, però non volle allora dirgliene niente, sin che non vedesse se la cagione dalla quale nascevano si straordinarie lodi di bellezza il meritasse. In fine entrarono in casa, e l'Argueglio, che era donna di quarantacinque anni in circa, e capomassara di quella osteria, gli condusse ad una camera la qual non era da gentiluomini, nè da servidori, ma da gente che poteva stare tra quelli due estremi. Dimandarono da cenare; lor rispose l'Argueglio che in quell'osteria non davano da mangiare a nessuno, però si cucinava quello che lor veniva dagli ospiti portato da di fuora. Oltra di ciò che poco lungi vi erano osterie, ove potevano ire a mangiare quel che volessero. Vollero fare sì come l'Argueglio lor consigliava, e così se n'andarono ad una osteria ove il Carriazo cenò di quello che gli diedero, e l'Avendagno di ciò che seco portava, che erano pensamenti ed immaginazioni.

Stava meravigliato il Carriazo della cena dell'Avendagno, e per farsi più chiaro e più intieramente certo, quali fussero i pensieri e fini del suo compagno, nel ritornare all'albergo, gli disse: Bisogna, che dimani ci leviamo per tempo, acciò possiamo arrivare ad Orgas avanti che il gran caldo ne sopraggiunga. Questo ne io, rispose l'Avendagno, perchè innanzi che di questa città mi parta, voglio vedere tutto ciò che in quella vi è di famoso, e singolare, come è la Sagrestia, l'artificio di Giovanello *, le reliquie di sant'Agostino, il giardino del re, e la pianura d'intorno alla Terra. Sia in

---

* Questa macchina non esiste più. Serviva a far salire l'acqua del fiume fino all'Alcazar, edificato sulla cima d'un alto monte. Si chiamava così perchè era stata costrutta da un ingegnere italiano detto Giannello.

buon' ora, soggiunse Carriazo; questo in due giorni
potrassi veder tutto. Voglio vederlo con agio, disse
l'Avendagno, perciocchè non andiamo per le poste alla
corte ad ottenere qualche uffizio. Oh buona, buona!
replicò il Carriazo, ch' io sia ammazzato, caro fratello,
se non avete più voglia di fermarvi in Toledo e starvi
che di seguitare innanzi il nostro viaggio. È vero, rispose l'Avendagno; è tanto impossibile d' allontanarmi
dalla faccia di questa donzella, quanto non è possibile
di entrare in paradiso senza aver fatte opere buone.
Oh, bell'espressione, bella comparazione, disse il Carriazo, e più bella risoluzione, degna di così generoso
petto, come è il vostro! Pare che stia bene a don Tomaso d'Avendagno, figliuolo di don Giovanni, giovine,
gentiluomo, ricco e discreto, il perdersi innamorato
d' una Fregona, d' una massaretta, nell' osteria del Sivigliano? l'istesso dico, rispose l'Avendagno. Pare che
sia bella cosa considerare un don Diego di Carriazo,
figlio di un cavaliere della milizia d'Alcantara, ed in
procinto di succeder al padre come maggiore, non
manco bello nella persona, che nell'ingegno e animo;
e con tutte queste rare qualità di vederlo innamorato
morto? e di chi? della reina Ginevra? O certo, se non
in una, nella pescaria de' tonni a Zaara; la quale è
più brutta, per quanto io m' immagino di quello fosse
una di quelle figure, che apparivano a sant' Antonio,
per mettergli paura. Non più amico, m'hai dato pane per
focaccia, replicò il Carriazo, ovvero con l'istessa arma
con la qual ti ho ferito, tu mi hai morto. Stianne lì,
senza più rimenarla, e andiamo a dormire, e chi sa
forse che doman da mattina avremo meglio. M'accorgo
bene, Carriazo, che sino adesso tu non hai veduta Costanza; quando vista l' avrai ti do licenza di dirmi il
peggio che potrai. Già veggo, soggiunse il Carriazo in
che la batterà. In che? domandò l'Avendagno. In che io
me n' anderò alla mia pesca, rispose il Carriazo, e tu ti

rimarrai con la túa Fregona. E l'Avendagno: Non sarò così fortunato. Nè io così sciocco, o minchione, replicò il Carriazò, che per andare dietro al tuo sì vil gusto e secondarti, io voglia lasciar il mio più rilevato.

Con questi ragionamenti ritornarono all'osteria, ed anco in altri simili passarono la metà della notte. E dopo ch'ebbero dormito un poco più d'un'ora, gli svegliarono molti stromenti che suonavano su la strada. Alzaronsi e stettere sentone sopra il letto ascoltando, e disse il Carriazo: Io scommetterei che di già sia fatto giorno e che si celebri qualche festa in un monasterio della Madonna del Carmine qui vicino e per questo si sonino quegli stromenti. Ciò non può essere, rispose l'Avendagno, perchè non abbiamo dormito tanto che possa già essere giorno. In quell'istante ch'essi parlavano, sentirono picchiare alla porta della lor camera, e domandando chi era, fugli risposto dal di fuori: O putti, se volete sentire una buona musica levatevi e andate in sala qui dirimpetto ad una inferriata che guarda su la strada. Levaronsi amendue ed aperta la porta non trovaron nessuno, nè manco seppero chi lor avesse dato cotal avviso: ma perciocchè sentirono un suonar d'istromenti, andarono in camicia in quella sala, ed all'inferriata, ove già s'erano posti altri tre o quattro ospiti: i quali lor diedero luogo. Poco stante sentirono con l'armonia d'un'arpa e d'una viola da arco accordarsi una voce maravigliosa che cantava questo sonetto, che l'Avendagno si tenne a memoria.

> Raro humilde sugeto, que levantas
>   A tan excelsa cumbre la belleza,
>   Que en ella se excedió naturaleza
>   A si misma, y al cielo la adelantas.
> Si hablas, ò si ries ò si cantas
>   Si muestras mansedumbre, ò aspereza,
>   (Efeto solo de tu gentileza)
>   Las potencias del alma nos encantas,

Para que pueda ser mas conocida
  La sin par hermosura que contienes,
  Y la alta honestidad, de que blasonas,
Deja el servir, pues dedes ser servida
  De cuantos ven sus manos, y sus sienes
  Resplandecer con cetros, y coronas [*].

Non fu già di bisogno dire ai due compagni che quella
serenata si faceva a Costanza, perchè ben chiaro l'a-
veva dato ad intendere il sonetto; il quale sonò di tal
modo a gli orecchi dell'Avendagno, che per non udirlo
avrebbe volentieri voluto esser sordo allora ed ancora
per tutto il restante della sua vita; perchè infin da
quel momento egli ebbe da passarla molto angustiata,
perchè nell'animo gli era entrata la gelosia ed era il
peggio, che non sapeva contro di chi l'avesse. Ma lo
cavò ben presto di quella perplessità uno di quei che
stavan ascoltando alla inferriata dicendo: è possibile
che il figliuolo di questo governatore o podestà, sia di
cosi poca levatura che voglia fare delle serenate ad una
Fregona, ad una fregapiatti? Egli è vero, ch'ella è una
delle più belle putte che mai in vita mia io abbia vedute, e pur honne visto molte. Non dovrebbe almeno
vagheggiarla cosi pubblicamente. Al che un altro di
quella compagnia v'aggiunse: Dico il vero, che ho
sentito dire per cosa certa, che cosi ella faccia conto
di lui, come s'el fosse morto, e potrei scommettere che
adesso la stia dormendo profondamente dietro al letto
della sua padrona, là dove dicono che d'ordinario dorme, senza pensare a musiche nè a canzoni. Questo è

[*] Raro ed umile subietto che levi a tal sommo la bellezza che
la natura ha vinto sè stessa in lei e la alzi al cielo. Se parli o
ridi o canti, se ti mostri mansueta o fiera (tua mercè) tu incanti
le potenze della mia anima. Perchè sia più conosciuta la tua beltà
impareggiabile, e l'alta onestà di che ti pregi, lascia di servire
perchè te devon servire quanti portan scettro e corona.

la verità replicò l'altro, perchè è donzella tanto onesta quanto si possa dire. Ed è cosa di meraviglia,
che stando in questa osteria, ove pratica tanta gente
ogni dì e d'ogni sorte, fra quali ella va qua e là per
le camere, mai il minimo che sia stato da dire del
fatto suo.

A questo l'Avendagno cominciò a tornar in vita ed
a ripigliar fiato (che già se gli era smarrito) per poter
ascoltare molte altre cose, che i cantori al suono di
varj stromenti cantarono in lode di Costanza, la qual
allora come disse quel del balcone, stava dormendo senza
cura di niente.

Fini la musica perchè di già s'avvicinava l'alba, ed
i cantori se n'andarono via. L'Avendagno ed il Carriazo tornarono alle lor camere ove dormì chi potette
dormire sino al giorno, il qual venuto si levarono amen-
dni per vedere Costanza, ma con differenti fini; l'uno
perchè era curioso; l'altro perchè era innamorato. Or
questo e quello furono adempiti, quando Costanza venne
fuor della sala del suo padrone, sì fattamente bella che
parve loro che tutte quelle lodi che il vetturino a lei
aveva date, non arrivassero al merito del lor soggetto.
Era il suo vestire una saia sopra un busto di panno
verde co' suoi rimessi dell'istesso. Il busto era basso,
ma la camicia tirata su ben alta, increspata nel collo,
col collar a lavoro di seta nera e attorno un pezzo
di colonna di alabastro (che non era men candida la
sua gola) posto un vezzo di stelle di giavazzo. La vita
cinta d'un cordone di San Francesco, e pendente dal
lato destre una cintura con un grosso mazzo di chiavi.
Non portava pianelle, ma scarpe rosse da due suole
con le calzette, che appena si vedevano esser del medesimo colore. Aveva intrecciati i capegli con un nastro
di fil di lino bianco ed erano sì lunghi in quella intrecciatura che, pendendo giù per le spalle, le passavano
la cintura; il lor colore tirava al castagno chiaro o co-

lor di nocella e tanto netti, si pettinati ed uguali che
non se gli potevano metter in paragone le fila d'oro.
Alle orecchie avea due orecchini assai grossetti, che
parevano perle e tuttavia non erano se non di vetro:
ed i proprj capegli le servivan di scuffia e di velo.
Nell'uscir dalla sala si fece il segno della croce e con
gran divozione ed una bassa riverenza s'umiliò davanti
ad una immagine della Madonna, che pendeva dal muro
di quel cortile. E rivolgendo gli occhi, vide i due compagni che la stavan mirando: ma appena gli ebbe veduti, ch'ella rientrò nella sala, ed indi ad alta voce
chiamò l'Argueglio, acciò la si levasse.

Ora resta da dire ciò che parve al Carriazo della
bellezza di Costanza; perchè di quello ne paresse al-
l'Avendagno la prima volta che la vide, già l'abbiam
detto, e però questo basti che al Carriazo gli parve non
men bella, che al compagno: tuttavia se n'innamorò
manco; e tanto manco, che non avrebbe voluto passar
quella notte in quell'albergo, ma partirsene presto per
ritornarsene alla sua pesca. In questo mentre, ecco che
alla voce di Costanza, venne fuora nel corritore l'Argueglio e con lei due giovanette galiziane anch'elle
serve in quella osteria: e perchè tante ne avesse n'era
la cagione la quantità de' passaggieri che venivano in
ogni tempo ad alloggiare dal Sivigliano per esser una
delle migliori osterie e delle più frequentate ch'avesse
Toledo.

In quell'istante vennero parimente i servidori degli
ospiti a domandar la biada, e l'oste a darla loro, ma-
ledicendo le sue serve perchè erano state causa che uno
stalliere, il quale aveva cura di dispensarla (il che
faceva con tanta fedeltà e misura, che mai v'era da
dire un solo grano) era andato via di quella casa.
Udendo questo l'Avendagno, e pigliando per lo ciuffetto
l'occasione che gli si parava davanti, all'oste disse:
Non vi prendete travaglio, signor padrone, datemi il

libro del conto della biada e della paglia, e i giorni che starò qui, terrò così buona ragione in dispensarle quando occorrerà, che non troverete da lodare il famiglio, che dite essere andato via. Affè, mi fareste piacere, rispose l'oste, e questo non rifiuto, perchè non ci posso attendere per le molte altre faccende, che ho fuora di casa. Venite qui, che vi darò il libro; e state in cervello, perchè questi garzoni di vetturini ed i vetturini stessi son altrettanti diavoli, e in sugli occhi vi faranno sparire, che non ve ne accorgerete, una misura di biada con assai manco di coscienza, che se fosse una pagliuca. Scese al cortile l'Avendagno, e l'oste gli rimise il libro; allora egli cominciò a spacciare misure o quarti di biada in quantità, e a notargli in quel libro con sì buon ordine, che l'oste che il vedeva fare n'ebbe tanto contento e soddisfazione, che gli prese a dire: Piacesse a Dio che il vostro padrone non dovesse venire, e che vi venisse in volontà di star in questa casa; ben vi posso assicurare che non sarebbe disavantaggio vostro; perchè l'altro famiglio che m'ha lasciato, venne a casa mia fa otto mesi, molto magro e tutto stracciato, ed ora se n'è partito grasso come una lontra, e se ne porta seco due buoni vestiti. Perchè sappi, figliuolo, che in questa casa sono di molte regalie oltre agli salari. S'io ci restassi, replicò l'Avendagno, non riguarderei molto al guadagno, perciocchè ogni poca cosa mi basterebbe per stare in questa città che mi vien detto essere la miglior di Spagna. Almeno, disse l'oste, ella è annoverata fra le migliori e le più abbondanti. Ma a noi una cosa ancora manca, ed è di trovare qualcuno che vada al fiume a torvi acqua: perchè andommi via anche un altro famiglio, il quale con un asino molto buono e famoso che tengo qui in casa, teneva i tinazzi ed i mastelli sempre traboccanti di acqua; a tal che tutta quest'osteria pareva fatta un lago. Ed una delle cause perchè i vetturini

menano volentieri qui i lor padroni ad alloggiarvi, è
per l'abbondanza dell'acqua che mai vi manca, e che
hanno manco fatica a non andare ad abbeverare nel
fiume le lor cavalcature, che bevono in casa in gran
catini fatti a posta. Tutto ciò stava udendo il Carriazo;
il qual veggendo che di già l'Avendagno era provvisto
di un officio in quella osteria, nè anche lui volle stare
a bada ed inutile; oltracchè egli considerava il gran
piacere che farebbe al compagno in secondare il suo
umore, perchè disse all'oste: Venga quell'asino, signor
padrone, che così bene io saprò imbastarlo, cignarlo e
caricarlo com,e sappia il mio compagno misurare la biada
e tenerne il libro. Molto bene, disse l'Avendagno, il
mio camerata Lope asturiano, sarà appunto per servire
da principe a portar acqua, ed io per lui son sicurtà. L'Argueglio, che da un corritore stava attenta
ad ascoltare tutti quelli ragionamenti, udendo dire al-
l'Avendagno che si dava mallevadore pel suo compagno, gli disse: Per vita vostra, o gentiluomo, chi sarà
sicurtà per voi? che a me pare che abbiate cera anzi
da dover essere assicurato, che di assicurante. Taci Argueglio, disse l'oste, non ti mettere ove non sei chiamata; son sicurtà per ambi essi: ed avvertite a non
venire più in contrasti o differenze coi famigli di casa,
che tutti mi si vanno via per causa vostra. Come (disse
un'altra serva), staranno in casa questi putti? affè,
che se io fossi in viaggio con essi loro non gli vorrei
fidare il fiasco del vino. Lasciamo le buffonerie, signora
Galiziana, soggiunse l'oste: attendete al fatto vostro e
non v'impacciate in cose dei famigli, altrimenti io vi
darò delle legnate a pollo pesto. Appunto si, replicò
la Galiziana; deh, guardate che bei gioielli da averne
gran voglia. Posso ben dire, signor padrone, che mai
mi abbiate trovata tanto burlona coi famigli di casa,
nè con quelli di fuora, che dobbiate avermi in così cattivo concetto come mi avete. Essi sono bricconi, e se

ne vanno via quando lor salta l'umore, senza che gliene
diamo la minima occasione di questo mondo; oh, che
buona gente! che ha bisogno che se le faccia venire
l'appetito per dare una buona mattinata * e andar in
Levante, quando manco vi si pensa. Mi pare che par-
liate troppo, sorella Galiziana, le disse il suo messere;
non più parole, ed io vi torno a dire che badiate al
fatto vostro.

In quello aveva il Carriazo già imbastato l'asino, e
con un salto montando sopra inviossi verso il fiume,
lasciando l'Avendagno molto contento ed allegro, per
veder quella sua si franca risoluzione. Or ecco di già
abbiamo (e sia in buon'ora) l'Avendagno fatto famiglio e capostalliere dell' osteria, con nome di Tomaso
Pietro, che così disse che si chiamava, e il Carriazo
con quel di Lope l'asturiano, fatto acquaiolo; trasformazioni degne d'essere anteposte a quelle del Nasuto
poeta **. Non ebbe l'Argueglio più tosto inteso che i due
compagni restavano in casa, ch'ella fece disegno sopra
l'Asturiano, e fra di sè marcosselo per suo, determi-
nandosi di regalarlo e trattare di sorte, che quantunque ei fosse di condizione schiva e sdegnosa, tuttavia
lo farebbe addivenire più arrendevole d'un guanto. Il
medesimo discorso fece la sdegnosetta Galiziana sopra di Tomaso Pietro : e come amendue per conversazione e per dormire insieme erano fra di loro intime
amiche, si scoprirono l'una all'altra le loro innamorate intenzioni, e sino da quella notte risolsero di dar
principio alla conquista dei suoi due disappassionati
amanti. Ma la prima cosa in che ebbero avvertenza si
era di avvisarli, che non volessero entrare in gelosia
per cosa che lor vedessero fare, perchè difficilmente
dossono le serve regalare i famigli di dentro, se elle

* Rubare e andar via di mattina.
** Ovidio.

non fanno tributari quelli di fuora. Tacete, cari fratelli, dicevan esse (come s'eglino allora fossero stati presenti e di già amicati con esse, od esse amicate con essi), tacete, serrate gli occhi, e lasciate sonare il tamburino a chi l'intende, e menare la danza a chi la sa danzare; e poi vedrete che in questa terra non vi sarà un paro di canonici meglio regalati di quello che voi sarete da queste vostre tributarie. Tali ed altre cose simili e di questa sostanza dissero e la Galiziana e l'Argueglio, e frattanto il nostro Asturiano cavalcava verso il fiume per la costa del Carmine, però sempre col pensiero fitto nella sua pesca dei tonni, e nella subita mutazione del suo stato.

Ma o fosse per questo, o fosse che la sorte in questo modo l'ordinasse, al calar per la costa egli s'incontrò in un passo stretto nell'asino di un acquaiolo che saliva caricato, e com'egli scendeva, e l'asino di lui era gagliardo, benissimo trattato e poco strapazzato, diede un tal urtone all'altro che era stracco, magro e che saliva, che a gambe levate lo riversò in terra, e rotte le mezzine si sparse tutta l'acqua. Per cotale disgrazia l'antico acquaiolo tutto pieno di mal talento e di sdegno, avventossi addosso all'acquaiolo moderno, il quale, benchè fosse a cavallo sopra il suo asino, e prima che si disimbarazzasse e smontasse da quello rilevò una dozzina di buone bastonate, dico delle più sode. In fine egli smontò, e con tanta rabbia e stizza, che andando con grande impeto alla volta dell'inimico, ed afferratolo nella gola con le due mani, abbattutolo in terra, gli fece dare sì gran colpo col capo in una pietra che glielo fece in due pezzi, e ne usciva tanto sangue ch'egli credeva fosse morto. S'imbatterono a passar ivi altri acquaioli, che anco essi andavano per acqua; e come videro il lor compagno sì mal acconcio diedero delle mani addosso all'Asturiano, e lo tennero stretto gridando giustizia, giustizia, costui ha ammazzato un uomo. Dietro alle grida seguirono le botte, perocchè coi pugni pestarongli la faccia, e con le bastonate la schiena; e videro che l'altro disteso in terra aveva rotta la testa in due pezzi, e quasi si moriva. Sparsesi la voce di bocca in bocca su per la costa, tanto ch'ella pervenne fin alla piazza del Carmine ed alle orecchie del bargello, il quale con due sbirri, e più prestezza che se volassero, si ridussero sul luogo della baruffa, giusto al punto che di già il ferito era stato posto attraversato sopra del suo asino, quello di Lope preso, ed egli circondato da più di venti acquaioli che nol lasciando solamente voltarsi, gl'infransero le coste a bastonate, di modo che v'era più da dubitare della sua vita che di quella dell'altro ch'egli si malmenato aveva. In quella tempesta, come abbiam detto, di pugni e di legnate, ecco venire il bargello che appartò la turba, e diede in mano alli suoi sbirri l'Asturiano: e mettendolo nel suo asino ed il ferito sopra il suo, gli condusse alla prigione accompagnati e seguitati da tanta gente e da tanti ragazzi che appena per le strade potevasi passare. Allo strepito grande ch'essi facevano, Tomaso Pietro ed il suo padrone uscirono sopra la porta della casa, a vedere da che procedessero tante grida, e scoprirono Lope in mezzo a due sbirri, tutto insanguinato il viso e la bocca. Subito l'oste guardò pel suo asino, e quello vide nelle mani di un altro sbirro. Domandò della causa di quella prigionia, e gli dissero il vero del successo. Ebbe gran dispiacere che il suo asino si ritrovasse in quei miscugli, temendo o di perderlo o che per riaverlo gli costasse assai più di quello ch'ei valeva.

Tomaso Pietro seguitò il compagno senza che se gli potesse accostare per dirgli una parola, tanta era la gente che glielo impediva, e la severità del bargello e de' suoi sbirri che lo menavano con grande strettezza. Però non volle lasciar di seguitarlo sin che non lo ve-

desse entrato nella carcere, ove fu messo in una
greta col ferri ai piedi ed alle mani, ed il ferito in
infermeria ove vide curarlo, e che la piaga era gran
e pericolosa come anche affermava il chirurgo.
quanto agli asini gli condusse il bargello a casa s
insieme con cinque reali da otto giuli l'uno, che
suoi sbirri avevano levati a Lope. Tornò Tomaso a
casa pien di confusione e di malinconia, e vi trovò colui che già egli teneva pel suo padrone, cioè messere
l'oste, con non meno disgusto; a cui disse del modo e
termine in che si ritrovava il suo compagno e del pericolo di morte nel quale stava il ferito, e del successo
del suo asino. Di più gli disse che quella sua disgrazia se ne aveva tirata un'altra non manco dispiacevole,
ed era ch'egli si fosse incontrato per la strada in un
grande amico del suo primo padrone che gli aveva
detto, che esso per fare più diligenza ed avanzare otto
miglia di cammino insino da Madrid, aveva passata la
barca ad Azeca, e che verrebbe quella notte a dormire
ad Orgaz: e che gli aveva dati dodici scudi per dar-
glieli, con ordine che dovesse andare a Siviglia ove lo
aspetterebbe. Ma non è già possibile, nè manco è di
ragione, disse Tomaso, ch'io lasci ed abbandoni il mio
amico e compagno nella prigione, ed in tanto pericolo
della sua vita. Però il mio primo padrone potrà faci-
lissimamente perdonarmi per questa volta; tanto più
ch'egli è sì buono ed onorato, che non so qual errore
esso non perdonasse per aver aiutato il mio compagno. Fatemi questa grazia, signor padrone, di pigliare
questi denari e tener mano per il rimedio al presente
negozio; e mentre che s'anderanno spendendo scriverò
al mio primo padrone, e lo ragguaglierò di quello che
si passa, e so che ne manderà abbastanza per francarci
da ogni pericolo. A queste gran parole l'oste aprì gli
occhi più d'una spanna, allegro di vedere ch'elle fossero per operare, almeno in parte, a sollevarlo della

perdita del suo asino. Egli dunque prese i denari e
consolò Tomaso dicendogli, che in Toledo aveva degli
amici di tale qualità e credito, che potrebbono assai
colla giustizia; e specialmente una parente di quel
governatore, la quale a lui comandava con solo muovere il piede, e che una lavandaia di essa aveva una
figlia ch'era amica grande della sorella d'un molto familiare e conosciuto dal fratello di detta parente: e
che la lavandaia era quella che imbiancava tutti i panni-
lini di quella casa: e com'ella dirà alla sua figliuola
(che non mancherà di dirlo) ch'ella parli con la sorella del fratello, acciò lei preghi il familiare che si
contenti di pregare il fratello ed il fratello la parente,
e la parente voglia scrivere un polizzino (che sarà cosa
facile) al signor governatore, nel quale gli faccia istanza
e caldamente lo supplichi aver per raccomandato, e
pigliarsi a petto la protezione di Lope; senza dubbio
nessuno si potrà sperare in questo negozio buon successo. Pur tuttavia che l'acquaiolo non si muoia, e
che non manchi quel prezioso unguento da ungere le
mani ai ministri di giustizia; imperocchè altrimenti
brontolano, o, per dir meglio cigolano come carri da
buoi quando non sono unti. Tomaso ringraziò il padrone del favore e degli offerimenti che gli faceva, e
degl'infiniti e storti acquedotti per i quali gli aveva
condotti. E quantunque egli conoscesse molto bene che
procedevano essi piuttosto da simulata malizia che da
ignoranza, però non lasciò di ringraziarlo del buon
animo suo, dandogli i soldi con promessa di dargliene
ancora più, secondo la fiducia ch'egli aveva nella bontà
del suo padrone come già gli aveva detto. La povera
Argueglio che vide il suo novello amico legato e condotto alla prigione, vi andò presto a portargli da mangiare, ma non le fu permesso che lo vedesse, perchè
tornò a casa disgustatissima e malcontenta, ma nè per
quello non si rimosse punto dalla sua risoluzione.

Insomma in termine di giorni quindici il ferito fu fuora del temuto pericolo, ed al vigesimo il chirurgo dichiarò ch'esso affatto era guarito. Già allora Tomaso aveva inventato di fingere che da Siviglia cinquanta scudi gli fossero stati mandati, e cavandosegli dal seno, con una lettera del suo padrone contraffatta: e come all'oste poco importasse di cercare di dove e da chi venissero quelli, e in che modo fosse quella corrispondenza, gli ricevette allegramente, e tanto più ch'erano tutti in oro. Per sei ducati rinunciò il ferito alla querela, ed alle sue pretensioni in dieci altri simili, e nelle spese fu condannato l'Asturiano e liberato dalla prigione: ma più non volle tornar a stare col compagno, scusandosi con dire, che mentre era stato nella carcere, v'era venuta l'Arguéglio a visitarlo, e l'aveva ricerco del suo amore, cosa a lui tanto molesta e schifa, che più presto vorrebbe lasciarsi impiccare che venire in appetito di sì cattiva carne com'era quella donna. Ma quello che pensava fare, si era comperarsi un asino, e mentre che stessero in Toledo, continovare il suo cominciato officio di acquaiolo, e così non verrebbe preso od avuto per vagabondo discolo; e che con una soma d'acqua potrebbe andar a spasso in qua in là dove volesse per la città e per tutto un giorno, mirando chi fossero le più brutte. Anzi, chi le più belle, disse Tomaso, perchè questa città ha fama d'avere le più belle e più discrete donne di tutta Spagna. E che sia il vero, guarda Costanza e riguardala bene che troverai, che degli avanzi della sua bellezza ella può arricchire non solamente le belle di queste città, ma tutte quelle di questo mondo. Adagio, signor Tomaso, replicò Lope, andiamo a poco a poco circa le lodi della Fregona, se non volete (perdonatemi se lo dico) che siccome vi ho per matto, vi abbia per bugiardo. Fregona hai chiamato Costanza? fratello Lope, disse Tomaso, Iddio tel perdoni e ti conduca ad un vero conoscimento del tuo errore. Come, non è ella Fregona? tornò a replicare l'Asturiano. Io sto ancora a vederle fregare il primo piatto, disse quest'altro. Nulla importa, rispose Lope, non averle visto fregare il primo piatto, se le hai visto fregare il secondo ed anche il centesimo. Io torno a dirti, fratello Lope, ch'ella non frega nè attende ad altra cosa, che al suo lavoro ed a custodire gli argenti che sono in casa. E perchè dunque, soggiunse Lope, la chiaman tutti per la città con questo nome dell'Illustre Fregona, s'ella non frega? o se non fosse che per fregare solamente argenterie e non istoviglie, le danno titolo d'Illustre. Ma lasciando questo da parte dimmi Tomaso, in quale stato sono le tue speranze? In istato di perdizione, risposegli Tomaso; perchè in tutti questi giorni che tu sei stato prigione mai ho potuto dirle una parola. Ed a quanto le dichino gli ospiti, niente altro risponde, se non abbassar gli occhi e mai aprir la bocca, tant'è il suo pudore e la sua onestà, con che non meno innamora, che con la sua gran bellezza. E quello, che mi mette quasi fuor di speranza e mi fa perdere la pazienza, si è che il figliuolo di questo podestà, il qual è giovine gagliardo e che ha un poco del bravo, e per lei si muor d'amore e passano poche notti, che per sollecitarla non le dia serenate sotto le sue finestre: e questo tanto alla scoperta, che in tutto quello che cantano, vien mentovato il suo nome, la lodano e la celebrano. Ma ella non gli ode e dalla sera, quando è fatta notte insino alla mattina, non esce dalla camera della sua padrona, scudo e riparo, che non può reggere a gli acuti strali di gelosia che mi passano il cuore. Dunque, che pensi fare, disse l'Asturiano in mezzo le difficoltà che ti si parano davanti nel conquistare questa Porzia, questa Minerva, questa Penelope, la quale in forma di donzella e di Fregona, ti fa arder d'amore, ti avvilisce, ti annichila? Burlati di me quanto vuoi, amico Lope; io so bene d'essere inna-

morato del più bel viso, che mai puote la natura formare e della più incomparabile onestà che si possa
trovar nel mondo. Costanza ella ha nome e non Minerva nè Porzia nè Penelope, e serve in un'osteria,
questo non lo posso negare. Ma che potrei fare io, se
mi pare che il destino con occulta forza m'inclini, e
l'elezione fatta con chiaro discorso mi muova ad ono-
rarla? o fratel caro (continuò Tomaso), non saprei dirti
in che maniera amor m'innalzi tanto il sì basso soggetto di questa Fregona (come tu vuoi chiamarla) che
veggendolo non lo vegga, e conoscendolo non lo conosca. Non è possibile che per un sol momento, se così
può dirsi, io stia a contemplare la bassezza del suo
stato, perchè la sua bellezza, grazia, modestia e onestà
appartano e fanno star lontano cotal pensiero, anzi lo
scancellano dalla mia mente, e mi danno ad intendere,
che sotto quella rustica scorza ed apparenza zotica, al-
berga anima gentile, e sta nascosta una miniera di grandissimo prezzo. In somma sia come si voglia, io le voglio
bene, ne son innamorato, non già con quell'amor volgare,
col quale ho amato altre: ma con amore sì sincero e netto
da ogni bruttura, ch'egli altra mira non ha che a servirla e procurare, ch'ella mi voglia bene, ricompen-
sando o per dir meglio, contraccambiando, con onesto
amore il mio, anch'esso di quella qualità. Qui escla-
mò l'Asturiano, e disse. O amore platonico! o Fregona illustre! o secolo felicissimo questo nostro? nel
qual veggiamo che la bellezza innamora senza malizia,
l'onestà accende senza abbruciare od infiammare, la
grazia piace senza commovere ed incitare, e la bassezza
dello stato obliga e sforza, che lo mettino nel più alto
della ruota di quella che si chiama Fortuna. O poveri
miei tonni, che passate quest'anno senza essere visi-
tati da questo vostro innamorato e del tutto affezionato? Ma questo altro che viene, emenderò il mancamento di modo tale che quelli miei buoni padroni,

ch'io lasciai appresso a voi, non s'abbino da lamentarne. A questo rispose Tomaso ; Ora m'accorgo, Asturiano, che tu di me ti burli alla scoperta, e mi sputi bottoni : se tu mi crederai, torna in buon'ora alla tua pesca, mentre io starò qui attendendo alla mia caccia, ed al tuo ritorno tu mi ci troverai. Se vuoi avere i tuoi denari, darogliti or ora e vattene in pace, e ciascun seguiti per dove il suo destino l'ha da condurre. Io t'avevo per più discreto, replicò Lope: non vedi tu, che quel ch'ho detto io l'ho detto da burla? Tuttavia poichè conosco che tu dici da vero, da vero voglio fare, per servirti e compiacere in tutto ciò, che sia di tuo gusto. Una sola cosa ti chieggo per contraccambio di molte, ch'io penso fare in tuo servigio, ed è, che non mi metti in occasione, ove l'Arguiglio mi vagheggi e mi ricerchi, perchè più tosto romperò teco l'amicizia, ch'espormi a pericolo d'aver da fare con lei. Può far il mondo! ella parla più che non fa un relatore, e le puzza il fiato da tre miglia lontano: perchè tutti i suoi denti di sopra sono posticci, e credo sien l'istesso i suoi capegli. E per racconciare e ricoprire quelli difetti, da che m'ha palesato l'intento suo, s'è data ad imbiaccarsi ed invernicare il viso siffattamente, che pare un mascherone di gesso puro. Tutto questo è vero, disse Tomaso, e la Galiziana, che mi tormenta, non è tanto cattiva. Ma non si può far altro se non che solamente questa notte tu resti in casa, e domani comprerai l'asino, che dici; e ti provederai d'un altro albergo, che cosi ti sarai scansato dagli incontri dell'Arguiglio, ed io starò esposto a quelli della Galiziana ed agli inevitabili de'bei raggi degli occhi della mia Costanza. Convennero in questo i due amici, e se n'andarono a casa, ove dalla Arguiglio fu ricevuto l'Asturiano con segni di molto amore.

In quella notte si fece un festino alla porta dell'osteria da molti vetturini che si ritrovavan in quella ed in altre circonvicine. L'Asturiano era colui che sonava della chitarra; le ballerine, oltre alle due Galiziane e l'Argueglio, furono tre altre fanti o massare d'un'altra osteria. Concorsero molti imbacuccati, più per veder Costanza che per goder il ballo: però ella non vi comparse, nè lasciossi vedere : il che ingannò tutti quei desiderj. Sonava Lope tanto bene quella chitarra che ognuno diceva ch'egli la faceva parlare. Gli chiesero le giovani, e più instantemente l'Argueglio, che volesse cantare qualche canzone; egli rispose che se quella ballassero, come la si cantava e ballava in comedia, che volentieri la canterebbe: e acciò non l'errassino, facessino quanto egli direbbe ed accennaria cantando, e non altro. Fra i mozzi erano ballerini e l'istesso fra le massare. Purgossi Lope il petto sputando due volte, e in quell'intervallo pensò ciò che direbbe; e com'egli era di pronto e bell'ingegno, con una felicissima corrente d'improvviso cominciò a cantare i seguenti versi:

> Salga la hermosa Arguello,
> Moza, una vez y no mas,
> Y haciendo una reverencia
> Dè dos pasos hàcia atràs.
>   De la mano la arrebate
> El que llaman Barrabàs,
> Andaluz, mozo de mulas,
> Canònigo del Compàs.
>   De las dos mozas gallegas,
> Que en esta posada estan,
> Salga la mas carigorda
> En cuerpo, y sin devantal:
>   Engarràfela Torote,
> Y todos cuatro à la par,
> Con mudanzas, y meneos
> Den principio à un contrapàs *.

* La bella Arguello si faccia innanzi, giovinetta, una volta

Tutto ciò che cantava l'Asturiano, i ballerini e le ballerine il fecero puntualmente: ma quando egli venne a dire l'ultima parola *contrapas* (cioè *contrapasso*), rispose Barabasso (che con si brutto nome chiamavano uno di quegli stallieri ballerino), fratello cantore, avvertisci a quello che tu canti, sai, e non motteggiare nessuno di mal vestito, perchè qui non è alcuno con drapazzi*, e ciascuno si veste secondo che Dio l'aiuta. L'oste, che udì la castronaggine ed ignoranza del castrone, gli disse: Caro fratello, *contrapasso* è un ballo forastiere, e il cantore non ha motteggiato nessuno di mal vestito. Se così è, replicò il babbuasso, non occorre dir altro, che son contento, sonino pure le loro zarabande, sciaccone e folle **, e vada attorno il bussolotto che qui è gente che lor saprebbe rispondere più di quello che si credessero. L'Asturiano, senza replicare nè anche una parola, continuò il suo cantare dicendo.

*** Entren pues todas las Ninfas
Y los Ninfos que han de entrar,
Que el baile de la Chacona
Es mas ancho que la mar.
Requieran las castañetas,
Y bajense a refregar
Las manos por esa arena,
O tierra de muladar.

non più. e facendo una riverenza, torni 'due passi addietro. La rapisca colui che chiamano Barrabas, mulattiere andaluso, canonico del Compasso (quartiere di Siviglia abitato dalla feccia del popolo). Delle fanciulle galiziane, che servono in quest'albergo, venga innanzi la più paffuta, scamiciata e senza grembiule. Torote la pigli e tutti quattro alla pari, con mutanze e dimenamenti, dian principio a un contrapasso.

* Equivocamente dalla voce *contrapas*, con *trapas* con cenci.

** Sorte di ballo alla portoghese, l'altre due propriamente spagnuole, assai note fuor di Spagna.

*** Entran poi tutte le Ninfe e gli Sninfi che hanno da entrare, perchè il ballo della *Chacona* è più ampio che il mare. Si mettan

Todos los han hechò muy bien.
No tengo que les retar,
Santiguense, y den al Diablo
Dos higas de su higueral.

Escupan al hideputa,
Porque nos deje holgar;
Puesto, que de la Chacona
Nunca se suele apartar.

Cambio el son, divina Arguello,
Mas bella que un hospital;
Pues eres mi nueva Musa
Tu favor me quieras dar.

El baile de la Chacona
Encierra la vida bona.

Hàllase alli el ejercicio,
Que la salud acomoda,
Sacudiendo de los miembros
A la pereza poltrona.

Bulle la risa en el pecho,
De quien baila, y de quien toca,
Del que mira, y del que escucha,
Baile, y Musica sonora.

Vierten azogue los piés,
Derritese la persona,
Y con gusto de sus dueños
Las mulillas se descorchan.

in moto le castagnette e si freghino le mani per questa arena e terra sudicia. — Tutti si son portati egregiamente e non ho da lassar nessuno; ora si facciano il segno della croce e diano al diavolo due fiche della loro fica. — Sputino sul maligno, perchè ci lasci divertire, benchè egli non soglia mai partirsi dalla *Chacona*. Cambio musica, bella Arguello, più bella che uno spedale e poichè sei la mia nuova musa, concedimi il tuo favore. Il ballo della *Chacona* racchiude la vita buona. — Si trova lì l'esercizio che giova alla salute, scotendo la infingardia delle membra. Le risa bollono nel petto di chi danza e di chi scherza, di chi mira il ballo e di

El brio, y la ligereza
En los viejos se remoza,
Y en los mancebos se ensalza,
Y sobre modo se entona.
El baile de la Chacona
Encierra la vida bona.

Que de veces ha intentado
A questa noble Señora
Con la alegre Zarabanda,
El pèsame, y perra Mora,
Entrarse por los resquicios
De las casas religiosas,
A inquietar la honestidad,
Que en las santas celdas moral
Cuantas fue vituperada,
De los mismos que la adoran!
Porque imagina el lascivo
Y al que el necio se le antoja.

Que el baile de la Chacona
Encierra la vida bona.

Esta Indiana amulatada
De quien la Fama pregona,
Que ha hecho mas sacrilegios,
E insultos, que hizo Aroba.

chi ascolta la musica sonora. I piedi versano argento vivo; tutto il
corpo va in acqua, e con gusto de' lor padroni le scarpette si dis-
suolano. Il brio e l'agilità si rinnovano nei vecchi, e nei giovani
van fino al delirio, perchè il ballo della *Chacona* racchiude la vita
buona. — Quante volte questa nobile signora ha tentato, con la
gaia zarabanda, di *pesame* e la *perramora* di entrare per le fessure delle case religiose a inquietar l'onestà, che dimora nelle
sante celle! — Quante volte ebbe biasimo da coloro stessi che la
adorano! perchè il lascivo s'imagina e anche il semplice si figura che il ballo della *Chacona* racchiuda la vita buona. — Questa Indiana color di mulatto (la Chacona, ballo venuto d'Ameri-
ca) di cui la fama racconta che ha fatto più insulti e sacrilegi

Esta, à quien es tributaria,
La turba de las Fregonas,
La caterba de los Pajes,
Y de Lacayos las tropas,
    Dice, jura y, no revienta,
Que à pesar de la persona
Del sobervio zambapalo,
Ella es la flor de la olla.

Y que sola la Chacona
Encierra la vida bona.

Mentre che Lope sonava e cantava, se calcava la gente a vedere ballare la turba dei mulanti ', e delle fregapiatti del ballo, ch'erano dodici, e frattanto ch'egli s'apparecchiava a proseguire in cantar cose d'altro tenore più importante, di più sostanza e considerazione che quelle che di già cantate aveva, uno dei molti imbacuccati che stavano a vedere il ballo, disse senza disimbacuccarsi, al suonatore: Taci imbriacone, taci otre da vino, poeta mucido, cantore falso. Dopo questo vennero altri, dicendogli tante ingiurie e beffe, ch'egli ebbe per bene di tacere. Ma gli stallieri l'ebbero tanto a male, che se il rispetto dell'oste, il quale con buone parole gli quietò, non gli avesse ritenuti, senza dubbio vi sarebbe stato da pelar gatti, e con tutto ciò non avrebbono lasciato di menar le mani, se all'istante non arrivava la corte, che gli fece ritirar tutti.

Appena s'erano ritirati, che pervenne agli orecchi di quei del vicinato, che non eran ancora andati a dor-

---

che mai facesse Aroba — questa Indiana a cui è tributaria là turba delle sguattere, e la caterva dei paggi e l'esercito dei lacchè — Dice, giura fermamente, che non ostante la persona del superbo *zambapalo* (altro ballo) ella è il fior della pentola e che la sola *Chacona* racchiude la vita buona.

' * Vetturai con mule, come si usa in Ispagna.

mire, una voce d'un uomo, il quale stando a sedere
sopra una pietra, dirimpetto all'osteria del Sivigliano,
cantava si soavemente e con sì dolce armonia, che gli
fece meravigliati e gli obbligò di ascoltarlo sin al fine.
E quello che stava ad udirlo con più attenzione, fu Tomaso Pietro, come colui a cui toccava più che a nessun altro non solamente la musica, ma l'intendere le
parole lequali per lui non furono canzoni, anzi più tosto
pronunciate sentenze, che gli angustiavano l'animo, e
furon queste.

* Donde estàs que no pareces
    Esfera de la hermosura,
    Belleza à la vida humana
    De divina compostura.
Cielo empireo, donde Amor
    Tiene su estancia segura;
    Primer moble, que arrebata
    Tras si todas las venturas.
Lugar cristalino donde
    Trasparentes aguas puras
    Enfrian de Amor las llamas,
    Las acrecientan, y apuran.
Nuevo hermoso firmamento,
    Donde dos estrellas juntas,
    Sin tomar la luz prestada,
    Al cielo, y al suelo alumbran.
Alegria, que se opone
    A las tristezas confusas
    Del padre, que da a sus hijos
    En su vientre sepultura.

---

*Dove sei che non appari, sfera della formosità, bellezza alla vita
umana di composizione divina. — Cielo empireo, dove amore ha
sua sicura stanza, primo mobile che si trae dietro tutte le venture.
— Fonte cristallino dove le acque trasparenti e pure rinfrescano,
accrescono e purificano le fiamme d'amore. — Nuovo bel firma-

Humildad que se resiste
  De la alteza con que encumbra
  El gran Iove, à quien influye
  Su benignidad, que es mucha.
Red invisible y sutil,
  Que pone en prisiones duras
  Al adùltero Guerrero.
  Que de las batallas triunfa.
Cuarto cielo, y Sol segundo,
  Que el primiero deja à escuras,
  Quando a caso deja verse,
  Que el verle es caso, y ventura.
Grave Embajador, que hablas
  Con tan extraña cordura,
  Que persuades callando,
  Aun mas de lo que procuras.
Del segundo cielo tienes
  No mas que la hermosura,
  Y del primero no mas,
  Que el resplandor do la Lunà,
Esta Esfera sois Costanza,
  Puesta por corta fortuna,
  En lugar que, por indigno
  Vuestras venturas deslumbra.

mento, ove due stelle congiunte, senza accattar luce altronde, il-
luminano il cielo e la terra. — Allegria che contrasta alle tristezze
confuse del padre, che dà sepoltura a' su i figli nel suo ventre
(il Tempo). — Umiltà che resiste all'altezza con che il gran Giove
solleva i beati di sue liete influenze — Rete invisibile e sottile che pone in dure prigioni il guerriero adultero che trionfa
nelle battaglie. — Quarto cielo e secondo sole, che ad mbri il
primo, quando a caso ti lasci vedere, perchè vederti è caso e
ventura. — Grave ambasciadore che parli con sì grande eloquenza, che persuadi tacendo, ancor più che non cerchi di farlo.
— Dal secondo cielo riconosci non altro che la bellezza, e del
primo non altro che lo splendor della luna. — Voi siete questa
sfera, Costanza; posta per iniquità della fortuna in luog la cui

Fabricad vos vuestra suerte,
  Consintiendo se reduzga
  La entereza a trato al uso
  La esquividad à blandura.
Con esto vereis, Señora,
  Que envidian vuestra fortuna
  Las soberbias por linaje
  Las grandes por hermosura.
Si quereis ahorrar camino,
  La mas rica, y la mas pura
  Voluntad en mi os ofrezco,
  Que viò Amor en alma alguna.

Il finire gli ultimi versi e l'arrivar volando due mezzi mattoni fu una medesima cosa, i quali se come diedero a' piedi del musico, gli avessin dato su la testa, ne avrebbono facilmente cavata la musica, e la poesia. Ebbe paura lo sgraziato e prese a fuggire sì leggermente, che nè anche un veltro sarebbe stato assai presto per poterlo raggiungere: misera condizione di quelli suonatori e cantori, nottole e barbagianni sottoposti a quelle pioggie ed inconvenienti. A tutti quelli ch'avevan ascoltata la voce, lor parve rara ed isquisita: ma fra gli altri a Tomaso che ne restò meravigliato, e del tenore della canzone: pur egli avrebbe voluto che ad altra che a Costanza si fossin date quelle sì spesse serenate, bench'ella mai ne sentisse alcuna. Di contrario parere fu il Barrabasso mozzo di stalla; il quale ancora lui era stato attento ad ascoltare quella canzone, perocchè come vide dar a gambe il cantore, cosi prese

Indegnità adombra i vostri pregi. — Fabbricate voi stessa la vostra sorte consentendo a ridurre l'alterezza al fare alla moda, il dispregio in dolcezza. — Così vedrete signora, che invidieranno la vostra fortuna le superbe per lignaggio, le grandi per bellezza. — Se volete abbreviar la strada vi offere in me la più ricca e la più pura volontà che Amor vedesse mai in anima d'uomo.

a dire: corri corri, in tua malora mentecatto versifi-
catore di cocuzze: le pulci ti mangino gli occhi: e ch|
mai diavolo ti ha insegnato a cantar ad una Fregona
cose di sfere e di cieli e di ruote della fortuna ed a
chiamarla luna, Marte? Se tu avessi detto (che il can-
cro ti venga ed a chi è paruta buona la tua canzone)
ch'ella è una putta aspera come un'ortica, superba
come una pennacchiera, bianca come il latte, modesta
come una novella sposa, fantastica e dispettosa come
una mula da nolo, più dura d'un pezzo di macigno o
porfido, forse l'avrebbe inteso e n'avrebbe avuto gusto; ma chiamarla ancora ambasciatore, rete, primo
mobile, altezza e bassezza; sole, astro, cielo di Venere,
non sono cose da Fregona e non l'intende. Invero che
sono poeti in questo mondo, i quali fanno certi versi
che non è diavolo che li possa intendere: ed in quanto
a me benchè io sia Barrabasso, non intendo niente di
quello che ha cantato questo cantore; ora, pensate voi
che farà Costanzetta. Ma ella fa ben meglio, perchè la
sta in letto, e manco se ne cura, che del Pretegianni
dell'Indie. Almeno questo musico non è di quelli del
figliuolo del podestà; perchè coloro sono molti, e se
un'altra volta ci torneranno, basta: ma può far il
mondo, questo non mi va bene per la fantasia. Tutti
coloro che udirono la censura del Barrabasso, ne ebbero
grandissimo gusto, e lor parve esser quella fondata in
ragione. Con questo ognuno se n'andò a dormire: ma
appena la gente cominciava a riposare, che Lope udì
batter pian piano alla porta di sua stanza, e domandato chi batteva, fugli risposto con voce bassa, siamo
l'Argueglio e la Galiziana; apriteci, che muoiamo di
freddo. Come, di freddo, rispose Lope, se stiamo nel
cuore del sol in lione. Di grazia, Lope, lascia le burle,
riprese la Galiziana, levati su ed aprine, che ci vedrai
ornate come arciduchesse. Arciduchesse, ed a quest'ora!
rispose Lope, non credo loro. Anzi voi siete streghe, od

almen gran vigliacche: levatevi di lì e presto se non
faccio giuramento, che se mi farete levar su, le vostre
natiche avranno da provar i ferri del mio cinturino,
sin a tanto che ve l'abbiano fatte a rosolacci. Quando
l'arciduchesse innamorate udirono sì acerba risposta,
e sì lontana da ciò che s'erano imaginato, temerono la
furia dell'Asturiano; ed ingannate nelle loro speranze
e rovinati i lor disegni, ritornaronsene ai suoi letti
mal soddisfatte, e maninconiose; benchè l'Argueglio,
innanzi che indi si partisse e mettendo il grugno contra il buco della serratura, disse a Lope: Non è il mele
per la bocca dell'asino: E con dir questo, come se
detta avesse una gran sentenza, e fatta giusta vendetta,
ritornossene a suo letto. Lope sentendo ch'erano andate via, disse a Tomaso ch'era svegliato: Vedi Tomaso, mettemi a combattere con due giganti, se tu
vuoi ed in occasione che io sia costretto smascellare
per tuo servizio mezza dozzina od una di leoni, ed io
il farò più volontieri e con più di facilità, che ber una
tazza di vino; ma che tu mi metti alla lotta con la
Argueglio, questo nol posso comportare, più presto voglio esser bersagliato. Guarda che donzelle di Dani-
marca c'eran venute per le mani sta notte mercè la
nostra buona ventura. Ma tosto sarà fatto giorno, e ci
provvederemo. Già hotti detto gli rispose Tomaso, che tu
hai campo largo per far ciò che li piace o seguitare
il tuo viaggio, o comperarti l'asino e farti acquaiolo
come avevi determinato. In questo dell'asino e portar
acqua, mi confermo, rispose Lope, e fra tanto dormiamo
il poco che ci resta di notte, che mi pare d'aver la testa
più grossa d'una botte, ed adesso non sono per con-
tendere teco. Dormirono dunque sino al giorno, e poi
levatisi andò Tomaso a dispensar la biada, e Lope al
mercato da bestie che sta ivi vicino, a comperarsi un
asino.

Ora successe che Tomaso portato dai suoi pensieri

e, dalla comodità, che gli porgeva la solennità delle feste, aveva fatti alcuni versi amorosi e scrittogli nel medesimo libro, nel quale egli teneva il conto della biada, con intenzione però di copiarli al netto in un foglio da parte, e stracciare o scancellare quel dell'originale. Ma occorse, ch'avanti che l'avesse fatto, essendo egli gito fuora di casa, e per inavvertenza avendo lasciato il libro sopra il cassone della biada, lo pigliò il padrone, ed aprendolo per vedere il conto d'essa, vi trovò alla bella prima i versi di Tomaso e lettigli si senti tutto conturbato. Andò con quelli dalla moglie, ed anzi, che glieli leggesse chiamò Costanza e con le buone mescolandovi le minaccie le comandò gli dicesse, se Tomaso Pietro, il famiglio della biada le avesse mai dette alcune parole d'amore od altre non oneste, o dato qualche segno di averle affezione. Giurò Costanza che nè con quelle, nè con un solo e minimo cenno nè anche degli occhi non le avea mai mostrato di aver ver lei alcun cattivo pensiero. Fu creduto da' suoi padroni, perchè sempre verace l'aveano provata in tutto quello che le aveano domandato. Le dissero, che indi si levasse, e l'oste poi voltossi alla moglie: Di questo io non so quel che mi dica. Avete da saper, signora, che sopra questo libro del conto della biada Tomaso ha scritti alcuni versi che mi fanno pensare, che egli si sia incapricciato di Costanzetta. Veggiamo i versi, gli rispose la moglie e poi vi dirò quello che possa essere. Così vel credo, soggiunse il marito, perchè voi siete poetessa subito capirete il loro sentimento. Non sono poetessa, replicò la mogliere, ma voi sapete ch'ho buon ingegno e che in latino so recitare quattro orazioni. Fareste meglio a dirle in volgare, che se vi si ricorda, il vostro zio già vi ha detto, che di evate mille cerpelloni ridicolosi, quando che in latino vi mettevate a dire le vostre preghiere, e che in questo modo non pregavate niente. Quella frecciata vien dalla figlia della sua

gina (gli rispose la moglie), perchè mi porta invidia quando mi vede in mano l'offizio in latino, e
che nel recitarlo corro per quello, come per vigna
vendemmiata. Stia pur come la volete, rispose l'oste,
ma state a sentire i versi.

> * Quièn de Amor venturas halla?
>   El que calla.
> Quièn triunfa de su aspereza?
>   La firmeza.
> Quièn da alcance a su alegria?
>   La porfìa.
> — Dese modo bien podria
>   Esperar dichosa palma,
>   Si en esta empresa mi alma
>   Calla, està firme, y porfìa.
> Con quièn se sustenta Amor?
>   Con favor.
> Y con que mengua su furia?
>   Con la injuria.
> Antes con desdenes crece?
>   Desfallece.
> Claro en esto se parece,
>   Que mi amor serà inmortal,
>   Pues la causa de mi mal
>   Ni injuria, ni favorece.
> Quièn desespera que espera?
>   Muerte entera.

* Chi trova la felicità d'amore? Chi tace; e chi trionfa di sua
asprezza? — La fermezza. = Chi arriva alle sue gioie? L'ostinazione. = In questo modo potrei sperare felice palma se la mia
anima in questa impresa tace, rimane costante e s'ostina. = Di
che si nutre amore? — Di favore. Con che allenta la sua furia?
Con l'ingiuria. — Al contrario il disdegno lo cresce o l'indeboli-
sce. = Chiaro si pare da ciò che il mio amore sarà immortale
poichè la causa del mio male non mi fa ingiuria nè favore. =

Pues que muerte el mal remedia?
   La que es media.
Luego bien sera morir?
   Mejor sufrir;
— Porque se suele decir,
   Y esta verdad se reciba,
Que tras de la tormenta esquiva
   Suele la calma venir.
Descubrirè mi passion?
   En ocasion.
Y si jamas me la da?
   Si, harà.
Llegarà la muerte en tanto,

  . . . .

Llegue a tanto
Tu limpia fè, y esperanza,
Que en sabiendolo Costanza
Converta en risa tu llanto.

Non vi è altro? Signora no, rispose il marito: or
che vi pare di questi versi? Primieramente disse la
moglie, bisogna sapere se quelli sono di Tomaso. Di
questo non occorre già dubitare, replicò il marito; imperocchè la lettera del conto della biada e quella dei
versi sono d'un istessa mano. Avvertite marito mio,
disse la moglie, che quantunque i versi mentovano Costanza, e che da questo si potesse pensare che per lei
siano stati fatti, tuttavia non possiamo affermare con
verità, come se gli avessimo veduti scrivere. Ed oltracciò, quante altre Costanze, che la nostra, sono nel mon-

Chi dispera che cosa spera? una morte intera. Ma qual morte
rimedia al male? — Quella che non è che a mezzo. = Allora
sarà ben morire? — Meglio è soffrire. — Perchè si suol dire, e
questa verità dee essere, accetta che dopo il furioso nembo torna
la calma. = Scoprirò la mia passione? All'occasione. — Ma se
non si trova mai? Si troverà. = Intanto verrà la morte; no,
innalza a tal grado la tua fede e la tua speranza che, cono-
scendole, Costanza, muti i tuoi pianti in riso. =

do? E quando che per lei fussero, non dicono cosa in pregiudizio del suo onore, nè le vien dimandata cosa che possa importarle. Stiamo su la mira ed abbiamo l'occhio alla putta; che s'egli sarà di lei innamorato, voi vederete, che farà altri versi, e non mancherà a dargliele. Non sarebbe meglio, disse il marito, levarne da questo impaccio e allontanarlo da casa? Voi lo potete fare risposegli la moglie; ma a me pare, che non fareste bene a privarne la casa per così lieve causa, poichè voi dite ch'egli serve di modo tale che non vi è che dire. Orsù replicò il marito, noi staremo all'erta come volete, ed il tempo c'insegnerà ciò che dovremo fare. Stettero in questo, e l'oste ritornò il libro dov'egli l'aveva trovato.

Tornato il nostro Tomaso, molto ansioso egli cercò il suo libro e trovollo; e perchè non gli desse più simil batticuore, copiò quei versi in altro foglio e stracciò quello del libro, dove prima erano scritti, proponendo fra di sè, scoprir a Costanza l'animo suo alla prima occasione. Ma com'ella stava sempre in guardia intorno al suo onore e sulla ritiratezza, non dava tempo nè comodità a nessuno di parlare con lei, nè anche di guardarla. E come d'ordinario era tanta la gente nell'osteria ed erano tanti occhi aperti sopra la bellezza di Costanza, da ciò nasceva maggior difficoltà in poterle parlare. Ma essendo lei quel giorno uscita con una fascia attorno le mascelle ed avendo detto a chi le aveva domandato, perchè così se l'avesse fasciata, che n'era causa una grandissima doglia di denti, Tomaso, a cui l'amore assottigliava l'intendimento, discorrendo in un istante circa ciò che dovesse fare, le disse: Signora Costanza, io vi darò una orazione in iscritto, che in due volte che la diciate, vi leverà come con la mano la vostra doglia. In buon'ora, rispose Costanza; io la dirò, perchè so leggere. Ha da essere con condizione, disse Tomaso, che non la mostriate ad alcuno, perchè la tengo in molta stima; e non mi piacerebbe che per avervene servita la fosse strapazzata e disprezzata. Vi prometto Tomaso, disse Costanza, che nessuno la vederà, però datemela presto, perciocchè il dolore molto mi preme. Vado or ora a copiarla e immantinente ve la porterò. Furono queste le prime parole che Tomaso disse a Costanza, e Costanza a Tomaso, in più di ventiquattro gio ni ch'era stato in quella casa. Andò Tomaso a scrivere l'orazione ed ebbe modo di darla a Costanza, senza che nessun lo vedesse; ed ed ella con molto suo gusto, e con non manco divozione avendola ricevuta, se n'entrò sola in una stanza, e spiegando il foglio, vide ch'egli diceva in questo modo.

Signora dell'anima mia; Io sono un gentiluomo nato in Burgos, se sopravviverò a mio padre resto erede per la mia primogenitura di sei mila scudi d'entrata. Alla fama della vostra bellezza, la quale per lungo spazio si spande, lasciai la mia patria, mutai e mentii il vestito, e nell'arnese che mi vedete venni a servire questo vostro padrone. Se padrona mi vorrete essere per mezzi convenienti alla vostra onestà, guardate che prova volete ch'io faccia per assicurarvi di questa verità. E fattane certa, se così vi piacerà ch'io sia vostro sposo, chiamerommi il più felice uomo del mondo. Per ora solamente vi prego che non vogliate palesare tanti innamoramenti ed onorati pensieri come sono i miei, perchè se il vostro padrone se n'accorgesse e non gli credesse tali, mi bandirebbe dalla vostra presenza; il che saria l'istesso che condannarmi a morte. Permettete, signora mia bella, ch'io vi vegga sin tanto che mi crediate, considerando che non merita il rigoroso castigo di non vedervi, colui che non ha commesso altro errore, che di onorarvi. Potrete rispondermi con gli occhi di nascosto ai molti, che sempre vi stanno mirando, dico con gli occhi vostri, che sono tali che adirati uccidono, e fatti pietosi risuscitano.

Mentre che Tomaso aspettava che Costanza avesse finito di leggere la sua lettera, stette palpitandogli il cuore, ora temendo la sentenza della sua morte, ora sperando il ristoro della sua vita. Tornò di nuovo Costanza a venir fuori sì bella, che se la sua bellezza avesse potuto con qualche accidente augumentarsi, si sarebbe pensato che l'improvviso incontro dell'avere trovato nel foglio di Tomaso cose tanto lontane dal suo pensiero l'avesse fatta più perfetta. Ella aveva in mano il foglio stracciato in più di mille pezzi, ed a Tomaso, il quale appena da impazienza poteva star in piedi, così disse: La tua orazione, Tomaso, pare più presto una stregoneria ed un inganno, che orazione, e però non la voglio nè credere nè servirmi di quella, perchè l'ho stracciata, acciò ancora che nessuno la vegga, che più di me credulo fosse. Impara altre orazioni più facili, perciocchè questa esserti di profitto è cosa impossibile. Così dicendo ella, con la sua padrona se n'entrò nella camera e Tomaso restò confuso, non sapendo che dirsi nè che fare: ma tuttavia consolato per vedere che il segreto del disegno di lui restasse chiuso nel petto di Costanza, parendogli ch'egli non fosse per essere scacciato via di casa, poich'ella niente n'aveva detto al suo padrone, e che al primo passo ch'aveva fatto nella sua pretensione avesse superato un mondo di difficoltadi, e che nelle cose grandi e dubbie, la maggior era il cominciarle.

Intanto che questo succedeva nell'osteria, stava l'Asturiano a comperare un asino, e benchè molti in quel mercato ne trovasse, nessuno tuttavia v'era che gli piacesse, quantunque un cingaro sollecitasse assai per vendergliene uno, che caminava più per l'argento vivo che messo gli aveva dentro alle orecchie, che per leggerezza ch'avesse: e se il passo dell'animale lo contentava, lo scontentava il corpo ch'era picciolo molto, e non di quella statura ch'egli cercava che fosse forte abbastanza per portarlo insieme con le mezzine o barriletti vôti o pieni che fossero. Ecco allora un giovine che se gli accostò e disse all'orecchio: galantuomo, se tu cerchi una bestia buona da portar acqua, ho qui appresso in un prato un asino che non è il più forte nè il migliore in tutta la città. Avvertisci a non comprarne dai cingari, perchè sono tutti pieni di mende, e non valgono niente. Ma se vuoi comperare uno che sia buono per il tuo bisogno, vieni con me e non dir nulla. Lo credette l'Asturiano e gli disse che lo menasse ov'era l'asino ch'egli tanto stimava. Andaron amendue caminando dal pari insin al prato, ove all'ombra d'una gran ruota da cavar acqua, trovarono molti acquaïóli, i cui asini pascevano in un prato. Ivi mostrò il venditore il suo asino, il qual all'Asturiano contentò l'occhio e gli piacque, e da tutti gli altri acquaioli, ch'erano lì, fu lodato per forte, buon caminante e bel mangione. Fecero i lor patti, e senz'altra sicurtà nè informazione, essendo sensali e mezzani gli altri acquaioli, Lope diede sedici ducati per l'asino, e tutti i guernimenti propri all'officio, e gli pagò realmente in oro. Fecero i complimenti del rallegrarsi con esso lui di quella compera e dell'assunzione nell'uffizio, e certificandogli ch'aveva comperato un asino avventuratissimo, perchè colui che glielo aveva venduto senza che lo storpiasse a battiture, s'aveva guadagnato con quello in manco di un anno, onde l'essersi sostentato lui e l'asino onoratamente, due buoni vestiti, e con essi quei sedici ducati, coi quali s'aiuterebbe per tornare alla patria, ove s'era trattato o l'avevano impromesso per ammogliarlo con una mezzo parente sua. Di più dei sensali dell'asino, v'erano altri quattro acquaioli giuocando a primiera distesi in terra, questa servendo loro in luogo di tavola, e di tappeto i suoi ferraiuoli.

Fermòssi l'Asturiano a vederli a giocare, e vide che non giocavano come acquaioli, ma da signori, perchè ciascuno di essi si aveva davanti più di cento reali. Venne fuora in gioco una mano di carte, che fece far a tutti quattro invito del loro resto: e se l'uno all'altro non avesse fatta composizione vinceva tutto. In fine a quei due nell'aver invitato il resto furon chiariti i denari, ed essi levaronsi dal gioco. Ciò visto da colui che aveva venduto l'asino, disse se vi entrasse un quarto ch'ei giocherebbe, perchè di giocare in terzo non gli piaceva. L'Asturiano, ch'era come il zucchero, che non guasta mai salsa, si presentò ad entrarvi per quarto. Incontanente si posero a sedere, e volendo giocare il denaro anzi che il tempo, fecero sì gagliardi inviti che in poco di ora Lope perdette sei scudi che aveva di resto. E veggendosi netto di quattrini disse, che se volessero giuocare il suo asino ch'egli lo giocheria. Accettarono l'invito, ed allora Lope fece il vada di un quarto dell'asino, dicendo che a quarto a quarto lo voleva giocare. Si contraria gli fu la sorte che in quattro resti a mano a mano perdè i quattro quarti dell'asino, e quello stesso che l'avea venduto a lui, fu quello che glielo guadagnò; il quale levatosi per andar a pigliarlo, Lope gli disse, che avvertisse perchè non intendeva d'aver giuocato se non i quattro quarti dell'asino, e se gli tenesse in buon' ora, poichè gli aveva vinti, ma che a lui gli lasciasse la coda. Cotal proposta e domanda causò a tutti molto da ridere, e vi furono avvocati che vennero in parere che Lope non avesse ragione alcuna nella sua pretensione, e allegavano che quando si vende un castrato od altro simile animale, non se gli taglia o leva la coda sola, perocchè necessariamente la deve andare con un quarto di dietro. A questo Lope replicò, che i castrati di Barberia ordinariamente avevano cinque quarti, e che il quinto era la coda: e che quando si fanno quarti di quelli,

tanto vale la coda quanto un quarto; e che in quello
d'andar insieme la coda, quando che gli vendevan vivi,
lo concedeva: ma il suo asino era stato giuocato e non
venduto, e mai fu intenzion sua giocar la coda; perchè dovessero dargliela presto con tutte le sue dipen-
denze, ch'erano dalla sommità della testa ov'ella aveva
il suo principio, compresavi tutta la ossatura del filo
della schiena, per la qual discendea, fino agli ultimi
peli di quella. Or fate in modo, disse uno di coloro,
che così sia come lo dite, e ch'ella vi si dia come la
domandate, e mettetevi a sedere sopra di quello che resterà dell'asino. Sono contento, replicò Lope, ma venga
la mia coda, o se no vi prometto e giuro che il mio
asino non mi sarà menato via, se ben venissero per
quello quanti acquaioli sono al mondo. E non pensate già che per esser qui tanti mi venga fatta qualche
soperchieria, perchè sono un uomo a chi basterà l'animo di star a petto ad un altro uomo, e cacciarli
due palmi di pugnal nella pancia, ch'egli sappia da
chi, di dove nè come gli sia venuto. Dico di più, che
io non voglio che la coda mi sia pagata prorata di
quello ch'ella vale, ma voglio averla nel suo essere in-
tiero e reale, dall'asino tagliata come ho detto. A colui
che l'aveva guadagnata, e agli altri acquaioli non parve
bene di terminare quel negozio e differenza con la
forza, perchè s'accorsero alla cera dell'Asturiano che
egli non era uomo di comportare mai che un altro
gliela accoccasse; il quale, come quello ch'era fatto
all'esercizio della pesca dei tonni, nella quale si usa
ogni sorte di smargiassata e furberia, ed istraordinarj
giuramenti e parlar da bravazzo, saltò in bestia e cacciò mano ad un pugnale che aveva sotto il capotto, e
s'impiantò in tal postura che mise gran paura, e fece
stare con rispetto tutta la compagnia acquaiola. Finalmente uno di essi che pareva avere più d'intendimento
e di ragione, gli accordò che giuocherebbono la coda

dell'asino contro uno de' suoi quarti, primiera alla buona, o a due e passante*". Amendue dunque essendone contenti, Lope vinse il giuoco. Venne la stizza al perdente, e così punto giuocò gli altri quarti e a tre mani restò senz'asino. Volle ancor giuocar denari, ma Lope non voleva: nondimeno tutti gli altri lo stuzzicarono tanto ch'egli giuocò ancora; però con tanta sorte che l'altro si vide chiarito sino all'ultimo bagattino. Ne venne in tanta rabbia e disperazione, ch'ei si gittò in terra battendo il capo in quella. Lope, come ben nato, compassionevole e liberale, l'alzò in piedi e gli rese tutti i denari che gli aveva vinti, e con quelli ancora i sedici ducati dell'asino, ed anche spartì dei suoi propri fra gli altri acquaioli ivi presenti: perlocchè, tutti per siffatta liberalità trasecolavano di meraviglia. E se fosse stato in tempo e nell'occasioni del Tamburlano, lo avrebbero creato re degli acquaioli.

Ritornò nella terra Lope con un gran seguito, ove raccontò a Tomaso ogni suo successo, e Tomaso a lui fece il simile. Non vi fu taverna, bettola nè adunanza di furfanti ove non si parlasse del giuoco dell'asino, del ricuperamento fattone per mezzo della coda, dell'animosa bravura e liberalità dell'Asturiano. Ma come il popolazzo bestiale per l'ordinario è quasi tutto cattivo e maldicente, si scordò le buone parti e qualità del gran Lope, per ricordarsi solamente della coda. E così egli appena era andato due giorni per la terra portando acqua, che si vide mostrato a dito da molti che dicevano: Ecco là, ecco l'acquaiolo della coda. Fu dai ragazzi saputo il caso, per lo che eglino entrando in ballo subito che vedevano l'Asturiano spuntare in capo di qualche strada o trebbio, tutti chi qua chi là gli gridavano attorno: Asturiano dà qua la coda,

* Giuoco di primiera che non si scarta che una volta.
** È altro giuoco di carte proprio agli Spagnuoli.

dà qua la coda Asturiano. Veggendosi assettato da tante lingue, ed intronato da tante grida ebbe per il meglio tacere, credendo che il suo silenzio supercrebbe quell'insolenza. Ma non gli valse, perchè più che stava zitto, più la canaglia de' ragazzi si ostinava in gridare: il che gli fe' mutare la flemma in collera, e smontato dall'asino si mise dietro loro a buone bastonate: e quello fu dar fuoco alla polvere, ed un altro tagliar la testa all'idra, poichè per una che tagliava dando una legnata a qualcun de' ragazzi, rinascevano in un istante non sette ma settecento, le quali con moltiplicate grida ed ostinazione indiavolata gli domandavano la coda. In fine prese buon consiglio di ritirarsi ad un albergo che separatamente aveva preso, per non abitar col compagno per causa della Argueglio, dalla cui presenza procurava starsi lontano in quella sua casa, sin che l'influsso di quel cattivo pianeta fosse passato, e scancellata dalla memoria dei ragazzi quella domanda vergognosa della coda.

Sei giorni passarono ch'egli non era venuto fuor di casa se non di notte per visitar Tomaso, e sapere da lui del termine in che si ritrovavano le cose sue: il quale raccontogli, che d'allora ch'egli ebbe dato il foglio scritto o la lettera a Costanza, non aveva potuto dirle una sola parola; e che gli pareva ch'ella stesse più ritirata di quello che soleva: quantunque una volta avesse avuto occasione di parlarle, ma lo prevenne con dirgli: Tomaso, ora non sento niente che mi dolga: però non ho bisogno delle tue parole, nè delle tue orazioni, e contentati che non voglio. Ma tuttavia gli aveva dette quelle parole con faccia riposata, e senza alcun segno di collera o d'altra alterazione che potesse dare indizio d'alcun rigore.

Lope gli raccontò ancora l'ostinata molestia che gli davano i ragazzi nel domandargli la coda, perchè aveva domandata quella del suo asino, per conto della quale se l'aveva felicemente riguadagnato e rinfrancato. Gli consigliò Tomaso che non dovesse uscir di casa almeno sopra l'asino, e se uscisse, fosse per istrade secrete ed appartate: e dove questo non bastasse, basterebbe lasciar l'ufficio di acquaiolo per ultimo rimedio, per metter fine a sì ridicolosa domanda. Lope gli domandò se da che si era partito, tornava più quella Galiziana a vagheggiarlo. Tomaso rispose di no: ma non perciò lasciava colei di voler subornarlo, e lusingare con le carezze di regali e presentucci di quello ch'ella uncinava nella cucina agli ospiti. Con questo Lope si ritirò a casa sua, con risoluzione di non uscire di quella per sei giorni, almen con l'asino.

Era in circa le quattro ore di notte quando che d'improvviso, ed impensatamente videro entrare dal Sivigliano molti officiali o sbirri con le verghe in mano, e dietro ad essi il podestà. Turbaronsi l'oste e gli ospiti; perchè come le comete mai appariscono senza infondere negli animi umani qualche timore d'infausto augurio di disgrazia ed infortunio, così la corte entrando di repente in una casa, mette paura anche a quelli di cui la coscienza è innocente. Entrò il podestà in una sala e fece chiamar l'oste, il qual venne tremando a vedere che cosa quel magistrato da lui volesse. Quando il podestà lo vide, gli domandò con molta gravità: Siete voi l'oste? Signor sì, rispose egli, al servizio di V. S. Illustrissima; però che mi comanda? Comandogli il podestà che dalla sala facesse uscire tutti quelli che v'erano, e lo lasciassino solo con esso lui. Ora essendo lor due soli, il podestà domandò l'oste che gente da servizio aveva in casa. Signore, rispose egli, ho due serve Galiziane, ed una donna che ha cura delle massarizie di casa, ed un famiglio che attende a dispensare la biada e la paglia. Non altri? replicò il podestà, no signore, rispose l'oste. Orditemi, disse il podestà, ov'è una giovane che serve in questa casa, ed è chiamata per

tutta la città l'illustre Fregona? E della quale mi vien
detto don Perichito mio figliuolo essere innamorato, e
che non passa notte che non le dia serenata? Signore,
rispose l'oste, è vero che quella illustre Fregona, come
vi hanno detto, stassi in questa casa: però non è mia
serva nè lascia d'esserla. Questo dell'essere e non essere vostra serva io non l'intendo, messer l'oste. Ho
detto ben signore, soggiunse l'oste, e se V. S. mi darà
licenza, dirolle ciò che mai ho detto ad alcuno. Prima che
saper più oltre, disse il podestà, voglio vedere quella
Fregona, però chiamatela. Fecesi l'oste in sulla porta
della sala chiamando: Olà, signora moglie, fatemi venir qua Costanza. Quando l'ostessa intese che il podestà domandava Costanza turbossi tutta, e cominciò a
torcersi le mani, e così disse: Ah, meschina me! il
podestà domanda Costanza, e sola in disparte; qualche
gran male vi dev'essere, perchè la bellezza di questa
putta incanta e fa traviare gli uomini. Costanza che questo udiva disse: Signora, non vi date travaglio, che anderò a vedere che cosa voglia il signor podestà; e se
vi è del male siate certa che non vi ho colpa, e detto
questo non aspettò che la chiamassero per la seconda
volta, che v'andò subito, con una candela accesa in un
candelliere d'argento, e con più modesta vergogna che
tema, comparse avanti al podestà. Quando egli la vide, disse all'oste che serrasse la porta della sala, e
poi, levatosi, prese in mano il candelliere che Costanza
portava, ed appressandole la lume al viso l'andava ri-
mirando da capo a' piedi; e perchè la vergogna la faceva arrossire, quel colore di rosa le accresceva tanta
bellezza, che parve al podestà ch'egli non ne avea
veduta una più bella. Dopo averla ben rimirata, così
egli prese a dire: Non è questa, o messer l'oste, una
gioia da essere legata nel vile metallo d'un'osteria.
Però adesso dico che Perichito mio figliuolo, mostra
d'essere giudizioso in aver così ben saputo collocare

i suoi pensieri. Ed in quanto a voi, figliuola, con ragione si deve chiamarvi illustrissima, non che illustre: ma questo titolo non dovrebbe aggiungersi al
nome di Fregona, anzi a quello di duchessa. Non è signore altrimenti Fregona, disse il Sivigliano, perchè in
questa casa non serve in altra cosa che a guardar le
chiavi dell'argenteria (che per grazia di Dio ne ho qual-
cheduna) con la quale serviamo le persone di conto che
capitano bene spesso in questa osteria. Con tutto ciò,
disse il podestà, vi dico messer l'oste, che non è cosa
conveniente nè sta bene che questa donzella stia in una
osteria. È ella parente vostra? Non m'è parente nè
massara, rispose l'oste, ma se V. S. vuol sapere chi
ella sia (pur ch'essa vada fuor di qui e non mi senta),
dirò cose che le daranno gusto, e la faranno maravi-
gliar insieme. L'avrò a piacere, rispose il podestà.
Esca là fuora, Costanzetta, e si prometta di me tutto
quello che prometter si potrebbe di suo padre, perchè la sua onestà e bellezza obbligano tutti coloro
che la veggono ad offerirsi al suo servizio. A ciò Costanza non rispose parola, ma solamente con fare un
basso inchino se ne uscì della sala, e ritornò dalla sua
padrona che la stava aspettando a braccia aperte, per
saper quello che volesse il podestà. Raccontolle quanto
era passato, e come il padrone era rimaso col podestà
per dirgli certe cose ch'ei non voleva che da lei fossero udite. Per quello l'animo della padrona non potette stare tranquillo, e sempre stette recitando le sue
orazioni, sin che vide andarsi via il podestà ed uscir
libero il suo marito, il quale mentre stette rinchiuso
con esso lui, così gli disse: Oggi, signore, fa quindici
anni, un mese e quattro giorni, secondo il mio conto,
che arrivò in questa casa una signora vestita da pellegrina in una lettica, accompagnata da quattro servidori a cavallo, due donne ed una donzella in un cocchio. Aveva ancora due muli carichi di un ricchissimo

letto, e delli fornimenti della sua cucina, con sopra
due bellissime coperte. In somma quell'apparato era
magnifico, e mostrava la pellegrina alla presenza esse
qualche gran signora. E quantunque all'aspetto parese
di quarant'anni o poco più, nulladimanco si scorgea
in lei una isquisita bellezza. Era ammalata, scolori
e tanto affaticata, che comandò le fosse presto pre
apparecchiato il letto; così fu fatto dai suoi serviti
in questa medesima sala. Domandaronmi qual fosse il
più famoso medico di questa terra. Dissi loro ch'era
il dottore della Fontana. Subito andarono per esso, e
presto venne, ed ella a solo a solo comunicogli la sua
infermità. Quello che risultò dal loro ragionamento si
fu, che il medico ordinò che le facessero il letto in altra stanza ov'ella non sentisse alcuno strepito. Non
indugiarono ad eseguire l'ordinato, mutandole il letto
qui di sopra in una camera appartata, con le comodità
che il medico ordinate aveva. Nessuno dei servidori
entrava dalla sua signora, che non voleva altri che la
servissero che le sue donne e la donzella. Io e la mia
moglie domandammo ai servitori chi fosse la signora e come si chiamava, da dove veniva e dove andava: se era maritata, vedova o donzella, e perchè si
vestiva così da pellegrina. A tutte quelle domande che
lor facemmo spesse volte, nessuno d'essi altra cosa rispose, se non che quella pellegrina era una signora di
gran casata, e molto ricca di Castiglia la Vecchia, vedova e senza figliuoli. E perchè da alcuni mesi si
trovava inferma d'idropisia, aveva fatto voto d'ire alla
Madonna di Guadalupe in pellegrinaggio, e per compir
il voto andava in quell'abito. Ed in quanto al nome
avevano ordine di non chiamarla altrimenti che la signora Pellegrina. Questo sapemmo per allora, ma in
capo a tre giorni che la signora era stata ammalata
in sua camera, una delle sue donne chiamò me e la
mia moglie da parte sua. Andammo a vedere che cosa

...a da noi, ed a porta serrata ed in presenza delle
...quasi colle lagrime agli occhi ci disse, se
... mi ricordo, queste medesime parole. Amici cari,
... testimonio il cielo, che senza colpa mia io mi
... nel penoso travaglio che adesso vi dirò. Io son
...vida, e tanto vicina al parto che già lle doglie
...inciano a venirmi. Nessuno de' miei servidori che
...accompagnano sa la mia disgrazia, nè la présente
...essità. Ma queste mie donne si, perchè non ho po-
...to nè voluto celarla loro. Per levarmi dagli occhi
...ziosi della mia terra, ed affinchè quest'ora non
...i ci potesse trovare, feci il voto di venire alla Ma-
...onna di Guadalupe. Ella vuole, come io penso, che il
...io partorire sia in questa casa. Adesso sta in man
...stra il soccorrermi, e rimediare con quella segretezza
...che merita colei che si fida in voi del suo onore. La
...ricompensa della grazia che mi farete (così voglio
...chiamarla) se non corrisponderà al gran beneficio, che
...lla bontà vostra spero, almeno corrisponderà con il
...significarmi che m'avrete obbligata; fra tanto voglio
...che per caparra di ciò che dico, accettiate da me questi
...dugento scudi d'oro che ho qui in una borsettina. Così
...dicendo cavò di sotto il capezzale del letto un borset-
...tino di seta verde tessuto d'oro, e quello pose in mano
a mia moglie; la quale come semplice o mal creata, o
non avendo mente a ciò che faceva, perchè stava sospesa e con gran meraviglia dell'atto della pellegrina,
prese il borsetto, senza risponderle parola di ringra-
ziamento o gratitudine alcuna. Mi si ricorda, che io
le dissi che non era bisogno usar quella larghezza,
che non eravamo persone che ci lasciassimo portare a
far bene, quando ne veniva occasione, piuttosto dal
guadagno ed interesse che dalla carità. Ella soggiunse
ancora: fa di mestieri, o cari amici, che cerchiate immantinente ove portar la creatura, di subito che io l'a-
vrò partorita, ed inventiate anche qualche menzogna da

dir a quelli a chi la lascerete e per adesso questo sarà
nella città, perchè d'appoi voglio che a qualche villaggio ella sia portata. Ciò ch'io debba farne, Dio me lo
consiglierà, e il saprete dopo ch'egli m'avrà fatta la
grazia che abbia adempito il mio vòto, e che sarò tornata da Guadalupe: imperciocchè il tempo in questo
mentre mi darà spazio da potervi pensare ed eleggere
quel partito che più a me convenga. Allevatrice non la
voglio, perchè non ne ho di bisogno, fatta sicura da altri
parti, più di questo onorati, che con l'aiuto solo di
queste mie donne saprò facilitare la difficoltà di questo; ed i successi miei un testimonio avranno di manco.
Qui diede fine al suo ragionare l'afflitta Pellegrina, e
principio ad un addolorato pianto; il quale in parte
fu consolato con molte e buone ragioni, che mia moglie, già ritornata in miglior senso, le disse. Finalmente
allora me n'uscii a cercare luogo ove portare la creatura, a qual'ora si fosse, ch'ella venisse alla luce.

Quella medesima notte tra le cinque e sei ore, quando
tutti di casa dormivano, quella buona signora partorì
una bambolina, la più bella che i miei occhi insin
allora avessero mai vista ed è quella istessa, che adesso
avete veduta. Nè la madre lagnossi nel partorirla, nè
la figliuola pianse nascendo: in tutti era una tranquillità, ed un silenzio meraviglioso e tale, quale bisognava
per tener secreto così fatto accidente. Altri sei giorni
stette in letto e non mancò nessuno il medico a visitarla, non perchè gli avesse palesato il suo male nè
perchè la pigliasse le medicine ch'esso le ordinava,
ma solo ella prentendeva d'ingannar i suoi servidori con
la visita del medico. Tutto questo ch'ho detto, essa
medesima a me lo raccontò dopo che s'ebbe vista fuor
di pericolo, ed all'ottavo giorno si levò risanata e con
l'istessa buona cera, con la quale s'era messa in letto.
Poi si partì a seguitare il suo pellegrinaggio, di dove
in capo a venti giorni fu ritornata, poco men che gua-

rita, perchè a poco a poco, poi ch'ebbe partorito, si
andava levando quell'artificio con che si fingeva idro-
pica. Quando tornò, di già la fanciullina io l'avevo
data ad allevare, con nome di mia nipote, ad una balia
in un villaggio lontan di qui in circa otto miglia. Nel
battezzarla fu nomata Costanza, perciocchè così ordinato era stato da sua madre: la quale soddisfatta di ciò
ch'io aveva fatto, mi donò nel partirsi una collana d'oro
(che l'ho ancora) dalla quale levò sei anelletti e disse,
che per contrassegno gli porterebbe quella persona, che
verrebbe per la bambina. Ed ancora tagliò un pergamino bianco ad onde e a volte, nella maniera come
quando s'incatenan le dita l'un con l'altro, e sopra
quelle si scrive alcuna cosa; la quale stando le dita
così concatenate, si può leggere facilmente; ma essendo
quelle divise e scatenate, non posson le lettere, se non
tornando ad intrecciar le dita, essere lette. A questa
foggia nel pergamino, essendo l'uno come anima del-
l'altro, scrisse la signora certe parole e la collana, da
quel in poi ch'ho detto n'era stato levato restò da me
colla metà del pergamino, per contrassegno con chi venisse per la figliuola; la quale la madre disse: che
indi a due anni manderebbe a levarla; raccomandommi
di farla allevare non da quella ch'ell'era, ma solamente
da contadina. Ed anco mi raccomandò che, se per qualche impedimento non le fosse possibile mandar per
essa in detto tempo, e la figliuola crescesse di persona
e d'intendimento, io non le dicessi niente del modo
ch'era nata; e che non mi paresse strano, e la volessi
scusare, perchè non mi diceva il suo nome nè chi la era:
ma che questo lo rimetteva per altra occasione più importante. In fine, dandomi ancora quattrocento scudi
in oro, ed abbracciando la mia moglie, si partì lagrimando, con lasciarci tutti meravigliati della sua discrezione, liberalità e bellezza.

Due anni nel villaggio stette Costanza ad allevarsi,

poi a casa la ritirai, ove sempre l'ho custodita e mantenuta in abito di contadina, come la madre a me l'aveva ordinato. Sono quindici anni, un mese e quattro giorni, che io sto aspettando che qualcuno venga per essa; ma la lunghezza di tanto tempo a me ne leva la speranza. E se questo anno in che siamo, non comparirà qualcheduno a domandarla, ho risoluto di adottarla per figliuola, e darle tutti i miei beni, che passano di semila ducati, per grazia del Signore. Resta a dire a vostra signoria, se possibile sia che sappia io dirlo, della bontà e delle virtù di Costanza. Or, per la prima, è devotissima della Madonna, la si confessa e comunica ogni mese, sa leggere e scrivere e lavorar di ago meglio di nessun' altra che sia in Toledo: canta al guancialetto come un angelo: in essere onesta e discreta non è alcuna che se le possa agguagliare: in quanto poi alla bellezza vostra signoria l'ha veduta. Don Pietro vostro figliuolo non ha parlato mai con lei in vita sua: egli è ben vero, che di quando in quando le dà la serenata; ma essa non l'ascolta.

Molte persone di qualità e gentiluomini sono venuti ad alloggiare in questa casa, e vi si son fermate, ritardando per molti giorni di seguitare il loro cammino, solamente per saziarsi di rimirar la putta: però so bene, che non vi è alcuno che si possa vantare con .verità, che essa sola, ovvero accompagnata ch'ella si fosse, gli abbia mai dato tempo di dirle una parola. Questa, signore, è la verace istoria della illustre Fregona che non frega; in raccontar la quale non sono uscito un punto dalla verità. Qui tacque l'oste, ed il podestà stette per un buon pezzo senza rispondergli, perchè stava sospeso dall'avere udito l'oste raccontargli cotale storia. Finalmente gli disse, che gli recasse la collana e insieme il pergamino. Portoglielo l'oste: e il podestà vide, che era conforme a ciò ch'aveva detto e che alla collana mancavano degli anelletti, però era ben lavorata e curiosamente. Nel pergamino erano scritte queste lettere: E. T. E. L. S. N. L. E. D. D. R. l'una di sotto all'altra, nello spazio ch'empir dovea il vacuo dell'altra metà, e tutte due accoppiate insieme eran intese, che si poteano incontrare le lettere ed esser lette. Ebbe per molto giudiziosa l'invenzione di cotal contrassegno e giudicò dovere esser ricca quella signora Pellegrina, per la collana ch'aveva donata all'oste. Ed avendo fatto pensiero di cavare dall'osteria sì bella giovinetta, subito ch'avesse trovato da far allevarla più onoratamente in uno monasterio, per allora si contentò di ritenersi solo il pergamino, imponendo all'oste, che se per sorte qualcun venisse per Costanza, glie l'avvisasse innanzi che mostrargli la collana, ch'egli lasciava in suo potere. Con questo si partì il podestà, non men maravigliato dell'istoria raccontatagli dei successi dell'illustre Fregona, che della sua incomparabile bellezza.

Tutto quel tempo che stette l'oste col podestà e quello che spese Costanza, e la tenne occupata con loro, quando la fecero chiamare, fu un lungo tormento, che mise fuor di sè Tomaso, perchè l'animo suo veniva combattuto da mille vari pensieri. Ma quando vide, che si partiva il podestà e restava Costanza, l'animo suo tornò a respirare, ed i polsi quasi smarriti ripigliarono vigore. Egli non ebbe ardimento di domandar all'oste, che cosa il podestà da lui voleva, nè l'oste lo disse ad alcuno dalla moglie infuora, la qual veggendosi liberata da tanta paura, anche lei ritornò in sè, e ne ringraziò Iddio.

L'altro giorno, in circa un'ora dopo mezzo giorno, entrarono nell'osteria due cavalieri vecchi di onoratissima presenza, accompagnati da quattro uomini a cavallo e due staffieri a piedi; per uno dei quali ch'avevano fatto andar innanzi a domandare, seppero che quell'osteria era del Sivigliano. V'entrarono a smontarvi i quattro prima, e poi andarono a discendere da cavallo

i due cavalieri: il che fece intendere, ch'essi eran
padroni degli altri sei uomini. Venne fuora Costanza
con la solita sua gentilezza a veder gli ospiti novelli:
ed appena l'ebbe veduta uno dei due cavalieri, ch'egli
disse all'altro: Credo, signore don Giovanni, che appunto abbiam trovato ciò, ch'eravamo venuti a cercare.
Tomaso, che si era fatto innanzi a pigliar le cavalcature, per metterle dentro la stalla, conobbe subito due
servitori del suo padre, ed indi a poca pezza, l'istesso suo
padre e quel del Carriazo, ch'erano i due vecchi, a cui
gli altri del seguito aveano rispetto. E benchè gli parve
gran fatto la lor venuta, considerò che dovessero gire
alla pescaria de' tonni a cercare lui ed il compagno:
perchè credeva non avrebbe mancato chi loro avesse
detto, che ivi più presto, che in Fiandra dovessero
trovarli.

Tuttavia non volse darsi a conoscere in quell'arnese:
ma commettendosi alla ventura e postasi una mano
davanti il viso, passò su gli occhi loro, e andò a trovar
Costanza, la quale per buona fortuna allora se ne stava
sola: ed a lei frettolosamente e con lingua turbata,
perchè temeva, che non volesse ascoltarlo, disse queste
parole: Costanza. uno di quei due vecchi cavalieri,
che adesso sono arrivati, è mio padre, e quello che voi
sentirete chiamare don Tomaso di Avendagno. Da questo nome, e dall'esser simile il mio, comprendere potrete che in quanto alla qualità della persona mia e
condizione v'ho detto il vero, e ve lo dirò sempre con
gli effetti in ciò che vi offersi. Restatevi con Dio, perchè sin tanto che non vadano via, io non voglio ritornare a questa casa.

Costanza non rispose nulla, nè egli aspettò ch'ella
gli rispondesse: ma uscendo ascoso il viso come era
entrato, andò dal Carriazo a darli nuova dell'arrivo
de' loro padri in quella osteria. L'oste chiamò Tomaso,
perchè venisse a dispensar la biada, ma come vide,

che non veniva egli medesimo la diede. Uno dei due cavalieri chiamò in disparte una delle due massare galiziane, domandandole del nome di quella si bella donzella ch'avevano veduta, e s'era parente dell'oste o della sua moglie. Risposegli la Galiziana: la putta si chiama Costanza, non è parente del padrone nè della padrona di casa nè so chi ella sia. Altro non ve ne saprei dire, se non la mala ghianduzza e il malanno, che Dio le dia: Non so che cosa ella s'abbia addosso, che non lascia far bene a nessuna di noi, che stiamo in casa. Niuno viene ad alloggiare in questa osteria, che subito non dimandi di lei: ov'è la bella? e che non dica: a fede mia è bellina: o che robetta! o che boccone! oibò per tutte l'altre; mai la fortuna mi dia peggio. Ma a noi altre non è chi dica niente, nè anche: che fate bestie, o donne, o come si suol dire. Parmi, che Dio abbia fatte ancor noi come l'altre. A questo conto dunque, replicò il cavaliere, ella si lascia maneggiare dagli ospiti e far l'amore? Signori si, rispose la Galiziana, e che credete? è buona putta si, e molto propria per quello, tenetele un poco il piede, e lo vedrete al ferrare: affè, signore, se si volesse solamente lasciar guardare, non che altro la colerebbe tutta d'oro: Ma è più aspera d'un riccio, e tutto di sta lavorando e dicendo orazioni: e fuor di questo, usa un si fatto silenzio, che la nostra padrona dice, ch'essa ha la lingua annodata ed attaccata al palato.

Restò molto contento il cavaliere di ciò che la Galiziana raccontato gli aveva, e senza aspettare che gli levassero gli sproni, chiamò da lui l'oste in disparte in una sala e dissegli: Io vengo messer l'oste a ritirare dalle man vostre una cosa ch'avete mia: e per levarnela con termini d'onore, vi porto mille scudi d'oro, questi pezzi di collana e questo pergamine. Così dicendo, cavò fuori ogni cosa. Ben riconobbe l'oste quei veri contrassegni ed all'offerimento de' mille scudi alle-

gro sopramnìodo, rispose al cavaliere: Signore, il pegno,
che dite volermi levare, è qui in casa, ma non già la
collana nè il pergamino, con che hassi da fare la prova
della verità, che voglio creder sia quella, con che trat-
tate: però vi supplico aver un poco di pazienza, ch'io
tornerò presto. E nell'istante andò ad avvisare il podestà, ch'erano giunti a casa sua due gentiluomini, che
venivano per Costanza.

Finiva il podestà di desinare, e col desiderio ch'avea
di vedere il fine di quella storia, presto venne all'osteria del Sivigliano, portando seco il pergamino del contrassegno. Ed appena ebbe veduti i due cavalieri, che
a braccia aperte andò ad abbracciarne uno dicendo:
Oh Dio! che buona ventura è questa, signor don Giovanni di Avendagno, cugino e padron mio? Il cavaliere, anche lui abbracciollo, dicendogli: Senza dubbio
signor cugino, non potrà essere altra che buona la mia
venuta, poichè godo il bene di vedervi con la salute
che sempre vi desidero. Date un abbraccio a questo
cavaliere ch'è il signor don Diego di Carriazo, amico
mio e gran padrone.

Io conosco il signor don Diego, rispose il podestà,
ed egli ha in me un servidore. Dopo essersi abbrac-
ciati scambievolmente, con grand'amore e cortesia, se
n'entrarono tutti tre, e l'oste solo con esso loro in una
sala; il quale avendo portata la collana con esso lui,
prese a dire: Già il signore podestà sa molto ben, signore, a che venite (dirizzando la parola a don Diego
di Carriazo); però vostra signoria mostri i pezzi, che
mancano alla collana che qui vedete, ed egli mostrerà
il pergamino ch'esso tiene, e faremo la prova, che sto
sperando fare insin da tanti anni. In questo modo dunque non è già di bisogno, che noi significhiamo al signor podestà la causa, per la quale siamo venuti, poichè si vedrà chiaro esser per quanto messer l'oste aveta
detto. Qualche cosa m'ha detto, disse il podestà, però

non tanto che non sia restato assai da dire: Il pergamino eccolo qui. Don Diego cavò fuora l'altro, e congiungendo quelle due parti ed aggiustandole insieme,
ne fero una ed alle lettere della metà di esso, ch'era
restata in man all'oste, come s'è detto; le quali erano
E. T. E. L. S. N. L. E. D. D. R. corrispondevano quelle
dell'altra ed eran queste, S. A. S. A. E. A. V. R.
A. E. A. e tutte insieme dicevano: *Esta es la senal ver-
dadera* (cioè, quest'è il contrassegno vero). Similmente,
rincontraron i pezzi della collana con quella, e trovarono esser quelli i veri contrassegni che aveva lasciati
la madre di Costanza. Or quest'è fatto, disse il podestà, altro non resta se non sapere, s'è lecito e se
possibil sia, chi sia il padre e la madre di questa bella
figlia. Il padre, rispose don Diego, sono io, la madre
non è più viva: ma questo basti, ch'ella fu di qualità
tale, ch'io non ero degno d'esserle altro che servidore.
Ed acciocchè non si taccia la sua fama, come si tace
il suo nome, nè si biasimi punto in lei ciò che in apparenza pare esser errore e colpa manifesta, s'ha da sapere, ch'essendo essa rimasa vedova d'un gentiluomo
di gran portata, si ritirò a stare in un suo villaggio,
e quivi con molta modestia passava co'suoi servidori
e sudditi una vita tranquilla e riposata. Volle la sorte
ch'io un giorno andando a caccia vicino a'suoi luoghi, andai ancor a visitarla. Era circa l'ora più calda
del meriggio, quand'io giunsi al suo castello (così puossi
chiamare la casa sua); e lasciai il cavallo ad un mio
servitore. Salii le scale senza trovar nessuno sin alla sua
camera, ove stava dormendo distesa sopra di uno strato
bruno. Era perfettamente bella, ed il silenzio, la solitudine, l'occasione, destarono in me un desiderio più ardito
ch'onesto: a talchè serrai l'uscio, ed abbracciandola,
senza star sulle cerimonie di complimenti o d'altri simili discorsi che s'usano nelle buone creanze, io la
svegliai, e tenendola stretta, così le dissi: Signora mia,

deh non gridate, perchè le grida, che dareste, sarebbon la trombetta del vostro disonore, ch'è quello che più dovereste tener secreto. Non m'ha visto nessuno entrar in questa stanza, dalla mia amica sorte in poi, la quale per favorire il mio amore, e perchè io vi goda, ha voluto che il sonno tenga come sepolti i vostri servitori. Ed avvenga che accorressero essi alle vostre grida, non potrebbono altro più che uccidermi, e questo tra le vostre braccia; di sorte che la mia morte non leverebbe la cattiva opinione in che si troveria la vostra fama. Finalmente io la godetti contra la sua volontà per forza. Ella stracca, vinta e turbata o non potè e non volse dirmi parola. Ed io lasciandola come imbalordita e confusa uscii di lì, e me ne ritornai per l'istesso cammino ch'io era venuto; e venni al contado d'uno amico mio distante otto miglia di quel della signora. Ella mutossi di quel luogo ad altro, e senza ch'io mai la vedessi nè procurassi di vederla, passarono due anni, in fine dei quali seppi lei esser morta. Oggi fa venti giorni, ch'un maggiordomo, che l'aveva servita, m'ha scritto ed avvisato particolarmente, ch'esso aveva a dirmi certa cosa, nella quale andava del mio contento, e onore. Andai da lui, molto lontano da pensar a ciò ch'ei mi disse. Trovaile moribondo, e, per tagliarla corto, brevemente mi raccontò che, morendo la sua signora, ella gli aveva detto quanto a lei con esso meco fosse succeduto: com'era restata gravida dalla forza che le usai, era venuta in pellegrinaggio alla Madonna di Guadalupe, per asconder la sua gravidanza e che in questa casa aveva partorita una bambina, a cui aveva fatto dare il nome di Costanza. Egli mi diede i contrassegni con che la potessi trovare, e furono quelli ch'avete visti della collana e del pergamino. Di più di quello mi diede ancora trentamila scudi d'oro, ch'essa signora sua gli lasciò per la dote della figliuola. Dissemi parimente che il non avermeli rimessi subito che

fu morta la sua padrona, nè dichiaratomi più presto
il segreto ch'ella a lui aveva confidato, n'era stata causa
la sua avarizia, perch'egli voleva valersi di quei denari: ma poichè si vedeva condotto a termine di morte
e sul punto d'andar a dar conto a Dio me gli rimetteva in mano e m'insegnò dove e come io potrei trovare la mia figliuola. Toccai trentamila scudi ed insieme mi furon dati i contrassegni: ed avendo io co-
municato tutto il negozio al signor don Giovanni d'A-
vendagno, ci mettemmo in viaggio per venir a questa
città.

In quello che don Diego finiva il suo ragionamento,
fu udito gridare in su la porta della strada: Dite a
Tomaso Pietro, il garzon della biada, che adesso menano prigione il suo compagno l'Asturiano, e che venga
or ora al carcere, ove lo troverà, che ce l'aspetta. Alle
parole di prigione e di carcere, comandò il podestà
che si facesse venir da lui il prigione e lo sbirro che
lo menava, al quale sbirro, significarono quello che il
podestà aveva comandato, e ch'egli era quivi presente.
Ubbidì il ministro. Aveva il povero Asturiano i denti
mezzi rotti e bagnati di sangue, perch'era stato mal-
trattato, e così stretto fu condotto alla casa del Sivigliano, e nell'entrare in sala conobbe il suo padre e
quello dell'Avendagno. Tutto si sbigottì, e perchè egli
non fosse conosciuto, passandosi pel viso un fazzoletto
se'l cuopriva, come che si nettasse il sangue ond'era
tutto lordo. Volle sapere il podestà che cosa avesse
fatto quel giovine, perchè l'avessero sì mal trattato.
Rispose gli lo sbirro, che quello era un acquaiolo che
si chiamava l'Asturiano, al quale i ragazzi andavano
gridando dietro: dà qua la coda, Asturiano, dà qua la
coda: e in poche parole raccontò per che causa gli
domandavano sì ostinatamente quella coda, di che ebbero tutti assai da ridere. V'aggiunse ancora che, uscendo per il ponte d'Alcantara, importunandolo pur troppo

quei ragazzi in domandargli la coda, era smontato
dall'asino, e menando le mani addosso a tutti, arrivò
uno con una bastonata siffattamente, che mezzo morto
l'aveva disteso in terra: per il che volendo pigliarlo i
ministri della giustizia, lor fece resistenza, e fu da essi
sì malconcio. Gli comandò il podestà che si scoprisse
il viso, ma egli non volendo farlo, lo sbirro gli levò
il moccichino ch'esso teneva sopra, e subito lo conobbe
suo padre, per il che tutto alterato, così gli disse: Figlio don Diego, come, in quell'arnese? che modo di vestire è questo? non hai tu ancora scordato le tue fur-
fanterie? Allora il Carriazo s'inginocchiò a' piedi del
suo padre, il quale colle lagrime agli occhi lo tenne
abbracciato per un buon pezzo. Don Giovanni di Avendagno, il quale aveva saputo che don Tomaso suo figliuolo era venuto con don Diego, gli domandò di lui,
a cui rispose che don Tomaso era il garzone che di-
spensava la biada e la paglia dell'osteria. Ciò che l'A-
sturiano disse, forni di riempire di meraviglia tutti coloro che quivi erano presenti.

Volse il podestà che l'oste facesse venire il garzon
della biada. Credo, rispose l'oste, ch'egli non sia adesso
in casa, ma vado a cercarlo. Domandò don Diego al
figliuolo che trasformazioni erano quelle; e che gli aveva mossi ad esser lui un acquaiolo da portar acqua
per la terra, e don Tomaso un garzone di osteria?
Rispose il Carriazo che non poteva in presenza di tutti
dare quel conto ma che a quattr'occhi potrebbe sod-
disfarvi. Stavasi Tomaso Pietro nascoso nella sua stanza
per vedere di lì ed osservare, senza esser veduto, ciò
che facessero i loro padri. Gli dava da temere la venuta del podestà ed il rumore che si faceva per tutta
quella casa. Fu avvisato l'oste che ivi ascoso stava Tomaso, per il che salì nella camera di dove più per
forza, che di grado fece che discendesse · il che non
era già per voler fare, se il podestà non fosse venuto

in persona, e non l'avesse chiamato del cortile, dicendo: V. S. venga giù, signor parente, che qui non lo stanno aspettando nè orsi nè leoni. Scese Tomaso con occhi bassi e con gran sommissione s'inginocchiò a' piedi di suo padre, il quale l'abbracciò con allegrezza e contento, come un altro prodigo, che perduto stato fosse. In quel mentre giunse il cocchio del podestà per portarlo a casa, poichè il gran caldo non permetteva di ritornarvi a cavallo. E fece esso podestà chiamar Costanza, e pigliandola per la mano, la presentò a suo padre e disse: Pigliate questo pegno, signor don Diego, e stimatelo per il più ricco che possiate desiderare. E voi, bella Costanza, baciate la mano a vostro padre e ringraziate Iddio, il quale con successo sì onorato ha migliorata ed innalzata la bassezza del vostro stato. Costanza che non sapeva, nè s'immaginava ciò che era succeduto, tutta turbata e tremante altro non seppe fare che gittarsi inginocchioni a' piedi di suo padre, baciandogli le mani e bagnandogliele con infinite lagrime. Intanto che questo passava, il podestà aveva persuaso a don Giovanni suo cugino, di venirsene tutti a casa sua con esso lui; e non ostante che si scusassero, furono tanti e sì potenti i prieghi e le persuasioni sue, ch'egli il suo intento ottenne: e così tutti di compagnia entrarono nel cocchio. Ma quando il podestà disse a Costanza che anch'ella v'entrasse, se le inteneri il cuore, ed abbracciandosi strettissimamente con la moglie dell'oste, cominciarono amendue a piangere dirottamente, che facevan venire compassione a tutti quelli che v'erano presenti. Ahi figlia mia (diceva l'ostessa) com'è possibile che te ne vadi, e lasci me che come madre con tanto amore t'ho allevata? Costanza le rispondeva con non men tenere parole, accompagnate d'amaro pianto. Il podestà ch'ebbe compassione di amendue, fece anco entrare nella carrozza la moglie dell'oste, perchè non si allontanasse dalla sua figliuola (poichè per tale la teneva) sin ch'essa da Toledo non si partisse. Or essendo arrivati al palazzo del podestà, vi furono amorevolmente accolti dalla moglie di lui, ch'era garbata gentildonna.

Posersi a mensa, ove furono trattati e regalati lautamente, e finito il mangiare, raccontò a suo padre il Carriazo, come per amor di Costanza don Tomaso s'era fermato a servir in quell'osteria, e che di lei siffattamente s'era innamorato, che senza ch'avesse saputo chi ella fosse, se l'aveva tolta per moglie in quello stato di Fregona. La consorte del podestà vestì Costanza con i panni d'una figliuola, ch'essa aveva di età pari e di statura come Costanza; e s'ella compariva bella con quei da contadina, riluceva come cosa del cielo adornata con quelli da gentildonna. Le stava così bene che si vedeva chiaro ch'era nata di nobil sangue, e pareva che sempre si fosse usata a portar quelli adornamenti, che l'uso arreca. Ma fra tante persone allegre, disgustato e scontento fu don Pietro, il figliuolo del podestà, il quale s'imaginò che senz'altro Costanza non verrebbe ad esser sua, e fu vero, perchè tra il podestà, don Giovanni di Avendagno e don Diego di Carriaz era già stato concertato che don Tomaso sarebbe spos di Costanza, dandole per la sua dote li trentamila scudi che la madre di lei le aveva lasciati. E l'acquaiolo don Diego di Carriazo sarebbe ammogliato con la figliuola del podestà, e don Pietro, figliuolo suo, con una figlia di don Giovanni d'Avendagno: per lo che suo padre s'offeriva e prometteva di ottenere la dispensa a causa della prossimità di parentela. In questo modo tutti restarono contenti e soddisfatti, è la ventura e nuova dell'illustre Fregona si sparse per tutte le bande della città e quantità di gente concorse a vedere Costanza nel nuovo abito, nel quale compariva bene, come abbiam detto. Videro insieme il garzon dalla biada, Tomaso Pietro, mutato in don Tomaso d'Avendagno e rivestito

da gentiluomo: ed osservarono che Lope, Asturiano,
era egli ancora tutto gentile, dopo che sotto altri panni
ebbe lasciato l'asino e le mezzine d'acquaiolo. Con
tutto ciò non mancaron quelli i quali nel più bello della
sua pompa, andando a sposare, gli domandarono la
coda. Per lo spazio d'un mese si fermarono in Toledo,
in fin del quale ritornaronsene a Burgos don Diego di
Carriazo, la sua moglie ed il suo padre. Tomaso, il suo
padre e Costanza sua moglie, ed il figliuolo del podestà che volle ire a vedervi la sua sposa.

Il Sivigliano restò ricco co' mille scudi e con le molte
gioie che Costanza donò alla moglie di lui, la quale
ella chiamava sempre la sua madre e padrona, perchè
l'aveva allevata.

La famosa istoria dell'illustre sguattera diede materia
alli poeti del dorato Tago da esercitar le lor penne in
celebrare ed innalzar con lodi la senza pari bellezza
di Costanza, la quale oggidì vive ancora in compagnia
del buon garzone d'osteria, ed il Carriazo con la sua
moglie e tre figliuoli, i quali senza fare, come fece lor
padre, nè manco pensare se siano nel mondo pesche
di tonni, studiano in Salamanca, ed il lor padre non
così tosto vede un asino da acquaiolo, che gli vien alla
memoria quello ch'ebbe in Toledo, e sta con tema che
quando manco se lo pensi, si abbia da trovare in qualche satira, questo: **dà qua la coda, Asturiano, dà qua
la coda.**

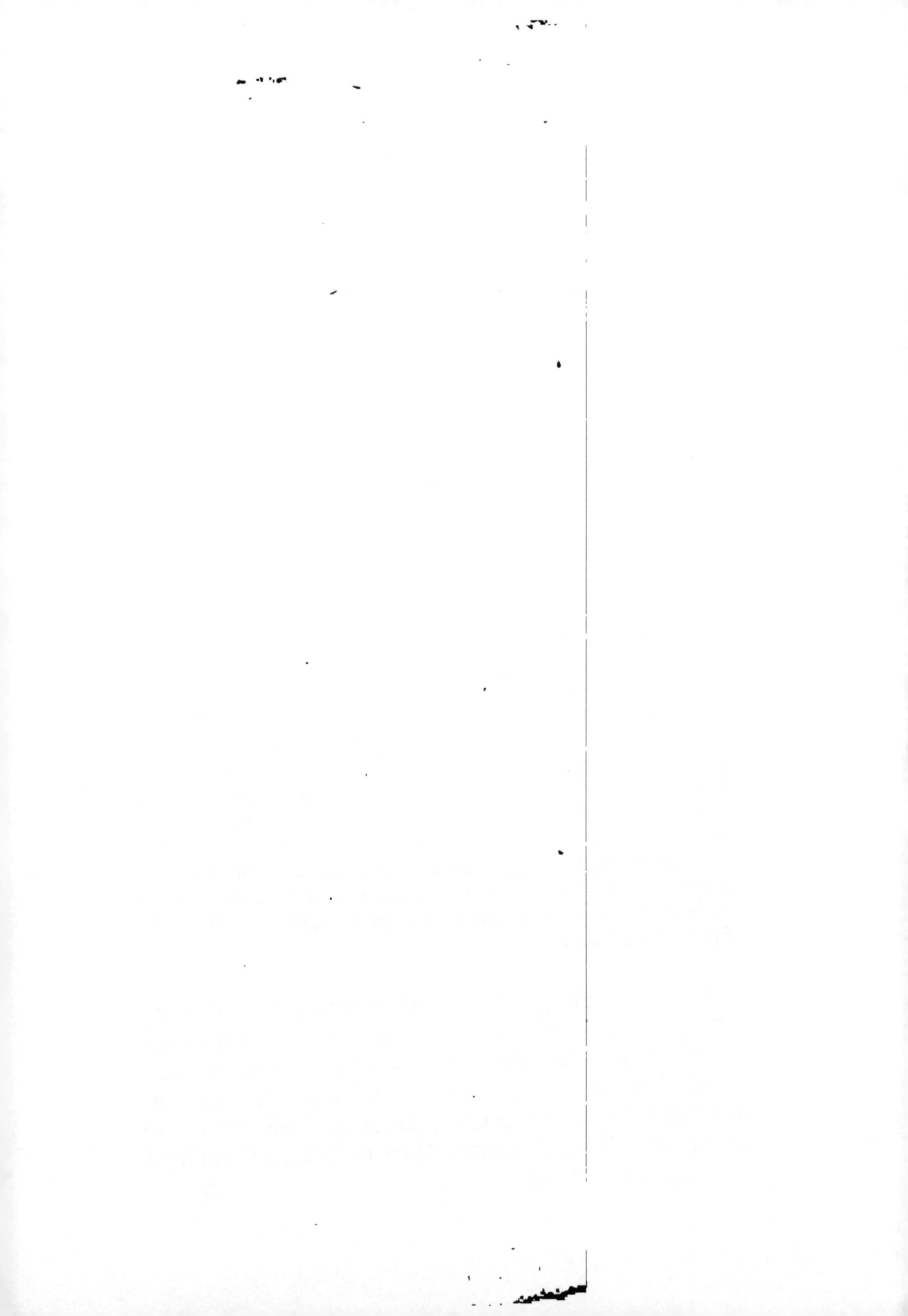

LA ZINGARETTA

—

Novella VIII.

ARGOMENTO.

Costanza figliuola di D. Ferdinando d'Azevedo, cavaliere di Calatrava e di donna Ghiomar di Mesenez, viene ad essere rubata nella sua fanciullezza e menata via da casa del padre da una vecchia zingara. Questa le impone il nome di Preziosa, e come sua nipote l'alleva. In poco tempo ella riesce sì esperta in tutte le sorti di balli e giuochi di mano, ed insieme sì perfettamente bella e graziosa diventa, che chiunque la vede ne resta stupito. S'innamora di lei don Giovanni di Carcamo, e per ottenerla vassene via dalla casa paterna, mentisce l'abito, si fa zingaro e chiamasi Andrea. Egli ammazza un uomo e stando per essere condotto al supplizio, è Preziosa riconosciuta dal padre e dalla madre, i quali lo liberano da quella morte, e con lui la figliuola maritano.

Pare, che i zingari e le zingare non per altro sieno nati al mondo, che per essere ladroni: nascono da genitori ladroni, studiano per farsi gran ladroni, e finalmente riescono sì trincati e perfetti ladroni, che non la perdonano a cosa sacra o profana. Onde la voglia di rubare e l'istesso rubare sono in loro com'accidenti

inseparabili, che dalla sola morte posson esser levati
via. Di questa nazione nacque una zingara, la quale
fatta vecchia, riuscì arcimaestra nella scienza di Caco *
famosissimo capo ladrone. Costei rubò una fanciulla
(come a suo luogo si dirà) e l'allevò con nome di sua
nipote e chiamolla Preziosa. Le insegnò tutti i giuochi
di mano, tutte le furberie e tutti i modi di rubare.
Non solamente in questo riuscì Preziosa senza paragone, ma anche la più isquisita ballatrice che fosse
tra tutte le zingare e la più bella e discreta che trovar si potesse fra quante al mondo, non che le zingare,
avessero fama di belle e discrete. Nè il sole nè i climi
nè qualsivoglia inclemenza d'aria, a che più di nessun
altra sorte di genti son esposti i zingari, non le potettero scolorare il bel viso nè farle arsicce le belle mani. E quello ch'arrecava meraviglia, era che l'educa-
zione grossolana e vile, nella qual era allevata, non
potea mentir in lei, l'essere nata di miglior sangue, e
per più rilevata condizione che di zingara: perciocchè
ella era di gentilissima natura e ben parlante. Da questo nasceva un procedere libero, ma non però in modo
che in lei si scorgesse sorte alcuna di disonestà: anzi
quanto d'ingegno acuto ed accorto, tanto era onesta e
tale, che in sua presenza niuna zingara vecchia o giovane ch'ella si fosse, cantar canzoni lascive osava nè
dir parole brutte e disoneste. E finalmente conosceva
molto bene l'avola sua il tesoro, ch'ella aveva nella
nipote; perlochè, sì come fa l'aquila vecchia, ella
deliberò di cavare dal nido il suo aquilotto, per inse-
gnarli a volare, ed a procacciarsi il vitto co' suoi ar-
tigli. Diventò Preziosa, ricca di villanelle, stanze, ma-
drigaletti e zarabande e d'altre sorti di versi (in Ispagna gli chiamano romanzi) i quali con faceta maniera
e grazia particolare ella cantava. La sua avola scaltra

---

* L'arte del rubare.

ed accorta, comprendendo che tali facezie e grazie,
ne' pochi anni e nella molta bellezza della nipote avevano da essere allettamenti molto accomodati per muovere e tirare a sè gli animi, e per tal via aver maggior guadagno ed accrescer il suo capitale, gliene cercò
e procurò per tutto, dove potette sì che non le man-
carono; perchè sono certi poeti, che s'accomodano
co' zingari e gli vendono l'opre loro: com'ancora vi
sono poeti per i ciechi, i quali nelle sue fingon miracoli e hanno parte al guadagno, poichè vi è di tutto
al mondo: e spesso la necessità conduce sforzatamente
gl'ingegni a far delle cose, che non si trovano in una
carta di cosmografia.

Ora per ritornare a Preziosa, ella fu allevata in diverse parti di Castiglia, e quando giunse all'età di quindici anni, la sua avola putativa la condusse a Madrid,
all'antico albergo suo, ne' campi di santa Barbara, dove
i zingari sogliono abitare, perchè pensava, che nella
corte (ove tutto si vende e tutto si compera) potrebbe
vendere la sua mercatanzia. Fu la prima entrata, che
fece Preziosa nella città il giorno di sant'Anna, pro-
tettrice del luogo, facendo un ballo di otto zingare,
quattro vecchie e quattro giovani, ed insieme un zingaro gran ballerino che le guidava; e quantunque tutte
comparissero pulitamente vestite e ben in arnese, nulladimeno il vago adornamento di Preziosa era tale,
che a poco a poco andava innamorando gli occhi di
quanti la miravano: e fra il risuonare del tamburino
e delle gnaccare * e castagnette, e la fuga del ballo si
levò un rumore, che per bocca di tanti lodava ed innalzava la graziosa sua bellezza, e correvano i ragazzi
a vederla, e gli uomini a mirarla. Ma quando poi l'udi-

---

* Certi ossetti piatti, che le spagnuole s'attaccano alle dita, e
quelli fanno scoppiare l'un contra l'altro, ballando alcuni loro
particolar balli.

roño cantare, dopo finito il ballo, allora si che si accrebbe la fama della leggiadra zingaretta in modo, c'.e di comun consenso de' deputati giudici della festa, subito le fu data la gioia, ch'era il premio per chi meglio ballato avesse. Indi venute alla chiesa di Santa Maria a ballare (come s'usa) davanti l'imagine di sant'Anna, e danzato ch'ebbero tutte, prese Preziosa i suoi sonagli e dando attorno di molti giri con leggerissimi salti, cantò i versi del romanzo seguente.

      * Arbol preciosisimo
      Que tardò en dar fruto
      Años, que pudieron
      Cubrirle de luto,   •

      Y hacer los deseo
      Del consorte puros
      Contra su esperanza
      No muy bien seguros:

      De cuyo tardarse
      Naciò a quel disgusto.
      Que lanzò del Templo
      Al varon mas justo:

      Santa tierra estèril
      Que al cabo produjo
      Toda la abundancia,
      Que sustenta el mundo.

---

* Albero preziosissimo che tardò a portar frutto degli anni che poteva coprirlo di lutto, e fare i puri desiderj del consorte non ben sicuri contro la sua speranza; ritardo del quale ne nacque quel disgusto che cacciò dal Tempio il più santo personaggio; santa terra sterile che alla fin produsse tutta la abbondanza che sostenta il mundo Zecca, ove si fabbricò il conio che diede a

Casa de moneda
Do se forjò el cuño
Que diò a Dios la forma
Que como hombre tuvo:

Madre de una Hija,
En quien quiso, y pudo
Mostrar Dios grandezas
Sobre humano curso:

Por vos, y por ella:
Soys, Ana, refugio,
Do van por remedio
Nuestros infortunios.

En cierta manera
Teneis, no lo dudo,
Sobre el Nieto imperio
Piadoso y iusto.

A ser comunera
Del alcàzar sumo
Fueran mil parientes
Con vos de consuno.

Que Hija! què Nieto?
Y que yerno? al punto,
A ser causa justa,
Cantàrades triunfos.

Dio la forma ch'egli ebbe come uomo. Madre di una figlia in cui Dio volle e potè mostrar grandezze sovra il corso mortale. Per voi e per lei, siete, Anna, il refugio ove ricorrono per rimedio i nostri infortunj: In certo modo voi avete, non ne dubito, un impero pio e giusto sopra il vostro nepote. Essendo comensale del palazzo celeste, mille parenti sarebber con voi perfettamente d'accordo. Che figlia! che nipote! che genero! Voi po-

Pero vos humilde
Fuisteis el estudio,
Donde vuestra Hija
Hizó humildes cursos

Y agora à su lado
A Dios el mas junto
Gozals de la Alteza
Que apenas barranto.

Con tanta grazia cantò Preziosa, ch'ella rapì quanti l'udirono; alcuni dicevano: Dio ti benedica figlia. Altri è peccato, che questa fanciulla sia zingara. Invero, ch'essa meritava d'esser figliuola di qualche gran signore. Altri ancora; lasciate crescere la ragazza, ch'ella saprà far delle sue: Affè, che in lei si va facendo una rete da pescar cuori. Un altro manco spiritoso, più goffo, e di grosso legname, veggendola andar nel ballo si leggiera, le disse: Allegramente; viva l'amore, e pestate la polvere così minuta minutamente. Ed ella, senza lasciare il ballare: Io pure la pesterò ancora più minuta. Il vespro si finì ed insieme la festa di sant'Anna, e restò Preziosa alquanto stracca: però con tanto grido di bella, discreta ed espertissima ballerina, che per tutta la corte, ne' circoli di persone, d'altro che di lei sola non si parlava. Partironsi, e dopo quindici giorni ritornaron a Madrid con altre tre zingarette proviste di sonagli, d'un ballo nuovo e di versi, e canzonette allegre: ma però tutte oneste, perchè mai Preziosa (com'abbiam detto) acconsentiva, che le compagne cantassero canzoni disoneste nè ella ne cantò; il che da molti fu osservato e via più lodato. Per un solo momento non

treste, con buona ragione, cantare i vostri trionfi! Ma umile, foste lo studio ove vostra figlia imparò l'umiltà. E ora al suo lato il più vicino a Dio godete dell'altezza che io mi figuro a fatica.

se ne discostava la vecchia zingara. Era il suo Argo,
temendo, che le fosse rubata o che davanti se le spa-
risse. Chiamavala nipote ed essa se la teneva per avola.
Si misero a ballare all'ombra sulla strada di Toledo,
e di coloro che l'andavano seguitando formossi in
un istante un gran circolo; e mentre ballavano, la vecchia andava attorno domandando limosina; a talchè
grandinavano reali * da otto e da quattro. Da che si
può comprendere, che anco la bellezza ha forza di sve-
gliare la carità addormentata. Finito il ballo, prese a
dire Preziosa: Se mi verrà dato mezzo reale, io sola
voglio cantare un romanzo di quei più belli, fatto per
quando che la regina Margherita, signora nostra, se
n'uscì di palazzo, dopo diparto, di Vagliadolid, e se
n'andò a messa a San Lorenzo. È famosa canzone e
composta da un di quelli che sono chiamati poeti, anzi
ch'è capitano d'essi. Appena questo ebbe detto che
quasi tutti quelli del circolo disser ad alta voce: Canta-
la pure, Preziosa, e per ciascun di noi eccoti il mezzo
reale. Così ricominciarono a grandinare sopra di lei
tanti mezzi reali, che per raccoglierli la vecchia quasi
non bastava. Fatta ch'ebbe la sua raccolta e la sua
vendemmia, cominciò Preziosa a cantar sopra il suo
cembalo :

> Saliò à misa de parida
> La mayor Reina de Europa.
> En el valor, y en el nombre
> Rica y admirabile joya.
> Como los ojos se lleva,
> Se lleva las almas todas
> De cuantos miran, y admiran
> Su devocion y su pompa.

* Un reale di Spagna vale un giullo di Roma.
** Alla messa pel felice parto va la maggior reina d'Europa,
ricco e meraviglioso gioiello per nome e virtù. — Com'ella at-

Y para mostrar, que es parte
Del Cielo en la tierra toda
A un lado lleva el sol de Austria
Al otro la tierna Aurora.

A sus espaldas la sigue
Un lucero, que à deshora
Salió la noche del dia,
Que el cielo, y la tierra lloran.

Y si en el cielo hay estrellas,
Que lucientes carros forman,
En otros carros su cielo
Vivas estrellas adornan.

Aqui el anciano Saturno
La barba pule, y remoza,
Y aunque tardo, va ligero:
Que el placer cura la gota.

El Dios parlero va en lenguas
Lisonjeras, y amorosas,
Y Cupido en cifras varias,
Que rubies, y perlas bordan.

Alli va el furioso Marte
En la persona curiosa
De mas de un gallardo jóven,
Que de su sombra se asombra.

trae tutti gli occhi così ella attrae tutte le anime di coloro che
la guardano e che ammirano la sua divozione e la sua magni-
ficenza. — Per mostrare ch'ella è una parte del cielo sulla terra,
ella conduce dall'un lato il sole d'Austria, dall'altro la tenera
Aurora. — Dietro le va un astro, che apparve a un tratto la notte del giorno in cui piangono il cielo e la terra. — Se nel cielo
v'ha stelle che formano splendidi carri, sovr'altri carri splendide
stelle ornano il suo cielo. — Qui il vecchio Saturno rifà la sua
barba e ringiovanisce; sebben pesante, cammina agilmente, perchè il piacere guarisce la podagra. — Il Dio dell' eloquenza si
mostra nelle lingue lusinghiere ed amorose, e Cupido nelle divise
svariate, e ricamate in perle e in rubini. — Quivi si mostra il
furioso Marte, nella persona elegante di una turba di giovani

Iunto à la casa del Sol
   Va Iùpiter; que no ay cosa
   Dificil à la privanza
   Fundada en prudentes obras.
Va la Luna en las mejillas
   De una, y otra hermana Diosa,
   Venus casta en la belleza
   De las que este cielo forman.
Pequeñuelos Ganimedes
   Cruzan, van, vuelven, y tornan
   Por el cinto tachonado
   De esta Esfera milagrosa.
Y para que todo admire,
   Y todo asombre, no hay cosa
   Que de liberal no pase
   Hasta el extremo de pròdiga.
Milan con sus ricas telas
   Alli va en vista curiosa;
   Las Indias con sus diamantes
   Y Arabia con sus aromas.
Con los mal intencionados
   Va la Envidia mordedora,
   Y la bondad en los pechos
   De la lealtad española

galanti, che hanno paura della propria ombra. — Presso il soggiorno del Sole, si mostra Giove; nor v'ha cosa difficile al favore fondato sulla prudenza delle opere. — La luna si mostra sulle guance di due Dee sorelle, e Venere casta nelle attrattive di quelle che compongono il cielo. — Piccoli Ganimedi, vanno, vengono, girano e rigirano sulla cintura adorna di questa sfera meravigliosa. — Perchè tutto faccia meraviglia e stupore, tutto è sommamente liberale e tocca all'eccesso della prodigalità. — Milano con le sue ricche stoffe vi si mostra rallegrando gli occhi; e le Iudie coi soi diamanti, l'Arabia coi soi profumi. — Nei malintenzionati si mostra la mordace invidia, e la bontà nei cuori della lealtà spagnuola. — L'allegrezza universale, fuggendo il cupo cordoglio, scorrazza per le vie e le piazze, scapigliata e

La alegria universal
  Huyendo de la congoja,
  Calles, y plazas discurre
  Descompuesta y casi loca,
A mil mudas bendiciones
  Abre el silencio la boca
  Y repiten los muchachos
  Lo que los hombres entonan.
Cual, dice: fecunda vid,
  Crece, sube, abraza, y toca
  El olmo felice tuyo,
  Que mil siglos te haga sombra.
Para gloria de ti misma,
  Para bien de España, y honra,
  Para arrimo de la Iglesia,
  Para asombro de Mahoma.
Otra lengua clama, y dice:
  Vivas, ò blanca paloma,
  Que nos has dado por crias
  Aguilas de dos Coronas.
Para ahuyentar de los aires
  Las de rapiña furiosas,
  Para cubrir con sus alas
  A las virtudes medrosas.

___

quasi folle. — Il silenzio apre la bocca a mille lodi mute, e i
fanciulli ripetono quello che gli uomini intonano. — L'uno dice:
« Vita feconda, cresci, innalzati, abbraccia il tuo olmo fortunato,
e possa egli farti ombra per mille secoli. — Per la gloria di te
stessa, pel bene e l'onore della Spagna, per l'appoggio della Chiesa, per lo sgomento di Maometto! » Un'altra voce si alza e dice:
« Vivi, o bianca colomba, che ci hai dato per figliuolini aquile a
due corone. — Affine di cacciar dall'aria i più furiosi uccelli di
rapina, per protegger con le loro ali le timide virtù! » — Un'altra voce più discreta e più grave, più arguta e più accorta, dice, diffondendo l'allegria dagli occhi dalla bocca: « Questa perla
che tu ci hai dato o madreperla d'Austria, quella unica perla,
quante trame sventa, quanti malvagi disegni interrompe! —

Otra mas discreta, y grave,
  Mas aguda, y mas curiosa,
  Dice, vertiendo alegria
  Por los ojos y la boca,
Esta perla que nos diste.
  Nàcar de Austria, ùnica y sola,
  Què de màquinas que rompe!
  Què de disignios que corta!
Què de esperanzas que infunde!
  Què de deseos malogra!
  Què de temores aumenta!
  Què de preñados aborta!
En esto se llegò al templo
  Del Fènix santo, que en Roma
  Fuè abrasado, y siempre vive
  En la fama y en la gloria.
A la imàgen de la vida
  A la del Cielo Señora:
  A la que por ser humilde
  Las estrellas pisa agora.
A la madre, y Virgen junto,
  A la Hija y à la Esposa
  De Dios, hincada de hinojos
  Margarita asì razona.

quante speranze spande! quanti desiderii sconcerta! quanti spaventi inspira! quanti segreti tranelli fa andar male! » Intanto la regina arriva al tempio della Fenice, santa che fu arsa in Roma, ma vive eternamente nella fama e gloria celeste. — Ella si avvicina alla imagine della vita della Regina del cielo, a quella che, per essere stata umile, calpesta ora le stelle. — A quella ch'è madre e Vergine insieme, alla figlia e alla sposa di Dio, Margherita, in ginocchio parla così: « Quello che tu mi hai dato, io ti do, mano sempre liberale, talchè, se il tuo favore manca riman solo la miseria. — Io ti offro, Vergine adorabile, le primizie de' miei frutti, quali si siano; ricevili, volgi loro il tuo guardo, il tuo appoggio, la tua grazia. — Io ti raccomando il loro padre, che, Atlante umano, piega sotto il peso di tanti re-

Lo que me has dado te doy,
  Mano siempre dadivosa,
  Que à do falta el favor tuyo.
  Siempre la miseria sobra.
Las primicias de mis frutos
  Té ofrézco, Virgen hermosa,
  Tales quales son las mira,
  Recibe, ampara, y mejora.
A su padre te encomiendo,
  Que humano Atlante se encorva
  Al peso de tantos Reynos,
  Y de climas tan remotos,
Sè que el corazon del Rey
  En las manos de Dios mora,
  Y sè que puedes con Dios
  Cuanto pidieres piadosa.
Acabada esta oracion,
  Otra semejante entonan
  Himnos, y voces, que muestran,
  Que està en el suelo la gloria.
Acabados los officios
  Con reales ceremonias,
  Volviò à su punto este cielo,
  Y Esfera maravillosa.

Appena finiva Preziosa la sua canzone, quando dall'illustre auditorio e grave senato, che stava ascoltando di molte voci formossi una sola che disse: Torna, torna a cantare Preziosetta, che non mancheranno reali. Più di dugento persone stavano mirando il ballo, e ad udire il canto delle zingare, quando che nella fuga

gni e di regioni tanto lontane. — Io so che il cuore del re riposa nelle mani di Dio, e so che tu puoi con Dio tutto quello che gli dimandi piamente. » Finita questa orazione voci ed inni ne intonano un'altra, che mostra che la sua gloria è sulla terra. — Finiti gli uffici divini con reali cerimonie, questo cielo torna al suo posto con la sua mirabile sfera.

d'esso s'abbattè a passar per là uno dei luogotenenti della terra, il qual veggendo tanta gente insieme, domandò perchè: fugli risposto che stavan ad udire la bella zingaretta. S'accostò il luogotenente, ch'era alquanto curioso e per un pezzetto di tempo stette anch'egli a sentire; ma per non fare contra la sua gravità, non volle udire sino al fine della canzone. Puro, essendogli parsa molto gentile la zingaretta e graziosa, comandò ad un suo paggio che andasse a dire alla zingara vecchia che in sul far della notte ella venisse a casa sua insieme con la zingaretta, perchè egli voleva, che donna Chiara sua consorte, la vedesse e la sentisse. Tanto fece il paggio, al quale rispose la vecchia che v'anderebbe. Finirono il ballo ed il cantare le zingare, e mutarono il luogo. In quell'istante appressossi a Preziosa un giovinetto benissimo vestito e dandole una carta piegata disse: Canta, Preziosetta i versi scritti in questo foglio, che sono molto buoni ed io darotti degli altri di quando in quando, coi quali t'acquisterai il vanto della migliore cantatrice del mondo. Io, rispose Preziosa, gl'imparerò volontierissimo: ma avvertite signore che non mi lasciate digiuna con l'acqua in bocca de' versi che mi promettete: però con questa condizione che siano onesti. E se volete ch'io ve li paghi, accordiamoci a dozzina, cioè dozzina cantata, dozzina pagata; perchè se pensate ch'io gli abbi da pagare innanzi tratto, è pensar l'impossibile. Almen per carta se vi piace, le disse il giovinetto, sono contento che mi si paghino; e di più la canzone che non fosse onesta. voglio che non entri in conto. Ma a me tocchi l'eleggerle, rispose Preziosa. Con questo camminaron avanti per la contrada, ove da una bassa finestra inferriata. furon da gentiluomini le zingare chiamate. S'accostò Preziosa a quella ferriata, e vide in una sala signorilmente addobbata pur assai gentiluomini. spasseggiando gli uni, ed a vari giuochi giuocando gli

altri. Volete voi signori, quelli che vincono, disse Preziosa, darmi la mancia? e come zingara parlava un
poco balbuttendo (che questo in loro è artificio più che
natura), alla cui voce e nel mirarla in faccia quelli
che stavan a giuocare, lasciareno il giuoco ed i passeg-
gianti il passeggiare e concorsero tutti alla inferriata
a veder quella, di cui per fama di già avevano notizia. Entrino dissero, entrino qua le zingarette, che noi
lor daremo la mancia. Caro ci costerebbe quella, rispose Preziosa, se me venisse usato atto contra all'onesto. No figlia, affè di gentiluomo e cavaliere, disse
uno, tu puoi entrar sicura che nessuno ti toccherà nè
anche la punta della scarpa. No, per questa croce ch'io
porto sopra il petto, ed era quella una di Calatrava.
Se tu hai voglia d'entrarvi Preziosa (disse una delle
tre zingarette ch'erano con esso lei), entra in buon'ora
ch'io per me non voglio entrare dove sono tanti uomini.
Avvertisci Cristina (che questo era il nome della timida zingaretta), le disse Preziosa, che sola da un uomo solo ed in luogo secreto hai da guardarti, e non
da molti insieme: imperocchè l'esser assai, scaccia la
temenza d'esser offese. E sappi Cristinetta e sii certa,
che se la donna determina di essere da bene, può
esser tale anche se fosse in mezzo d'un esercito. Egli
è ben vero che si deve fuggire l'occasioni, le secrete
però e non le pubbliche. Entriamo dunque Prezios-,
disse Cristina, che tu sai più che non sa un filosofo.
Lor fece animo la vecchia zingara ed esse entrarono.
Al primo passo che fece Preziosa all'entrar nella sala;
il cavaliere dell'abito vide la carta ch'ella si aveva in
seno ed accostandosele con gentil maniera, quella le
tolse. A cui disse la zingaretta: Deh sig. cavaliere, ren-
detemela, ve ne prego, che sono versi che or ora mi
vengon dati e non gli ho ancora letti. E sai tu leggere figliuola? disse un altro: ed anco scrivere, risposegli la vecchia, che questa mia nipote l'ho allevata

come se fosse figliuola d'un dottore. Il cavaliere aprì
la carta e vide ch'uno scudo d'oro vi era dentro e
disse: Invero Preziosa, che questa lettera porta seco il
suo porto, to' piglialo. Basta, disse la zingaretta, che
m'ha trattata da poveretta il poeta. Ma è maggior miracolo, che un poeta mi dia uno scudo ch'io riceverlo. Se
con simile aggiunta m'hanno da venire i suoi versi,
ch'egli copii pure la raccolta di tutti i versi e me gli
mandi a foglio a foglio, ch'io lor toccherò il polso e
se saranno duri, sarò tenera ed umile nel ricevergli.
Con istupore restaron quelli ch'udirono la zingaretta
sì della sua accortezza, come della grazia, con che parlava. Leggete signor cavaliere, diceva ella, leggete forte
e vedremo se quel poeta è tanto valente nell'arte quanto
è liberale. Allora il cavaliere lesse i versi ed eran i
seguenti

> Gitanica que de hermosa
>   Te pueden dar parabienes
>   Por lo que de piedra tienes,
>   Te llama el mundo Preciosa.
> De èsta verdad me asegura
>   Esto, como en ti veràs,
>   Que no se apartan jamas
>   La esquivez y la hermosura.
> Si como en valor subido
>   Vas creciendo en arrogancia,
>   No le arriendo la ganancia
>   A la edad en que has nacido.

* Giovane zingara, che puoi esser salutata col nome di bella
per la tua conformità con la pietra, la gente ti chiama Preziosa.
= Questa verità si conferma perciò, come tu vedrai l'esperienza
in te medesima, che alterezza e beltà non si scompagnano mai.
= Se tu continui a crescere in arroganza come in attrattive e in
valore, io non sto più mallevadore del secolo in cui sei nata. —
Perchè in te s'alleva un basilisco, che uccide con lo sguardo, e si

Que un Basilisco se cria
  En ti, que mata mirando,
  Y un Imperio, que aunque blando
  Nos parezca tirania.
Entre pobres, y aduares,
  Còmo naciò tal belleza?
  O còmo criò tal pieza
  El humilde Manzanares?
Por esto serà famoso
  Al par del Tajo dorado,
  Y por Preciosa preciado
  Mas que el Ganges caudaloso.
Dices la buenaventura,
  Y das la mala con tino;
  Que no van por un camino
  Tu intencion y tu hermosura.
Porque en el peligro fuerte
  De mirarte, ò contemplarte,
  Tu intention va à desculparte,
  Y tu hermosura à dar muerte.
Dicen que son hechiceras
  Todas las de tu nacion,
  Pero tus hechizos son
  De mas fuerzas, y mas veras.

fonda un impero, il quale, avvegnachè soave, ci sembra tirannide.
— Tra poveri e orde erranti in che maniera è nata una tal bellezza? In che màniera l'umile Manzanare ha prodotto un tal capo
d'opera? — Per cui egli sarà famoso al paro dell'aureo Tago, e
mercè di Preziosa, stimato più che il Gange dalle profonde acque.
= Tu dici la buona ventura e tu la dài sempre cattiva, perchè
la tua intenzione e la tua bellezza non vanno per la medesima via.
— Di fatti nel pericolo imminente che si corre a vederti, a con-
templarti, la tua intenzione si volge a scolparti e la tua bellezza a dar la morte. — Dicono che tutte le donne della tua nazione siano streghe, ma i tuoi sortilegi sono più gagliardi e più
reali. — Imperocchè, per riportar le spoglie di tutti coloro che
ti vedono, o giovane, tu fai che i tuoi incanti siano ne' tuoi occhi

Pues por lleuar los despojos
De todos cuantos te ven,
Hazes, ò niñal que estèn
Tus hechizos en tus ojos.
En sus fuerza fe adelantas,
Pues bailando nos admiras;
Y nos matas, si nos miras,
Y nos encantas, si cantas.
De cien mil mòdos hechizas,
Hables, calles, cantes, mires,
O te acerques, ò retires,
El fuego de Amor atizas.
Sobre el mas ex ento pecho
Tienes mando y señorio,
De lo que es testigo el mio
De tu Imperio satisfecho.
Preciosa joya de amor,
Esto humildemente escribe
El que por ti muere y vive,
Pobre, aunque humilde amador.

L'ultimo verso, disse allora Preziosa, finisce in povero? cattivo segno. Mai gl'innamorati debbono dire
che sieno poveri: perchè mi pare, che ne'principj la
povertà sia molto nemica dell'amore. Chi t'insegna queste cose arpietta? disse uno. Chi me le ha da insegnare?
rispose Preziosa. Non ho io anima in corpo? Non ho io

— Tu avanzi tutte le altre con la potenza de' tuoi; perchè tu ci
fai stupire se tu balli, tu ci uccidi se ci guardi, tu c'incanti se
tu canti. — Tu ammalii in cento mila modi; o tu parli o tu taccia,
o tu canti o tu guardi, o t'approssimi o t'allontani, tu attizzi il
fuoco dell'amore. — Tu estendi il tuo potere e la tua signoria
sul cuore più indipendente; lo dica il mio, che si sottopone senza
rincrescimento al tuo impero. — Prezioso gioiello d'amore, ecco
quanto ti scrive umilmente colui che muore per te e vive povero,
sebbene umile adoratore.

già quindici anni; e non sono monca nè tronca nè scema di cervello. Gl'ingegni delle zingare seguono un'altra
stella od altro polo che quelli dell'altre genti; sempre
passano avanti ai loro anni. Non vi ha zingaro sciocco
nè zingara balorda; perciocchè consistendo il sostentare la sua vita in essere acuti, astuti e ingannatori, si smoccolano ed assottigliano l'ingegno ad ogni passo, che non gli lasciano venir la muffa sopra in nessuna maniera. Vedete signori, queste zitelle mie compagne, che tacciono e paiono scimunite, mettete lor un
poco il dito in bocca e toccate lor i denti mascellari, e
vedrete ciò che sapranno fare. Non vi è zingaretta di
dieci anni, che non sappia quanto altre non zingare a
venticinque, perchè hanno per maestri e precettori il
diavolo e l'uso, che loro insegnano in un'ora, quelle
che appena altra sorte di femmine potrebbe imparare in
un anno. Con questo, che la zingaretta diceva, ella teneva sospesi gli ascoltanti e quelli che giuocavano,
le diedero la buona mano, e quegli ancora che non
giuocavano. Raccolse la vecchia trenta reali, e più ricca
ed allegra ch'una fiorita primavera, si mise davanti le
sue pecorelle, e così se n'andò a casa del signor luogotenente, avendo promesso a quei liberali signori, che
il giorno seguente ritornerebbe col suo gregge a trattenergli e darli spasso.

Già era stata avvisata la signora donna Chiara, moglie
del signor luogotenente, ch'avevano da venire a casa sua
le zingarette, e quelle stava aspettando (come il terren
asciutto aspetta la rugiada di maggio) e con esso lei
le sue donzelle e donne e quelle di un'altra gentildonna
sua vicina, che tutte s'erano adunate per veder Preziosa. Appena furono entrate le zingarette, che fra di
quelle risplendette Preziosa, come risplende un torchio
acceso fra il lume di candelette, e così tutte concorsero
da lei, alcune l'abbracciavano ed altre l'ammiravano,
queste benedicendola, quelle lodandola. Donna Chiara

ceva: Questa sì, che si può dire chioma d'oro, Questi sì, che sono occhi di smeraldo. Poi la signora sua vicina a parte a parte la mirava, quasi facendo con la vista, anatomia da capo a piedi di tutte le sue membra e congiunture. E venendo a lodare una fossettina, che Preziosa nel mento aveva: Ohimè! che bella fossettina: quanti occhi e quanti la mireranno, hanno da inciampare in questa fossettina! Udendo questo uno scudiere da braccio, uomo di lunga barba e di molti anni, che quivi era, e che soleva accompagnare la signora donna Chiara disse: Quello chiama vostra signoria fossettina? Od io poco m'intendo di fossettine o buchi, o mi pare che ciò non altrimenti sia fossettina, ma sepoltura di desiderj vivi. Invero tanto è bellina la zingaretta, che s'ella fosse fatta d'argento o di scorza di cedro confetto non potrebbe esser migliore. Sai tu, puttina mia, dire la buona ventura? Sì, la so dire di tre o quattro maniere rispose Preziosa. Anco questo di più? disse donna Chiara: Per vita del luogotenente mio signore, che voglio che tu me la dica puttina mia d'oro, puttina d'argento, puttina di perle, puttina di carbonchi, e puttina del cielo, ch'è il più che io possa dire. Date, date la mano alla puttina, e con che da fare la croce, disse la vecchia zingara, e vedrete per le cose che vi dirà, ch'ella sa più che non sa un dottore in medicina. Allora la signora luogotenente mise mano nella saccoccia, ma non vi trovò pur una moneta. Dimandò un quarto di reale alle sue cameriere, ma nessuna l'aveva; nè tampoco la gentildonna sua vicina. Il che veggendo Preziosa, disse: Tutte le croci, in quanto sono croci, sono buone: ma quelle d'oro o d'argento sono migliori: Ed il fare la croce sopra la palma della mano con moneta di rame sappiano le signorie vostre, che sminuisce la buona ventura e sopra tutto la mia; onde sono affezionata al far la croce prima con qualche scudo d'oro o con qualche real da otto od almeno da quattro, per-

ciocchè io sono come i medici, che quando lor viene
data buona offerta si rallegrano.

Tu sei faceta, cara mia puttina, disse la signora vicina, e voltandosi allo scudiere: Voi signor Contrera,
avreste per sorte addosso qualche real da quattro? da-
temelo, che come venga il dottor mio marito, io vel
renderò. L'ho, rispose Contrera, ma l'ho lasciato in
pegno per ventidue maravedis, che spesi a cena iersera.
Vostra signoria me gli dia, ch'anderò a riscuoterlo volando. Non abbiamo fra tutte un quattrino, soggiunse
donna Chiara, e ci domandate ventidue maravedis?
Orsù, andate Contrera, che sempre foste impertinente.
Una di quelle femmine ch'erano presenti, vedendo la
sterilità della casa, disse a Preziosa: Ninna, farà al
proposito, che si faccia la croce con un ditale d'argento? Anzi, rispose Preziosa, si fanno le croci con
ditali d'argento le migliori del mondo, se quelli sono
molti. Honne qui uno soggiunse la donzella; se quello
basta, eccolo: ma con patto, che a me ancora si abbia
da dire la buona ventura. Per un ditale, disse la vecchia
zingara, tante buone venture? Nipote, finiscila presto,
chè si fa notte. Preziosa prese il ditale e la mano della
signora luogotenente e disse.

> * Hermosita, hermosita
>   Las de la manos de plata,
>   Mas te quiere tu marido,
>   Que al Rey de las Alpujarras.
> Eres paloma sin hiel;
>   Pero à vezes eres brava,
>   Como Leona de Oran
>   O còmo Tigre de Ocañı.

---

* Bella, bella dalle mani d'argento, tuo marito ti ama più che
il re dell'Alpuxarres. — Tu sei una colomba senza fiele; ma ta-
lora tu diventi terribile come una lionessa di Orano od una tigre

Pero en un tras, en un tris
   El enojo se te pasa;
   Y quedas como alfeñique,
   O como cordera mansa.
Riñes mucho, y comes poco,
   Algo zelosita andas,
   Que es jugueton el teniente,
   Y quiere arrimar la vara.
Cuando doncella te quiso,
   Uno de una buena cara....
   Que mal ayan los terceros
   Que los gustos desbaratan.
Si à dicha tu fueras Monja,
   Hoy tu Convento mandaras,
   Porque tienes de Abadesa
   Mas de cuatrocientas rayas.
No te lo quieto dezir,
   Pero poco importa, vaya,
   Enviudaràs otra vez,
   Y otras dos seràs casada.
No llores, Señora mia;
   Que no siempre las Gitanas
   Decimos el Evangelio,
   No llores, Señora acaba,

d'Ocana (città della Manica, non lontana da Madrid — per Ircania). — Ma in un áttimo, la tua ira passa; e tu torni come cera o come una dolce agnellina. — Tu bisticci troppo e mangi poco; tu ti mostri talvolta alquanto gelosa, perchè il luogotenente è burlero, e gli piace deporre la sua verga magistrale. — Quando tu eri damigella, un bel giovane t'amò; maledetti i mediatori che turbano le inclinazioni! — Se per caso tu fossi stata monaca, tu comanderesti al presente nel tuo convento, perchè tu hai più di quattrocento qualità di una badessa. — Io non vorrei dirtelo, ma non importa, usciamone : tu diverrai vedova un'altra volta, e due altre volte ti rimariterai. — Non piangere, signora, perchè noi altri zingari, non diciamo sempre il vangelo. Eh via, signora non piangere. — Basta che tu muora prima del signor luogotenente,

Còmo te mueras primero
　　Que el Señor teniente, basta
　　Para remedias el daño
　　De la viudez que amenaza.
Has de heredar, y muy presto
　　Hacienda en mucha abundancia,
　　Tendràs un hijo Canonigo
　　La Yglesia no se señala,
De Toledo no es possible:
　　Una hija rubia, y blanca
　　Tendràs, que, si es Religiosa,
　　Tambien vendrà à ser prelada.
Si tu Esposo no se muere
　　Dentro de cuatro Semanas,
　　Veràsle Corregidor
　　De Burgos, ò Salamanca.
Un lunar tienes: que lindo!
　　Ay, Jesus, que Luna clara!
　　Què Sol, que allà en las Antipodas
　　Escures valles aclara.
Mas de dos ciegos por verle
　　Dieran mas de cuatro blancas:
　　Agora si es la risica;
　　Ay, que bien haya esa gracia!
Guàrdate de las caidas,
　　Principalmente de espaldas,
　　Que suelen ser peligrosas
　　En las principales Damas.

ed eviterai i mali della vedovanza che ti minaccia. — Tu eredi-
terai presto abbondevoli ricchezze. Avrai un figlio canonico, non
so in quale chiesa; — ma non già in Toledo; è impossibile. Tu
avrai una figlia bionda e bianca, e, se si fa monaca, diventerà
pure abadessa. — Se tuo marito non muore dentro quattro set-
timane lo vedrai corregidore di Burgos o di Salamanca. — Tu hai
una voglia (*voglia* in Spagna *lunar*) ah! che bella cosa! Gesù;
che luna brillante! qual sole, che laggiù, agli Antipodi, illu-

Cosas hay mas que decirte,
Si para el viernes me aguardas
Las oiràs, que son de gusto,
Y algunas hay de desgracias.

Finì Preziosa di dire quella buona ventura, e con essa accese il desiderio di tutte le circostanti a voler sapere ciascuna la sua, e così la pregarono dirla loro: ma ciò ella rimise per l'altro giorno: avendole esse promesso che avrebbono reali d'argento da fare le croci. In questo mentre venne il signor luogotenente, a cui raccontarono meraviglie della zingaretta. Egli la fece ballare un poco, e confermò per vere le lodi che meritamente le avevano date, e mettendo mano alla tasca, fece segno di volerle dar qualche cosa: ma avendola ben cercata e scossa, al fine cavonne la mano vuota, e disse: Affè di gentiluomo, che non ho denari addosso. Date, voi donna Chiara un reale a Preziosetta, ch'io poi ve lo renderò. Buona per certo, signore, appunto sì, che ci burlate: non abbiam avuto fra tutte noi un quattrino per farci fare il segno della croce, e volete ch'abbiamo un reale? Datele dunque, disse egli, qualche vostro collaro alla vallona, o qualch'altra cosetta, che un'altra volta tornerà Preziosa a rivederci e la regaleremo meglio. Al che rispose donna Chiara: Anzi, acciocchè venga, io non voglio per ora alcuna cosa darle. Anzi, disse Preziosa, se adesso non mi darete nulla, mai più ritornerò qua; perchè in ogni modo se verrò a servire sì principali signori, sarò sicura, che cosa alcuna non mi daranno, e così m'avranno sottratta alla

mina le oscure valli. — Per vederlo, più di due ciechi darebbero più di quattro bianchi! Ora sì è il caso di ridere! ah! quanto questa uscita è graziosa! = Guardati dal cadere. specialmente supina; queste cadute sogliono essere pericolose per le dame di qualità. — V'è altro da dirti; se m'aspetti il venerdì, lo saprai : sono assai piacevoli ma alcune annunziano disgrazie.

fatica di aspettarla. Uncinate, signor luogotenente, uncinate, se volete che mai vi manchino i denari, e non
introducete usanze nuove, che vi morirete di fame.
Guardate signore, che per dove io sono stata, ho sentito dire (e se ben son giovinetta, giudico che male)
che dagli uffiçj si ha da cavare denari, come che sia,
per pagar le condanne delle residenze, e per poter salire ad altri carichi. Così dicono e sanno, disse il luogotenente, quelli ch'hanno cattiva la coscienza, ma il
giudice ch'avrà rettamente amministrata la giustizia,
non temerà che, se gli faccia pagare alcun fio: e l'essersi portato bene nel suo uffizio, sarà l'intercessore
ed il mallevadore, che faranno per lui, acciò di un altro sia provisto. Voi parlate, signore da uomo santo,
soggiunse Preziosa, accostiamoceli e tagliamoli della veste, e la serberemo per reliquia. Tu sai molto, Preziosa,
disse il luogotenente, lascia la cura a me, che voglio
procurare ed operare, che le maestà del re e della
regina ti veggano, perchè tu sei cosa da re. Forse
che mi vorranno per buffona, disse Preziosa, e non
saprò l'arte: onde resterei ingannata di poter riuscire
con mio vantaggio. Se mi volessero per discreta, pur
a questo mi lascerei tirare; ancorchè in alcune corti
più avanzano i buffoni che i discreti. Vivo contenta
nel mio stato di zingara e povera; e corra la sorte per
dove vorrà il cielo. Orsù figlia, disse la zingara vecchia, non parlar più, che hai parlato troppo, e sai più
di quello ch'io t'ho insegnato: non ti assottigliare
tanto che tu ti spunterai. Parla di quello che permet-
tono i tuoi anni, e non voler volar tant'alto, che troppa
altezza minaccia la caduta.

Queste zingare, disse allora il luogotenente, hanno
il diavolo nel corpo e sanno più di lui. Elleno presero
commiato, e nel partirsi disse la donzella del ditale: Preziosa, dimmi la buona ventura o rendimi il mio ditale; ch'altro non ho che quello da lavorare. Signora

donzella, rispose Preziosa, fa conto ch'io te l'abbia detta, e provediti d'altro ditale o non far alcun lavoro sin a venerdì, ch'io tornerò e dirotti più venture ed avventure, che non ve ne sono in un libro di cavalleria.

Partironsi e si accompagnarono con molte contadine, che all'ora dell'Ave Maria sogliono uscire di Madrid per ritornare alle lor ville, (e con quelle sempre si accompagnano le zingare e vanno sicure) perchè la zingara vecchia viveva in continuo timore, che la sua Preziosa le venisse rubata.

Ora occorse che la mattina ch'esse tornavano a Madrid a procacciarsi l'elemosina, videro insieme con l'altre zingarette in una picciola valle fuor di strada, distante dalla città in circa cinquecento passi, un giovine gagliardo, nobilmente vestito da campagna, con la spada e la daga che brillavano d'oro: il cappello adornato con un ricco cordone di scintillo, e con piume vistose di vari colori. A prima vista le zingare si fermarono e stettero a rimirarlo per un buon pezzo, maravigliate che a tal'ora un si bel giovane fosse in tal luogo a piedi e solo.

Egli si accostò a loro, e parlando con la zingara vecchia le disse: Per vita vostra, madre, fatemi un piacere, uditemi voi e Preziosa qui in disparte due parole che vi saranno di profitto. Purchè, rispose la vecchia, non ci discostiamo molto e non tardiamo troppo, sia in buon'ora, ch'io mi contento. E chiamando Preziosa si allontanarono dalle altre circa venti passi, e così in piedi come si trovavano, il giovine lor disse: Io mi confesso talmente vinto dalla discrezione e bellezza di Preziosa, che dopo aver fatto ogni resistenza possibile per non giungere a questo passo, alla fine sono restato più che mai vinto e avvinto, e con manco forze da potervi resistere.

Io, signore mie (che sempre ho da darvi questo nome se il cielo favorirà la mia pretensione), sono cava-

liere, come lo può mostrare questa croce (e così dicendo allargò il ferraiuolo e scopri quella ch'ei portava
sul petto, ed era una delle più onorate di Spagna), e
son figliuolo d' un signore, il cui nome per buon rispetto io devo qui tacere; sto sotto la sua ubbidienza
e protezione: sono figliuolo unico, e che aspetta di suc-
cedere ad uno più che mediocre patrimonio. Mio padre
sta qui in corte, dove pretende un carico, e già se ne
è consultato, ed egli tiene quasi certa speranza di
conseguirlo. E benchè io sia della qualità e nobiltà che
vi ho detto, e di quella che presso a poco già potete
comprendere, con tutto ciò vorrei essere un gran signore per innalzar al pari della mia grandezza l'umil
bassezza di Preziosa facendola mia eguale, anzi la mia
unica signora. Io non la desidero per burlarla, nem-
meno nella sincerità dell' amore che io le porto può
essere frammescolata, nè capire sorte alcuna di burla;
solo vorrei servirla nel modo e nella maniera che più
si confacesse al suo gusto; perchè la sua volontà ha
da esser legge alla mia. Con lei è di cera il mio cuore,
nel quale ella potrà imprimere tutto quel che sarà di
suo piacere: però per conservarlo e guardarlo non sarà
come impresso in cera, ma come scolpito in marmo,
la cui durezza alla durata dei tempi si oppone. Se cre-
derete questa verità non si smarrirà la mia speranza;
ma se non mi credete, sempre mi terrà con timore il
vostro dubbio. Il mio nome è questo, e glielo disse;
quello di mio padre già ve l' ho detto: la casa dove
abita è nella strada, ed ha i segni che vi dirò e vi sono
vicini, dai quali potrete informarvi di quanto vi ho
detto, ed anco lo potrete sapere da quelli che non vi
stanno vicino; perchè non sono tanto oscuri la qualità ed il nome di mio padre ed il mio, che non siene
noti per tutto il palazzo, ed a tutti quelli di corte. Qui
tengo meco cento scudi d'oro per darvi per caparra di
quello più che ho in animo di darvi; perchè non deve

ricusare di dar la roba colui che dà il suo cuore. Mentre che il cavaliere di questo diceva, miravalo Preziosa attentamente, e senza dubbio non le parevan se non buone le sue ragioni e la sua presenza e nobili maniere, e rivoltasi alla vecchia le disse: Perdonatemi avola, s'io mi prendo licenza di rispondere a questo tanto innamorato signore. Rispondi pur nipote quello che vuoi, disse la vecchia, che so che hai giudizio e discrezione in ogni cosa.

Io, signor cavaliere, disse Preziosa, benchè sia zingara, povera e bassamente nata, tengo qui dentro in questo corpo un certo spiritello fantastico, che a cose grandi m'innalza. Mai da promesse mi lascio muovere, nè corrompere da donativi, nè mi ponno piegare le sommissioni, nè mi mettono paura nè in confusione gli stratagemmi d'innamorati; e sebben non arrivo che a quindici anni, i quali avrò secondo il conto della mia avola questo prossimo san Michele, sono ormai fatta vecchia nei pensieri, e so giudicare più oltre di ciò che la mia età permette, e questo più per buona mia natura che per esperienza. Però, o che quella o questa me l'abbia insegnato, io so che le amorose passioni negli innamorati novelli sono come impeti indiscreti, che fanno traviare la volontà dalla retta ragione, la quale non stimando inconvenienti, inavvedutamente si precipita dietro ai suoi desiderj, e credendo di giungere alla bramata gloria degli occhi suoi, viene a cadere nell'inferno dei suoi tormenti. E s'ella conseguisce quello che desidera, menoma il desiderio con la possessione della cosa desiderata, e forse anco aprendo allora gli occhi dell'intelletto, vede esser bene che abborrisca ciò che per innanzi tanto da lei amato era. Questo timore mi fa star sull'avviso di modo tale che niuna parola credo e di molte opere dubito. Una sola gioia io tengo che più della propria vita stimo, ed è questa la mia purità e verginità; e non l'ho da ven-

dere a prezzo di promesse e donativi ; perchè al fine
per qualunque si fosse cosa ch'ella fosse venduta (se
può essere comprata) sarebbe prezzo di molto poca
stima. Nè astuzie, nè inganni me la torranno; anzi io
penso di voler ch' essa venga meco alla sepoltura, e
forse al cielo, che porla in pericolo, che chimere e fan-
tasie insognate l'insultino e le facciano violenza. È fiore
quello della virginità che, s'è possibile, nè anche con
la immaginazione non si deve lasciar offendere. Spic-
cata la rosa dal rosaio, con che brevità e facilità diventa
vizza e secca! Questi la tocca, quello l'annasa, quell'altro la sfoglia, e finalmente fra rustiche mani si disface.
Se tu, signore, vieni solamente per questa gioia, cer-
tissimo non l'avrai, se non legata con legature e lacci
del matrimonio ; imperocchè se la virginità si ha da
sottoporre, non ad altro lo devè fare che a questo santo
giogo; ed allora non è perduta, ma impiegata in fiera
tale che promette onore e felici guadagni. Se tu vuoi
esser mio sposo io sarò la tua sposa ; ma hanno da
precedere molte condizioni e prove. Per la prima voglio sapere se sei quello che dici, e trovando io esser
questo verità, allora avrai da lasciare la casa di tuo
padre, e cambiar quella per i nostri alberghi o capanne, e prendendo abito da zingaro, avrai da stare a noviziato due anni nelle nostre scuole, in capo del qual
tempo io vedrò se la tua condizione mi potrà soddisfare,
e tu vedrai la mia. E fatta questa prova se di me ti
contenterai, e di te io, mi ti darò per tua sposa ; ma
sino a quell'ora ti debbo essere come sorella nel con-
versare e nel servirti umilissima serva. E tu hai da
considerare che nel tempo di questo noviziato potrebbe
essere che tu ricuperassi la vista (che ora per mio
credere devi aver perduta, od almeno è intorbidata) e
tu vedessi, che ti conveniva fuggire quello che adesso
con tanto affetto seguiti, e ricuperando la perduta libertà con un buon pentimento, rimarratti perdonata la
tua colpa.

· Se con queste condizioni vuoi arrolarti per soldato nella nostra milizia, sta in arbitrio tuo il farlo: ma se mancherai in alcuna, non pensar d'accostarti alla mia conversazione.

Restò stupido il gentiluomo delle parole di Preziosa, e come fuor di sè, posesi a guardare fissamente in terra, dando a conoscere ch'egli stava considerando quello che risponder dovesse. Il che veggendo Preziosa, tornò a dirgli: Non è questo negozio di si poco momento, che nel breve spazio di tempo che noi abbiamo, si possa o si debba risolvere. Ritorna, signore, a Madrid, e considera più ponderatamente ciò che ti sia meglio, che in questo medesimo luogo tu potrai parlar meco tutte le feste che vorrai, quando andiamo o ritorniamo dalla città. Al che rispose il gentiluomo: Quando il cielo mi dispose ad amarti, Preziosa mia, deliberai di far per te ogni cosa che fosse di tuo gusto, e ti piacesse comandarmi, ancor che mai mi cadè in pensiero, che tu dovessi chiedermi quello che ora mi chiedi. Nulladimeno già che il tuo volere è che il mio con lui quadri e si aggiusti, ponimi nel numero degli zingari in sin d'adesso, e fa di me tutte quelle esperienze che più ti piaceranno, che sempre m.i mi troverai essere il medesimo che oggi mi ti significo. Dimmi quando tu vuoi ch'io muti quest'abito, che in quanto a me vorrei che fosse ora, perciocchè con l'occasione che ho di dover gire in Fiandra, ingannerò mio padre e mia madre, dai quali avrò denari da spendere per alcuni giorni, e fra otto di incirca io potrò star in ordine per la partenza. Coloro che verranno meco saprò si destramente anco ingannare, che il mio intento mi verrà fatto. Quello che io ti chieggo è (se pur posso avere ardimento di chiederti o supplicarti d'alcuna cosa) che da oggi in poi (per poter informarti della qualità mia, e di quella de' miei parenti) non vadi più a Madrid; perciocchè non vorrei che alcuna delle troppo spesse oc-

casioni che quivi si possono appresentare, m'involas-
se questa ventura che m'è si cara e che tanto mi costa. Questo no, signor gentile, rispose Preziosa, e sappi
che meco ha da essere sempre una libertà non impedita, e senza ch' ella sia soffocata nè perturbata dalla
molesta gelosia; e sappi ancora, che non me ne pren-
derò tanto che non si conosca ben da lontano, che la
mia onestà è tanta quanta sia la mia licenza. La prima carica che io t'impongo è quella della confidanza
che tu debbi avere in me. E ti ricordo (e questo os-
servalo) che gli amanti che cominciano ad amare con
gelosia o sono semplici o non confidenti.

Tu hai il demonio in corpo fanciulla mia, disse allora la vecchia zingara: Tu dici cose che dir non le
saprebbe un dottor del collegio di Salamanca. Tu sai
d'amore, di gelosie, di confidenze. Come può esser
questo? Tu mi fai impazzire, e ti sto ascoltando come
s'ascolta una inspiritata quando parla latino, senza averlo
imparato e senza intenderlo. Taci avola mia, rispose
Preziosa, e sappi che tutte le cose che tu mi senti dire,
sono da niente e bagatelle, rispetto a quelle molto più
importanti che ancor mi restano in mente. Tutto quello
che Preziosa diceva, e tutto il giudizio ch'ella mostrava
di avere, era un aggiungere legna al fuoco che ardeva
nel petto dell'innamorato cavaliere Andrea. In fine finirono di ragionare e restarono in questo, che d'indi a
otto giorni ritornerebbono a rivedersi nel medesimo luogo, dove egli saria venuto a dar conto del termine in
che si ritroverebbono i suoi negozj; ed esse in quel
mentre avriano avuto tempo d'informarsi se fosse vero
ciò che egli aveva loro detto.

Il giovane allora cavò dalla saccoccia una borsetta
di broccato, con cento scudi d'oro dentro, e quelli diede
alla zingara vecchia; ma non voleva Preziosa che a
patto nessuno quelli prendesse. A cui la vecchia: Taci
figliuola, che il più certo segno che questo signor ab-

bia dato d'essersi reso, è l'aver dato l'arme per segno
di rendimento; e il donare in qual si sia occasione fu
sempre indizio d'animo generoso. E ricordati di quel
proverbio che dice: Il ciel pregando, e con il mazzo
dando; cioè, che noi dobbiamo aiutarci nelle occasioni,
pigliando sempre quando ne viene offerto. Oltra che io
non voglio che per me le zingare si perdano il nome,
che per lo spazio di lunghi secoli si hanno acquistato,
d'avide al guadagno e di guardinghe. Tu vuoi che io
rifiuti cento scudi? e d'oro in oro? che possono stare
cuciti in un ripostiglio o piega di sottana, che vaglia
manco di due reali, ed ivi guardarli bene come se fosse
una ragione di rendita da principe sopra i campi pa-
scoli d'Estremadura. E se per disgrazia alcuni dei nostri figliuoli, nipoti o parenti venisse nelle mani della
giustizia, quale intercessione potrebbe accostarsi tanto
alle orecchie del giudice o del notaio, quanto quella
di questi scudi, quando si presentassero per entrare
nella loro borsa? Tre volte per tre delitti differenti mi
son quasi veduta su l'asino per essere frustata, e dal-
l'una mi libèrò un boccale d'argento: dall'altra una
filza di perle; e poi dall'altra quaranta reali da otto.
Avvertisci, putta mia, che noi esercitiamo un officio
grandemente pericoloso, e nelle sue violente occasioni
tutto pieno d'intoppi, dove non è difesa che più presto
ne aiuti e protegga, che l'arme coniate ed invincibili
del gran Filippo; al PLUS ULTRA di queste colonne
d'Ercole non si può passare innanzi. Per una doppia
da due teste si muta, ed a noi si mostra allegra la
faccia arcigna e disdegnosa dell'avido procuratore, e
di tutti gl'ingordi ministri della morte che sono arpio
di noi povere zingare: e più si pregiano di sperlarci e
scorticarci, che non farebbe un assassino da strada;
e mai per istracciose e disgraziate che ci veggano, ne
tengono per povere, ma dicono che siamo come i giub-
boni dei pitocchi di Belmonte rotti, unti e bisunti, e

pieni di doppie d'oro. Per vita vostra, avola, disse Preziosa, non dite più altro, che avete punti e termini
nell'allegare tante leggi circa ed in favore del ricevere
il denaro, che non v'arrivano quelle che fecero gl'im-
peradori. Restate dunque con quegli scudi e il buon pro
vi faccia, e voglia Iddio che gli sotterriate in luogo di
dove mai più tornino per occorrenza di bisogno a ri-
veder luce del sole. A queste nostre compagne ragione
vuole che loro si dia qualche cosa, perchè è molto
tempo ch'elle ci stanno aspettando, e già loro deve
increscere della nostra tardanza. Così elle vedranno
queste monete, soggiunse la vecchia, come ora le vede
il gran turco. Ma questo liberal signore vedrà se gli
sia restata qualche moneta d'argento o quattrini, e gli
spartirà fra di esse, che d'ogni poco resteranno con-
tente. Sì, che ne tengo, disse il gentiluomo, e cavò dalla
tasca tre reali da otto, e gli sparti fra l'altre tre zingarette, che con quelli restarono più allegre e soddisfatte, che non suole restare un componitor di comme-
dia, quando in concorrenza ed a gara d'un altro, sogliono in favor di lui su i cantoni delle strade affig-
gere cartelli, che dicano o gridar quando ei passa *Victor, Victor*. In somma concertarono, come s'è detto
la tornata colà d'indi a otto giorni, che il gentiluomo,
fatto che fosse zingaro si dovesse chiamare il cavalier
Andrea, a differenza, e perchè ancora fra gli altri zingari ve n'erano di questo proprio nome.

Non ebbe ardimento il cavalier Andrea (così da quì
innanzi lo chiameremo) di abbracciare Preziosa, anzi
lasciando in lei insieme con la vista l'anima, senza di
quella (se questo si può dire) partissi, ed entrossene
in Madrid, ed esse contentissime fecero il medesimo.
Rimase Preziosa alquanto affezionata (ma più da pura
benevolenza che da impuro amore) alla leggiadra e
gagliarda disposizione del gentiluomo, e già desiderava
d'informarsi s'ei fosse tale come detto le aveva. Per

il che entrò in Madrid, ed ebbe camminato poche strade, ch'ella s'incontrò nel paggio poeta che le aveva dato i versi e lo scudo. Quando egli la vide si accostò a lei dicendo: Tu sii la ben trovata, Preziosa. Hai tu mai letti i versi che poco fa ti diedi? Al quale Preziosa: Prima che io risponda alla tua domanda tu m'hai da dire una verità, per vita di chi più ami.

Questo è ben uno scongiuro, disse allora il paggio, che quantunque il dirla mi costasse la vita, non negherò in nessuna maniera di dirlati. Or, disse Preziosa, la verità che voglio che tu mi dichi, è se, per avventura sei poeta. In quanto all'esser poeta, rispose il paggio, sta bene che hai detto per avventura. Però devi sapere Preziosa, che questo nome di poeta sono pochissimi che lo meritino; e così io non lo sono, ma sì bene affezionato alla poesia; e quando che ho bisogno di versi io non vado a mendicare quelli d'altri. Quei che ti detti sono di mia invenzione, ed ancor questi che ti do ora; ma non per questo sono poeta, e che io lo sia, tolgalo Dio. Perchè è tanto male l'esser poeta? soggiunse Preziosa. Male non è, rispose il paggio; ma non sapere altro, e non attendere ad altro che a poetare non l'ho per molto buona cosa.

Hassi da usare la poesia come una gioia preziosissima il cui posseditore non la porta ogni giorno, nè a tutti nè ad ogni passo la mostra, ma solamente quando conviene. La poesia è una donzella dotata d'isquisita bellezza, casta, onesta e discreta: accorta e ritirata ne' limiti della discrezione. i quali non trapassa mai. Ella è molto amica di solitudine. Le fonti la trattengono, i prati la consolano, gli alberi la disnoiano, i fiori la rallegrano, e finalmente diletta ed insegna quanti con lei conversano.

Con tutto ciò, rispose Preziosa, ho udito spesso dire ch'ella poverissima sia, ed abbia qualche cosa di mendia. Anzi è al contrario, replicolle il paggio, perchè non è

poeta che non sia ricco : posciachè tutti si vivono contenti nel loro stato : filosofia che pochi conseguiscono.

Ma chi t'ha mossa, Preziosa, a farmi cotale dimanda ? M' ha mosso a fartela , rispose ella, questo, che
come io tengo tutti i poeti, o la maggior parte di essi
per poveri, gran meraviglia mi causò quello scudo
d'oro che tu mi desti con i tuoi versi involto. Ma ora
che io so , che tu non sei poeta, ma solamente affezionato alla poesia, potrebbe essere che tu fossi ricco ,
di che dubito tuttavia ; perchè egli è da presupporre.
che quanto a quella parte che ti tocca di fare versi ,
verrai a consumare quanta roba tu tieni , atteso che
nessun poeta (per quello che si dice), sa conservare la
roba ch' egli possiede, nè acquistarsi quella che non
ha. Io dunque non son poeta, soggiunse il paggio, benchè io faccia versi , perchè non sono nè ricco nè povero, ma posso ben donare uno scudo o due a chi mi
pare e piace, senza sentirne danno nè scontarlo, come
fanno i Genovesi, i loro conviti. Pigliate, perla Preziosa, questa seconda carta con questo secondo scudo involto in essa, senza cercare più oltre s'io sia poeta o
no. Solo voglio che sappiate , che chi questo vi dona,
vorrebbe avere le ricchezze di Mida o di Creso per do-
narvele tutte ; e cosi dicendo le diede la carta, e ta-
standola Preziosa sentì che dentro era lo scudo , e
disse : Ha questo foglio da vivere molti anni, perch'egli
si tiene in corpo due anime, una quella dello scudo e
l' altra quella dei versi, i quali sempre vengono pieni
d'anime e di cuori.

Però sappi, signor paggio, che non voglio tant' anime con esso meco, e se non ne caverai l'una, non pensar ch'io riceva l'altra. Per poeta ti voglio, e non per
donatore, e di questa maniera l'amicizia fra noi potrà
durare, poichè più presto può mancar uno scudo per
saldo ch' egli sia, che la fatica di fare i versi d' un
romanzo. Posciachè cosi è, soggiunse il paggio, che tu

vuoi Preziosa, che povero per forza io sia, non rifiutare però almeno l'anima, che in questa carta t'invio e ritornami lo scudo. E purchè tu con la tua mano lo tocchi, il serberò (come suolsi dire) per reliquia, mentre che avrò vita. »

Allora Preziosa cavò lo scudo dalla carta, e glielo diede, e si ritenne il foglio, ma per decenza non volle leggerlo su la strada. Il paggio si licenziò da lei molto contento, credendo per quant' era seguito ch' essa si fosse arresa all'amor suo, poichè con tanta domestichezza e affabilità con esso lui parlato aveva. Teneva Preziosa fitto il pensiero nel trovare la casa del padre di Andrea, senza fermarsi a ballare in nessun luogo. Così avendo camminato poco, giunse in quella strada, (ch'ella sapeva bene) dov'egli abitava: e quando fu a mezzo di essa, alzò gli occhi ad alcune finestre che avevano le ferriate indorate, com'esso le aveva dato per segno, e vide a quelle un cavaliere d' anni cinquanta in circa, con una croce vermiglia in sul petto, ed era gentiluomo d'aspetto, e di presenza venerabile e grave; il quale appena ebbe vedute le zingarette che disse: Salite, putte, che qui vi sarà data limosina. In questo dire si fecero alle finestre altri tre gentiluomini, e con essi ancora l' innamorato cavaliere Andrea, il quale quando vide Preziosa, se gli smarrì il colore in viso, e stette in poco che non perdesse il sentimento, tanto fu la turbazione che gli arrecò quell'impensata di lei presenza.

Entrarono in casa tutte le zingarette e salirono alla sala e la vecchia restò da basso ad informarsi dai famigli di casa se fosse vero quello che Andrea aveva loro detto. Nell'entrare le zingarette in sala, diceva agli altri il cavaliere vecchio. « Questa, senz'altro, dev'essere la bella zingaretta che (come ho sentito dire), va per Madrid. — È dessa, soggiunse il cavalier Andrea, e senza dubbio è la più bella creatura che mai si abbia

veduto. — Così si dice, disse allora **Preziosa** che il tutto
aveva udito entrando in sala, ma certamente s'ingan-
nano della metà del giusto prezzo. Credo però d'essere
qualche poco bella: ma tanto bella quanto dicono,
questo non penso.

Allora disse il cavalier vecchio: Per vita di don Giovannino mio figliuolo, che siete, o bella zingaretta, assai più bella di quello che si dice. E qual è don Giovanni vostro figliuolo? domandò Preziosa: cotesto giovine, rispose il cavaliere, che avete a lato. Invero, disse
Preziosa, che io credeva che voi giuraste per qualche
vostro figliuolino di due anni. Guardate per vita vostra, che don Giovannino è quello, e che bamboccio.
Vogliamo dire il vero, egli potrebbe esser già ammogliato, e per alcune linee che gli veggo in fronte senza
fallo non passeranno tre anni, che lo sarà e molto a
suo gusto; purchè sino a quel tempo egli non se la
perda o gli si muti. Basta (disse uno di quelli ch'eran
presenti), che la zingaretta s'intende di linee.

In questo l'altre tre zingarette tiraronsi in un cantone della sala e appressatesi l'una all'altra, per potere insieme parlare senza essere udite, con voce bassa
disse Cristina: Sorelle care, quello là è il cavaliere,
che questa mattina ne ha dati i tre reali. Egli è vero,
dissero le altre; ma zitto, non ce lo mentoviamo, se
prima non ne parla; che non sappiamo s'ei voglia che
si sappia. Mentre che così stavano le zingarette a ragionare tra di loro, rispose Preziosa a colui che le
aveva detto delle linee: Io m'indovino toccando col
dito quello che veggo con gli occhi.

So del signor Giovannino, senza guardare a linee,
ch'egli sia alquanto innamorato, cioè d'innamorata
complessione, impetuoso e sollecito e frettoloso e gran
promettitore di cose che paiono impossibili; e voglia
Iddio ch'egli non sia bugiardetto, che questo sarebbe
il peggio di tutto. Egli ha da fare in questo tempo

un viaggio molto lontano; ma una cosa pensa di fare
il cavallo e altra quello che l'insella. L'uomo propo-
ne e Dio dispone. E forse, s'egli si penserà d'andare
in levante, che anderà in ponente.

Alle quali parole rispose don Giovannino: Invero,
zingaretta, che l'hai indovinata in molte cose sulla mia
condizione, ma nell'esser bugiardo tu non cogliesti nel
segno, perchè molto lontana sei dalla verità, atteso
che io faccio professione di veritiero in ogni tempo. In
quanto al viaggio lungo, tu hai dato nel vero, poichè
senz'altro, piacendo a Dio, fra quattro o cinque giorni
mi partirò per Fiandra; ancorchè tu m'accenni ch'io
abbia da mutare di cammino. Già non vorrei che in
quello mi succedesse qualche disturbo che me ne sviasse.

Taci, signorino mio, disse Preziosa, e raccomandati
solamente a Dio, che il tutto passerà bene; e sappi,
che io non so cosa alcuna di quel che dico, e non è
meraviglia che, parlando io assai e all'ingrosso di va-
rie cose, essere possa che per discorso naturale io dica
qualche verità. Vorrei poter persuaderti, che tu non
ti partissi e quietassi l'animo tuo a starti col tuo padre e la tua madre, acciò tu sii loro la consolazione
della loro vecchiezza; chè non mi pare buon consiglio, nè buona risoluzione questo andar in Fiandra,
massimamente ai giovani di tenera età come la tua:
lasciati crescer gli anni, perchè tu possi reggere alle
fatiche della guerra, e tanto più, che gran guerra tu
hai in casa tua, e che moltissimi amorosi combatti-
menti ti turbano l'animo.

Quiètati, quiètati, furiosetto, ed avvertisci bene a
quello, che tu fai avanti che ammogliarti e dacci una
elemosina per amor di Dio, e per quello che sei, che
senza dubbio credo che sii ben nato; e se con questo
concorrerà ch'io abbia detto il vero, canterò le tue vit-
torie e l'aver io bene accertato. In quanto a quello che
già ti ho detto, di nuovo io ti dico Ninna (le disse don

Giovannino, che doveva in breve essere il cavaliere
Andrea), che in tutto ciò ch'hai detto, t'aggiusti al
vero, eccetto nel dubbio che dici avere che io non
riesca verace, perchè in questo tu t'inganni d'assai.
La parola ch'io do in campagna, l'attenderò nella città,
o dovunque che sia, senz'esserne richiesto; poichè non
può pregiarsi del nome di cavaliere, chi dà nel vizio
di bugiardo. Il mio padre per me daratti la limosina
per amor di Dio, perchè questa mattina, a dire il vero,
diedi quanto aveva a certe dame, le quali per essere
così lusinghiere, come son belle, specialmente una di
quelle, non m'avanzò nè anche un bagattino. Udendo
questo Cristina, con l'accorta segretezza dell'altra volta, disse alle altre zingarette: Ch'io sia ammazzata, care sorelle, s'egli dice questo per i tre reali da otto, che
ci diede questa mattina. Ciò non può essere, rispose
una delle altre due, perchè ha detto, ch'erano dame e
noi non siamo dame ed essendo egli così verace, come
ci dice, non è credibile, che volesse mentire in questo.

Non è bugia di tanta importanza, replicò Cristina,
quella che si dice senza pregiudizio d'alcuno, ma per
comodo e credito di colui, che la fa valere. Con tutto
ciò non veggo, che qui ci sia dato cosa veruna, nè
che ci facciano ballare. In questo stante salì le scale
la vecchia zingara e disse: Nipote mia, finisci, che si
fa tardi e vi è molto che fare e più che dire. E che
cosa vi è di nuovo avola? Vi è figliuolo o figliuola?
disse Preziosa: Figliuolo e molto gentile, rispose la vecchia: vieni Preziosa, e udrai vere meraviglie. Piaccia
a Dio che egli non ci muora così presto come ci è
nato, disse Preziosa. Tutto anderà bene, replicò la vecchia e tanto più che sin qui è stato il parto felice, e
l'infante è bello come l'oro. Ha forse partorito qualche
signora? addimandò il padre del cavaliere Andrea. Signor sì, rispose la zingara; ma il parto è stato tanto
secreto, che nessun l'ha saputo da Preziosa ed io in

poi, e un'altra persona, ma non possiamo dire chi ella sia.

Nè qui lo vogliamo sapere, disse uno di quei gentiluomini, che erano presenti, ma infelice è ben quella che fida i suoi secreti alle vostre lingue e che nel vostro aiuto pone il suo onore. Noi zingare non tutte siamo cattive, rispose Preziosa, e forse vi è tale zingara fra noi che si pregia di essere secreta, e verace tanto, quanto il più attillato gentiluomo che sia in questa sala. Orsù, avola, andiamo, che qui poca stima fanno di noi. Sappiate, signore, che non siamo ladre, e non preghiamo nessuno. Non andare in collera, Preziosa, disse il padre del cavaliere Andrea, che almeno di voi credo che non si possa presumere cosa mala, perchè la vostra buona cera vi dà credito ed è sicurtà delle vostre buone opere. Per vita vostra, Preziosetta, ballate un poco con le vostre compagne, che ho qui una doppia d'oro da due facce, ma nessuna di quelle è bella come la vostra, ancorchè siano di due re. Appena questo suono ebbe tocco l'orecchio della vecchia, quando disse: orsù figliuola, accingetevi e date spasso e contento a questi signori.

Pigliò Preziosa i suoi sonagli, e dando le lor giravolte attorno fecero e disfecero tutti i lor lacci ed intrecci con tanta grazia, sveltezza e prontezza, che gli occhi di tutti parevano attaccati ai piedi di quelle, specialmente quelli del cavalier Andrea, che gli teneva fissi ai piedi di Preziosa, quasi avessero quivi avuto il centro della lor gloria: ma la mala sorte la perturbò in modo, che gliela convertì in un inferno di angustie, e questo fu che nella fuga del ballo cadette a Preziosa il foglio che le aveva dato il paggio, ed appena era caduto, che lo raccolse quel gentiluomo che non aveva in buon concetto le zingare ed aprendolo subito, disse: Abbiamo qui un buon sonetto: cessate di ballare ed ascoltatelo, che io giudico dal primo verso, ch'egli non è punto sciocco.

Dispiacque oltremodo a Preziosa, per non sapere il
tenore di quello, non avendolo ancora letto, perchè pregò, che non lo leggessero e glie lo tornassino, e quella
efficace istanza che ne faceva, speronava ed affrettava
il desiderio del cavalier Andrea di udirlo. E finalmente
il gentiluomo lo lesse ad alta voce, e così diceva.

* Cuando Preciosa el panderete toca,
  Y hiere el dolce son los aires vanos,
  Perlas son, que deramma con las manos,
  Flores son, que despide de la boca.
Suspensa el alma, y la cordura loca
  Queda à los dulces actos sobrehumanos,
  Que de limpios, de honestos, y de sanos
  Su fama al cielo levantado toca.
Colgadas del menor de sus cabellos,
  Mil almas lleva, y à sus plantas tiene
  Amor rendidas una, y otra flecha:
Ciega, y alumbra con sus soles bellos:
  Su imperio amor por ellas le mantiene,
  Y aun mas grandezas de su ser sospecha.

Da cavaliere, disse colui che lesse il sonetto, che ha
grazia e se n'intende il poeta, che l'ha fatto. Non è
poeta, signore, disse Preziosa, ma un paggio molto
garbato e molto da bene. Avvertite, Preziosa, a quello
che avete detto ed a quello ch'anderete dicendo, per-

---

* Quando Preziosa tocca il cembalo e il dolce suono ferisce
l'aura vana, son perle ch'ella sparge con mano, son fiori che
manda fuori della bocca: l'alma è sospesa, la ragione folleggia,
ai dolci atti sovrumani, che schietti, onesti e decenti levan la
sua fama alle stelle. Avvinte al più lieve de' suoi capelli tra-
scina mille anime e alle piante de' suoi piedi amor rende umilmente l'una e l'altra freccia. Ella accieca e illumina co' suoi bei
soli: mercé loro Amor mantiene il suo impero, e si crede eziandio atto a grandi cose.

chè queste non son lodi da paggio, ma lance che tra-
figgono il cuore del cavalier Andrea, che le sta ascoltando. Volete ciò vedere Ninna? Volgete gli occhi e lo
vedrete quasi fuor di sè, sopra una seggia con sudori
di morte. Non pensate donzella, che questo cavaliere
v'ami da burla, e che non lo turbi e ferisca la minima
delle vostre inavvertenze. Accostateveli in buon'ora, e
ditegli qualche parola all'orecchio che vada diritto al
cuore e lo ritorni in sè: O se no, andate ogni giorno
a pigliar sonetti in lode vostra, e vedrete a che termine ve lo ridurranno. Tutto questo occorse nella maniera che si è detto; perchè il cavalier Andrea udendo
il sonetto, fu di repente assalito da mille gelose imaginazioni che tutto lo commossero; non tramortì, ma
però perdè il colore; talchè veggendolo suo padre, disse:
Che hai don Giovannino, che pare che ti senta qualche
svenimento, per quel che ne mostra lo smarrito colore.
Aspettate, disse allora Preziosa, lasciatemegli dire alcune parole all'orecchia; e vedrete che lo ritorneranno
subito in sè, ed appressandosi a lui, gli disse, quasi
senza muovere le labbra: O gentil animo per esser zingaro, come potrete Andrea sofferire il tormento che
tocca da dovero, poichè non potete sopportare quello
solamente dipinto in una carta: e facendoli mezza dozzina di segni sopra il cuore appartossi da lui: ed allora Andrea cavaliere respirò un poco e diede segno,
che le parole di Preziosa gli avevano giovato. Finalmente la doppia d'oro da due faccie fu data a Preziosa,
ed ella disse alle sue compagne, che la scambierebbe
e spartirebbe fra di loro eguale ed onoratamente. Il padre del cavalier Andrea le disse, che gli lasciasse in
iscritto le parole ch'ella avea dette a don Giovanni,
che le voleva sapere per quello che le potesse occorrere. Ella rispose, che molto volontieri e che sapessino
che quantunque quelle paressero cose da burla, avevano special virtù contra il mal di cuore e le vertigini
di testa, ed eran queste le parole.

Cabecita, cabecita
Tente en ti, no te resbales
Y apareja dos puntales
De la paciencia beudita:
    Solicita
    La bonita
    Confiancita,
    No te inclines
A pensamientos ruines:
    Veràs cosas
Que torquen en milagrosas,
    Dios delante
Y San Cristòval Gigante *.

Quando la zingara vecchia udi l'astuzia e l'impostura
Jello scongiuro, restò stupefatta, ma molto più il cavalier Andrea, che vide esser tutto invenzione del suo
acuto 'ngegno. Si restarono quei signori col sonetto,
perchè Preziosa non volle più domandarlo loro per non
causar altra alterazione al cavalier Andrea; perciocchè
ben sapeva, senza esser insegnata, quel ch'era dar turbazione e martello a' gelosi amanti. Licenziaronsi le zingare e nel partirsi disse Preziosa a don Giovanni: Sappi
signore, che qual si voglia giorno di questa settimana
è prospero per partenza, e nessuno è sfortunato; af-
fretta il partirti più presto che potrai, che t'aspetta
una vita larga, libera e molto gustosa, se vuoi acco-
modarti ad essa. Non è tanto libera rispose don Giovanni, quella del soldato (al mio parere) ch'essa non
abbia più di soggezione che di libertà. Pure con tutto
questo farò ciò che vedrò essere per il meglio. Più vedrai, soggiunse Preziosa, di quello che tu pensi, e Dio

---

Testolina, testolina, sta salda, non isdrucciolare; armati della
pazienza benedetta; sollecita la gentile confidenza; non volgerti
a pensieri bassi; vedrai cose di miracolo con l'aiuto di Dio e di
san Cristoforo il gigante.

ti guidi e ti dia felice viaggio, come merita la tua buona e nobile presenza. Di queste ultime parole restò contento il cavalier Andrea, e le zingare sodisfattissime si partirono.

Poscia scambiarono la doppia ed egualmente spartironla fra esse ancorchè la vecchia guardiana si ritenesse sempre una parte e mezza di quello che si raccoglieva, sì per la maggioranza, come perch'ella era la bussola per la quale si guidano nel gran mare dei loro balli, facezie ed inganni.

Venne finalmente quel giorno che il cavaliere Andrea una mattina molto per tempo comparve sopra una mula da nolo senza nessun servitore, nel medesimo luogo dove la prima volta parlò con Preziosa, ed ivi trovolla con l'avola sua; le quali avendolo conosciuto lo ricevettero con molta allegrezza. Ei disse loro che lo conducessino al loro albergo, avanti che il giorno si facesse più chiaro e fossero scoperti i segni ai quali poteva essere conosciuto, se per avventura e mala sorte fosse mandato alcuno a cercarlo. Elleno, che come avvedute, erano venute sole a quel luogo assegnato, s'inviarono per lo diritto cammino, e di lì a poco giunsero alle sue capanne.

Entrò il cavaliere Andrea in una di quelle ch'era la maggiore dell'albergo, e subito corsero a vederlo dieci o dodici zingari tutti giovani e tutti gagliardi e disposti, ai quali già la vecchia aveva dato conto del nuovo compagno che quivi doveva venire, nè fu bisogno di raccomandare loro di tener secreta quella sua venuta, perchè come già si è detto, osservano la segretezza con molta sagacità e puntualità mirabile e mai veduta altrove. Subito adocchiarono la mula, e disse un di loro: Questa si potrà vendere giovedì in Toledo! Questo no, disse il cavalier Andrea, perchè non c'è mula da nolo, che non sia conosciuta da tutti i vetturini che noleggiano in Ispagna.

Per mia fe', signore cavaliere Andrea, disse uno degli
zingari, che se ben la mula avesse più segni che non
ha il zodiaco, qui la trasformeremo di maniera che
non la conoscerebbe la madre che la partorì, nè il padrone che l'ha allevata. Ciò non ostante disse il cavalier Andrea, per questa volta si ha da seguire il mio
parere per il meglio. Questa mula bisogna ammazzarla
e sotterrarla in luogo dove nè anco l'ossa appariscano.
È peccato grande, disse un altro zingaro. Ad una innocente si ha da levar la vita? Non dir tal cosa buon
cavaliere, ma fa così: guardala ben adesso, di modo
che ti restino bene impressi tutti i suoi segni nella
memoria e lasciala a me, e se da qui a due ore la
conoscerai che io sia inlardellato come un moro fug-
gitivo. A patto alcuno, disse il cavaliere Andrea, accon-
sentirò che la mula non muora, ancorchè più mi assicuri la sua trasformazione. Io temo essere scoperto se
ella non sarà coperta di terra. E se la vorreste viva
per l'utile che se ne potrebbe cavare vendendola, non
vengo qui tanto sprovveduto che io non possa pagare
di mancia per la mia entrata a questa compagnia più
di quello che vagliono quattro mule. Poichè così vuole
il signor cavalier Andrea, disse un altro zingaro, muoia
l'innocente e sa Dio se mi rincresce: sì per la sua gioventù, poscia che fa ancora denti (cosa non solita fra
le mule da nolo), come perchè la deve camminar bene,
poichè non ha croste, nè fianchi, ne segno alcuno di
spronate. Prolungossi la sua morte fino alla notte, e
nel tempo che restava di quel giorno si fecero le cerimonie dell'entrata ed assunzione del cavalier Andrea ad esser zingaro, e furono in questo modo.

Subito sgombrarono un albergo dei migliori della lor
abitanza, e l'infrascarono di rami e di giunchi, e facendo sedere il cavalier Andrea sopra un tronco di sughero, gli posero in mano un martello ed una tenaglia,
ed al suono di due chitarre che due zingari suonavano,

gli fecero spiccare due capriole, poi gli snudarono un braccio, e con una cintola di seta nuova legatolo ed avvoltatolo con un bastone, glielo strinsero pianamente. A tutte queste cerimonie stette presente Preziosa e molte altre zingari vecchie e giovani; delle quali altre con meraviglia, altre con amore lo miravano; tale era la gentilezza del cavalier Andrea, che anco i zingari gli furono affezionatissimi. Fatte dunque tutte queste cerimonie, un zingaro vecchio prese per la mano Preziosa, e fermatosi davanti al cavaliere disse: Questa fanciulla che è il fiore e l'ornamento di tutta la bellezza delle zingare che noi sappiamo che sia in Ispagna, ti consegniamo finora o per isposa o per amica, chè in questo tu puoi fare ciò che più sarà di tuo gusto: perciocchè la libera e larga nostra vita non è soggetta a molti accarezzamenti. Guardala bene, e rimirala pure se ti aggrada, o se nò, se tu vedi in lei alcuna cosa che non ti piaccia, eleggi di queste donzelle che qui sono quella che più ti soddisfaccia, che noi te la daremo; ma avvertisci, che avendola eletta una volta tu non la devi mai lasciare in qualsivoglia modo, nè meno t'hai da impacciare nè frammetterti con maritate, nè con altre donzelle.

Noi osserviamo inviolabilmente la legge dell'amicizia; niuno sollecita quel dell'altrui; viviamo esenti e liberi dell'amara pestilenza delle gelosie fra noi, e se bene vi sono molti incesti non vi sono però adulteri, e quando vi cade la moglie propria, od in qualche vigliaccheria l'amica, non andiamo dalla giustizia a domandar gastigo: noi stessi siamo i giudici ed i carnefici delle nostre spose od amiche; con la medesima facilità le ammazziamo e le sotterriamo per le montagne e per i deserti come se fossero animali nocivi, e non ci sono parenti che le vendichino, nè padre nè madre che ci domandino conto della loro morte. Con questo timore e paura elle procurano di esser caste, e noi (co-

me ho già detto) viviamo sicuri. Poche cose abbiamo
che non siano comuni tra di noi tutti, dalla moglie
o l'amica in fuori; perchè vogliamo che sia cadauna
di quello a chi toccò in sorte. E fra noi così fa di-
vorzio la vecchiaia come la morte. Chi vuole può lasciare la moglie vecchia, s'egli è giovine, ed eleggersene
sene un'altra che corrisponda al gusto de'suoi anni.

Con queste e con altre leggi e statuti ci conserviamo
e viviamo allegri, siamo signori delle campagne e dei
seminati, delle selve, dei monti, de' fonti e de'fiumi.
I monti ci danno legna senza pagarla, gli alberi frutti,
le viti uva, gli orti ortaglia, le fonti acque, i fiumi
pesci, i boschi cacciagioni, ombra le rupi, le balze
aere fresco e case le grotte. Per noi i venti infuriati
sono zefiri soavi, refrigerio le nevi, bagno le pioggie,
torcie i lampi e musica i tuoni. Per noi i duri terreni
sono molli piume; la pelle indurita dei nostri corpi
ci serve di arnese impenetrabile che ci difende; la nostra leggerezza e velocità non è impedita da vincoli
nè ceppi, nè ritenuta da anfratti, nè le fanno contra-
sto i muri. Il nostro animo non da lacci è piegato,
nè per tratti di corda diminuito, nè da cavalletti* do-
mato, o da altri tormenti vinto. Dal sì al no non facciamo differenza quando il dirlo fa per noi. Per noi
si allevano le bestie da soma nei campi e si tagliano
le borse nelle città. Non c'è aquila od alcun altro uc-
cello da rapina, che più presto di noi s'avventi addosso alla preda che ci si offerisce; perchè ci arrischia-
mo a tutte le occasioni che ci accennano qualche interesse ed utile; e finalmente teniamo molte abilità che
ci promettono felice fine; perciocchè nella carcere can-
tiamo, nei tormenti tacciamo, di giorno lavoriamo, di
notte rubiamo, o per dir meglio facciamo ch'ognuno
stia su l'avviso, e guardi bene dove pone la sua roba.

* È una sorta di tormento.

Non ci dà fastidio il timore di perdere l'onore, nè ci
stimola l'ambizione di accrescerlo, nè facciamo fazioni
o brighe, nè ci leviamo a buon'ora a dar memoriali
nè a far corteggio ai grandi, nè a procaciar favori.
Per indorati tetti e sontuosi palagi, noi stimiamo queste capanne movibili come padiglioni; per quadri di
pittura e paesaggi di Fiandra quelli che ci dà la natura
in questi erti monti, nevose rupi, ampi prati, folti boschi che ad ogni passo ci si mostrano agli occhi. Siamo
astrologi rustici, perciocchè dormendo noi quasi sempre a cielo scoperto a tutte le ore, sappiamo quelle
che son del giorno e quelle della notte. Veggiamo come
l'aurora nasconde e fa sparire le stelle, e come ella
compaia fuor con l'alba sua compagna, rallegrando
l'aria, raffreddando l'acqua e inumidendo la terra; e
sui suoi passi, il sole che viene indorando le cime dei
monti, nè temiamo di gelarci per la sua assenza, o
quando per essere più vicino a noi ci percuote debol-
mente; nè di abbruciarci quando più alto ne saetta
con più forza co'suoi raggi ardenti, gli facciamo il medesimo viso che al ghiaccio; ed alla sterilità il medesimo ancora che all'abbondanza. In conclusione, siamo
gente che viviamo con la nostra industria e le nostre
ugna, senza aver che fare con quel che dice l'antico
proverbio, o mare o casa reale. Godiamo quello che
vogliamo, poichè ci contentiamo di ciò che abbiamo.
Tutto questo vi ho detto, generoso giovine, acciocchè
sappiate la vita alla quale siete venuto, e l'esercizio
che avete da professare; il quale vi ho qui solamente
abbozzato e brevemente descritto, ed altre cose molte
anderete scoprendo in quello col tempo, non meno
degne di considerazione di quelle che avete intese.

Tacque l'eloquente e vecchio zingaro, ed il novizio
rispose: che si rallegrava assai di aver saputo sì lo-
devoli statuti, e ch'egli pensava di far professione in
quegli ordini così ben fondati in ragione come in fi-

nissima politica, e che solo gli rincresceva non essere
venuto più presto al conoscimento di sì allegra vita; e
che da quell'ora rinunziava la professione di cavaliere
e la gloria vana del suo illustre lignaggio; ed il tutto
poneva sotto il giogo, o per dir meglio, sotto le leggi
con che essi vivevano; poichè con sì alta ricompensa
soddisfacevano al desiderio ch'egli teneva di servirgli,
dandogli la bellissima Preziosa, per la quale egli la-
scerebbe corone ed imperi, o solo gli desidereria per
servirla. »

Al che rispose Preziosa in questi termini : « Ancorchè
questi signori nostri legislatori abbiano trovato per le
sue leggi ch'io sia tua, e che per tua mi ti hanno
data, con tutto ciò ho trovato per la legge della mia
volontà che è la più forte di tutte, che tua non debbo
nè voglio essere, eccetto con le condizioni che innanzi
che qua venissi fra noi due concertammo. Due anni
hai da vivere della nostra compagnia, prima che tu
godi la mia, acciocchè tu non abbi poi da pentirti di
essere stato leggiero, nè io resti ingannata per essere
troppo credula e frettolosa. I patti rompono le leggi.
Se quelle che ti ho proposte vorrai osservare, potrà essere ch'io sia tua, e tu mio, e quando non vogli osser-
varle, ancora non è morta la mula; i tuoi panni sono
intieri, e dei tuoi denari non ci manca neppur un quattrino. L'assenza tua dai tuoi non ha fornito ancora un
giorno, e di quello che te ne avanza ti puoi servire,
ed aver tempo per considerare ciò che più ti convenga. Questi signori ti possono consegnare il mio corpo, ma non l'anima mia, la quale è libera e nacque libera, e sarà libera quanto ch'io vorrò. Se tu resterai
qui io ti stimèrò molto, se te ne tornerai a casa non
ti terrò da meno. Perciocchè al mio parere gl'impeti
amorosi corrono a redini sciolte, finchè s'incontrino
con la ragione o col disinganno, e non vorrei che ti
portassi meco come quel cacciatore, che correndo rag-

giugne la lepre ch' ei seguitava, e potendola prendere la lascia, per correr dietro ad un' altra che fugge.

Ci sono occhi ingannati, perchè a prima vista tanto gli pare l'orpello quanto il fino oro; ma poco dopo conoscono bene la differenza ch' è dal vero al falso. Quella bellezza che tu dici essere in me, e che la stimi sopra il sole, e l'hai cara più dell'oro, che so se d'appresso ti parrà ombra, e facendone prova la troverai lega di alchimia? Due anni ti do di tempo ad esaminare e ponderare quello che ti convenga eleggere, o sia gusto, che tu lasci. La cosa che una volta è comperata, cioè la donna a condizione di matrimonio, nessun può lasciarla se non se la piglia la morte: però bisogna, e fia meglio che vi sia tempo in mezzo, e molto, nel quale ella possa essere mirata e rimirata, e che si veggano in lei i mancamenti o la bontà che possiede. In quanto a me non mi va per la fantasia la barbara ed insolente licenza, che questi miei ed i loro antecessori si hanno presa di lasciare le mogli, e castigarle quando ne vien lor voglia; perchè non pensando io di far cosa che chiami il castigo, non voglio prendermi compagnia, che dalla sua (solamente per suo gusto o capriccio) mi scacciasse poi. Tu hai ragione, Preziosa, disse il cavalier Andrea, e così, se tu vuoi ch' io assicuri i tuoi timori e levi i tuoi sospetti, giurandoti che non trasgredirò un sol punto degli ordini che m'avrai imposti; guarda che giuramento ti piace ch' io faccia, o che altra sicurtà possa darti, che a tutto prontissimo mi troverai.

Le promesse e i giuramenti che fa lo schiavo, affinchè gli sia data la libertà, poche volte si adempiscono; e tali sono, secondo me, quelli degli amanti i quali, per conseguire i loro desiderj, promettono le ale di Mercurio ed i fulmini di Giove, come promise a me un certo poeta, e giurava per la laguna Stigia. Non voglio giuramenti, signor cavaliere, nè voglio promesse; solo vo-

glio rimetter tutto alla prova ed isperienza di questo
noviziato, ed a me resterà di guardarmi, se voi aveste
in pensiero d'offendermi. Così sia, rispose Andrea cavaliere; sol una cosa chieggo a questi signori, e compagni miei, ed è, che non mi sforzino a rubare alcuna
cosa, almen per lo spazio d'un mese; perchè mi pare
che non saprei accomodarmi ad esser ladro, se prima
non precedessero molte lezioni. Taci, figliuolo, disse il
zingaro vecchio, che qui ti ammaestreremo di modo
tale, che nell' uffizio riuscirai un' aquila velocissima-
mente grifagna; e quando l'averai appreso, lo gusterai
di sorte, che te ne leccherai le dita, e non sapresti mai
lasciarlo. È cosa da burla l'uscire voto la mattina dell'albergo, e tornar la sera carco? Ho visto alcuni di questi voti, rispose il cavalier Andrea, tornarvi carichi di bastonate. Non si pigliano trote a brache asciutte, soggiunse
il vecchio; perchè tutte le cose di questa vita son sotto-
poste a qualche pericolo e le azioni del ladro sono sog-
gette a quello della galera, de'frustamenti e della forca;
però non perchè un naviglio corra pericolo sbattuto da
tempesta di affondarsi o fracassarsi contro uno scoglio,
gli altri hanno da lasciare la navigazione. Buona sarebbe
che perchè alla guerra muoiono tanti uomini e cavalli,
si lasciasse di fare altri soldati e cercar altri cavalli:
quanto più che quello fra noi, che vien frustato per
Giustizia, ed è bollato d'un segno sulle spalle, tiene una
insegna da cavaliere che gli sta meglio, che se la portasse sul petto, dico di quelle buone. L'importanza si
è di non morire tirando calci al rovaio * nel fiore della
nostra gioventù e ne' primi delitti: che in quanto allo
scoparci le mosche dalle spalle ** e il bastonar l'acqua ***
non lo stimiamo una pagliuca. Figliuolo Andrea, riposa'i

* L'esser impiccato.
** Esser frustato.
*** Rimanere in galera.

ora nel nido sotto le nostre ale, che quando sarà tempo
ti caveremo a volare, e in parte di dove senza preda
non tornerai; e quel ch'è detto, sia detto perchè (come già
ti ho accennato) tu hai da leccarti le dita dopo di ciascun furto. Dunque per ricompensa, disse il cavalier Andrea, di quello che avrei potuto rubare in questo tempo
che mi vien conceduto di soprastare, voglio spartire
dugento scudi d'oro fra tutti di quest'albergo. Appena
egli ebbe ciò detto che con grandissima prestezza gli
accorsero attorno una mano di zingari e alzandolo di
peso e portandolo sopra le spalle gridavano: viva, viva
il gran cavaliere Andrea, aggiungendo anco, viva, viva
la bella Preziosa sua amata gioia. Il simile fecero l'altre zingare con Preziosa, non senza invidia di Cristina
e d'altre zingarette, che si trovarono presenti : perchè
anco l'invidia abita nei villaggi de' barbari e nelle ca-
panno dei pastori, come nei palazzi dei principi, per
vedere aggrandirsi l'emulo di cui si stima non esser
tanto il merito quanto la fatica degli altri. Fatto questo, mangiarono lautamente, fu diviso fra essi con giustizia ed egualmente il denaro promesso, furon rinnovate
le lodi del cavaliere Andrea, ed infin alle stelle innal-
zarono la bella Preziosa. Venne la notte, ammazzarono
la mula e sotterraronla di modo che il cavaliere restò
sicuro di non esser per quella scoperto, e sotterrarono
ancora con lei i suoi fornimenti, sella, briglia, cigne
e staffe, all'usanza degl'Indiani, che seppelliscono con i
suoi morti le lor più ricche gioie. Restò meravigliato
il cavalier Andrea di tutto ciò, che aveva veduto, e
degli acuti ingegni dei zingari, con saldo proposito di
seguire ed eseguire la sua cominciata impresa, senza
però intromettersi punto ne'loro pessimi costumi, od
almeno schifarli più che potesse : pensando anche di
farsi esente a costo del suo denaro di ubbidirgli nelle
cose non giuste che gli sarebbon comandate.

Il dì seguente il cavalier Andrea gli pregò che mu-

tassero sito e si allontanassero da Madrid, perchè temeva d'essere conosciuto, se quivi più lungamente
stesse. Eglino dissero, che già aveano determinato d'an-
darsene verso i monti di Toledo e quindi scorrere e
rubare tutto il paese circonvicino. Levarono dunque gli
alberghi e diedero al cavalier Andrea una poledra sopra
la quale cavalcasse: ma egli volse camminare a piede,
servendo di staffiere a Preziosa, che sopra un'altra
cavalcava contentissima di vedersi trionfatrice del suo
gagliardo scudiere, ed egli non era men contento di vedersi appresso quella, ch'ei si aveva fatta regina delle
sue volontà. O potente forza d'amore, di quello dico,
che chiamano dolce Dio dell'amarezza (titolo che gli
ha dato l'ozio, e la nostra infingardagine), come da dovero ci soggetti e come strapazzatamente ci tratti senza
verun rispetto! Andrea è cavaliere e giovine di bonis-
simo intelletto, allevato quasi tutto il tempo della sua
vita nella corte e con ogni sorte di regalo da' suoi
ricchi genitori, e da ieri in qua ha fatto tale mutazione,
che ingannò i suoi servidori ed amici, deluse le speranze che il padre e la madre in lui avevano: lasciò
il viaggio di Fiandra ov'ei aveva da esercitar il valore
della sua persona ed accrescere l'onore del suo lignaggio e venne a prostrarsi ai piedi d'una fanciulla, e ad
essere il suo staffiere: la quale, ancorchè fosse molto
bella, tuttavia ella era zingara: privilegio della bellezza, che sforza le volontà per farle diventare amanti e
le conduce avvinte ed umiliate ai suoi piedi.

D'indi a quattro giorni giunsero ad una terra distante sette miglia da Toledo, ove fermarono la loro
abitazione, depositando prima nelle mani del castellano
o giudice del luogo alcune tazze d'argento per sicurtà
che in quella nè in tutto il suo territorio non ruba-
riano cosa alcuna. Fatto questo, tutte le zingare vecchie ed alcune giovani ed i zingari si sparsero per
tutti i luoghi circonvicini, lontani almeno circa quindici

miglia da quello ove avean piantato i loro alberghi.
Andò con essi il cavalier Andrea a prendere la prima
lezione di ladrone: ma, con tutto che gliene diedero
molte in quella prima sua uscita, niuna fu con che egli
potesse accomodarsi: anzi corrispondendo al nobil sangue, d'onde era nato, non era furto che i suoi maestri
facessero, che non se gli cavasse dal corpo il cuore, e
talvolta pagò co' suoi propri denari i furti che i suoi
compagni avevan fatti acciocchè fossero restituiti a' suoi
padroni; commosso a questo dalle lagrime loro: per
la qual cosa i zingari si disperavano dicendo, che ciò
era un contraffare ai loro statuti ed ordinazioni che
proibivano per sempre alla carità l'entrare nei loro
petti; la quale se stesse in essi avrebbono da lasciare
l'esser ladroni, cosa affatto a loro disdicevole. In questo il cavalier disse, ch'egli voleva rubar solo, senza
andare in compagnia d'alcuno; perocchè per fuggire
dal pericolo egli aveva leggerezza, e per esporvisi non
gli mancava l'animo; di modo che il premio od il castigo di quello che ruberebbe, voleva che fosse per lui
solo. Procuraron i zingari rimoverlo da quel pensiero
con dirgli che se gli sarebbono appresentate occasioni
tali ch'avrebbe bisogno di compagnia, sì per assalire
come per difendersi, e che una persona sola non poteva fare gran pieda. Con tutto ciò e per quanto gli sapessero dire, non potettero persuaderlo che non volesse
essere ladron solo e separato dagli altri, per comperare col suo denaro alcuna cosa, e dire poi che l'avesse
rubata, ed in questa maniera aggravar la sua coscienza
il manco che potesse.

Usando dunque tale industria in men d'un mese
portò più utile alla compagnia lui solo che non fecero
quattro de' più forbiti ladroni di quella: di che non
poco si rallegrava Preziosa, veggendo il suo tenero
amante sì lesto ed ispedito ladrone. Contuttociò temeva grandemente di qualche disgrazia, perchè non

avrebbe voluto vederlo in alcun pericolo per tutto il
tesoro di Venezia, essendo obbligata ad avergli quella
buona volontà per i molti regali con ch'egli l'acca-
rezzava.

Poco più di un mese stettero i zingari nei contorni
di Toledo dove fecero la lor raccolta, se ben era già
di settembre ed indi entrarono in Estremadura per essere paese non men ricco che caldo.

Passava il cavalier Andrea con Preziosa parte del
tempo in amorosi, discreti ed onesti ragionamenti, ed
ella a poco a poco andava innamorandosi del discreto
e bel procedere del suo amante; e nel medesimo modo
l'amor di lui sarebbe andato crescendo, se avesse potuto crescere, tant'era l'onestà, discrezione e bellezza
della sua Preziosa. Ovunque essi giungevano egli gua-
dagnava il premio del correr e saltare. Giuocava a
trar la palla, ed alla palla benissimo, tirava la barra
con gran forza e singolar destrezza, e finalmente in
poco tempo volò la sua fama per tutta Estremadura e
non vi era luogo dove non si parlasse della gagliarda
disposizione del zingaro cavaliere Andrea e della sua
gentilezza e valore; ed al pari di questa fama si spandeva
quella della bellezza della zingaretta; e non era terra,
villa o luogo dove non fossero chiamati questi, per ral-
legrare le loro feste pubbliche ed altre private allegrezze. In questo modo la lor carovana era ricca,
prospera e contenta e contentissimi i due amanti, solo
col mirarsi l'un l'altro.

Occorse poi che avendo eglino piantati i suoi alloggiamenti fra alcune querce alquanto appartate dalla
strada maestra, circa la mezza notte udirono abbaiare
i loro cani con forte veemenza e più del solito. Vennero fuora degli alberghi alcuni zingari e insieme con
essi il cavaliere Andrea per vedere contra chi eglino
abbaiassero e videro che da quelli si difendeva un
uomo vestito di bianco, a cui due cani teneano col

denti afferrata una gamba. Accostaronsi presto e leva-
ronglili d'intorno ed uno di quei zingari gli disse : Che
diavolo vi ha condotto qua , uomo da bene ed a quest'ora e tanto fuori di strada? Venite forse per rubare?
Se così è , certo che siete giunto a buon porto. Non
vengo a rubare, disse il morso, e non so s'io venga
fuor di strada o no ; ancorchè ben conosco che non
so dove conduca questa. Ma ditemi, signori, sarebbe
qui per sorte qualche osteria od altro luogo , dove io
possa ritirarmi per questa notte e medicarmi le ferite,
che mi hanno fatte i vostri cani? Non vi è luogo nè
osteria, rispose il cavaliere Andrea, dove possiamo in-
viarvi , ma per medicare le vostre morsicature ed al-
bergarvi questa notte non vi mancherà comodità nelle
nostre abitanze. Venite con noi, che, quantunque siamo
zingari, tuttavia non gli somigliamo per la carità che
usiamo. Dio l'usi con voi (rispose l'uomo), e conduce-
temi dove volete, che il dolore di questa gamba mi
travaglia estremamente. Se gli fece d'appresso il cavaliere Andrea ed un altro zingaro caritativo (perchè,
anco fra i demonj alcuni sono men cattivi degli altri,
e fra molti pessimi uomini suol essere qualcuno buono) ed amendue lo condussero ai loro alberghi. Riluceva
la notte dal lucere la luna di modo , che poterono vedere, che l'uomo era giovane, di buona cera e di garbo
gentile. Era vestito tutto di tela bianca e portava attraversato per le spalle e aggroppato sul petto un saio
quasi a foggia di camicia pur di tela. Giunti alla capanna del cavaliere Andrea , fu con prestezza acceso
lume e fuoco, e venne subito l'avola di Preziosa a medicare il morsicato , del quale già l'era stata data
contezza.

Prese alcuni peli dei cani che avevano morso, e
fecegli frigger nell'olio, poi lavate con vino le due
morsicature che aveva il giovine nella gamba sinistra,
gli pose sopra con l'olio insieme un poco di rosmarino

fresco masticato, e fasciò molto bene con pezze nette
e segnolle con alquanti segni di croce, dicendogli: Dormite, amico, che con l'aiuto di Dio non sarà altro. Intanto ch'ella lo medicava stava presente Preziosa, e lo
mirava fissamente, ed il medesimo faceva egli a lei: di
modo che il cavaliere Andrea s'accorse dell'attenzione
con che il giovane stava mirandola: ma ciò egli attri-
buì all'essere impossibile che la molta di lei bellezza
non traesse a sè gli occhi di chiunque la mirava. In
somma, dopo essere stato medicato il giovine lo lasciarono solo sopra un letto di fieno secco, e per allora
non vollero domandargli cosa più del suo viaggio nè
d'altro. Appena s'erano da lui partiti, quando Preziosa
chiamò il suo cavaliere in disparte e gli disse: Ti ricordi, Andrea, d'una carta che mi cadè in casa tua,
quando ballava con le mie compagne, e che io credo
ti diede gran martello? Me ne ricordo; rispose egli, e
ch'era un sonetto in tua lode, ed assai buono. Hai
dunque da sapere, seguitò Preziosa, che colui che lo
fece è quel giovine morsicato che abbiamo lasciato nella
tua capanna, ed è certo che non m'inganno punto,
perchè parlò con esso meco in Madrid due o tre volte;
e di più diedemi una molto buona canzone. Quivi (se
bene mi ricordo) egli andava vestito da paggio, non
come degli ordinari, ma come dei favoriti di qualche
principe. Ed in vero ti dico, cavaliere Andrea, che il
giovine è discreto, di buon discorso e soprammodo onesto. Non so che cosa io m'abbia da imaginare della
sua venuta in questo luogo ed in quell'abito. Che cosa
t'abbi da imaginare Preziosa, disse il cavaliere, te la
dirò: nessun'altra, se non che la medesima forza che
ha fatto me zingaro, ha fatto lui travestire da muli-
naio per venire a cercarti. Ah! Preziosa Preziosa, come si va scoprendo che tu ti pregi aver più di un
amante; se così è, finisci me prima, e poi ammazzerai
quell'altro ancora, e non voler sacrificare amendue in-

me sopra l'altare del tuo inganno, per non dir della
ua bellezza.

Ah! Dio aiutami, disse allora Preziosa, oh quanto tu
sei delicato cavaliere Andrea in pensar male. Ed a
quanto sottil capello tieni appese le tue speranze e la
mia fede; poichè con tanta facilità ti ha penetrata l'anima l'acuta spada della gelosia. Dimmi, Andrea, se in
questa occasione fosse artificio od inganno, non avrei
io taciuto o tenuto segreto chi sia questo giovine? Sono forse io tanto stolta, che non guardassi bene a non
darti da mettere in dubbio la bontà mia ed il sincero
proceder mio? Taci, cavaliere, per vita tua, e domattina
procura di scacciare dall'animo tuo questo timore, cercando d'intendere dove vada quel giovane, e per che
causa qua si è condotto; potrebbe essere che fosse in-
gannato il tuo sospetto, si come non sono ingannata
in quello che te n'ho detto. E per maggiore soddisfazione tua (poichè son giunta a termine di soddisfarti
ormai in cose di ragione) con qualunque intenzione
che venga questo giovine, licenzialo subito, e fa che se
ne vada. E poichè tutti della nostra compagnia ti ub-
bidiscono, non vi sarà alcuno che contra la tua volontà gli voglia dar ricetto nel suo albergo, e quando bene non si partisse, io ti do parola di non uscire
del mio, nè lasciarmi vedere agli occhi suoi, nè da
niuno di quelli che non vorrai che mi veggano. Sappi Andrea; che a me non rincresce il vederti geloso,
ma mi rincresce bene il vederti niente discreto. Purchè tu non mi vegga diventar pazzo, Preziosa, disse
il cavaliere, ogni altra dimostrazione sarà poca o da
nulla, per poter dare ad intendere dove giunge e quanto travaglia l'amara e penosa gelosia. Farò quello che
mi comandi, e saprò (se sara possibile) che cosa voglia questo paggio poeta, dove vada, o quello che cer-
ca; e potrebbe essere che per qualche filo che impensatamente egli lasciasse scoperto, io traessi tutto il

gomitolo, col quale dubito che non sia vènuto ad ordirmi alcuna rete. Io m'imagino che mai la gelosia non lascia l'intelletto libero, acciò ei possa giudicare le cose per quello che esse sono. Sempre guardano i gelosi con quegli occhiali che fanno parer grandi le cose piccole, giganti i nani, ed i sospetti veritadi. Per vita tua e per la mia, Andrea, procedi in questo ed in tutto quello che spetta ai nostri patti, con prudenza e discretamente; che se così farai, so che mi concederai la palma d'onesta e di avveduta, e di verace in ogni cosa.

Con questo ella prese licenza dal cavaliere Andrea, il quale avendo l'animo pien di turbazione e di mille tra sè contrarie imaginazioni, aspettò che spuntasse il giorno per intendere dal morsicato a che fare egli era venuto in quel luogo. Ei non poteva creder altro se non che il paggio facesse quel viaggio, tirato dalla bellezza di Preziosa; così pensa il ladrone che tutti siano della sua condizione. Dall'altra parte poi la soddisfazione, che Preziosa gli aveva data, gli pareva esser di tanta forza, che l'obbligasse a vivere sicuro e da fidare alla fede di lei intieramente la sua ventura. Fecesi giorno, ed egli visitò il morsicato; gli domandò del suo nome, dove andava e come camminava sì tardi e fuor di strada; e prima gli aveva domandato come stava, e se sentiva più dolore delle sue morsicature. A cui rispose il giovane, che stava meglio e senza dolore alcuno, e di maniera che poteva porsi in viaggio. Quanto al suo nome e dove andava, non disse altro se non che si chiamava Alfonso Hurtado, e che andava alla Madonna della Roccia di Francia per un certo suo negozio, e che per arrivarvi più presto camminava di notte, e che la passata aveva smarrita la strada ed a caso si era abbattuto in quegli alloggiamenti, dove i cani che gli guardavano l'avevano trattato in quel modo che aveva visto. Non parve al cavaliere Andrea legittima questa sua dichiarazione; anzi molto bastarda, perchè di nuovo i suoi sospetti tornarono a ritoccargli l'animo, onde gli disse: fratello, s'io fossi giudice e voi foste caduto sotto la mia giurisdizione per qualche delitto, per lo quale io dovessi farvi gl'interrogatori che vi ho fatti, la risposta che m'avete fatta mi obbligherebbe a farvi dare tratti di corda. Non voglio sapere chi siate, nè come vi chiamate o dove andate: però vi avvertisco, che se in questo viaggio mi volete mentire, mentiate con più apparenza di verità. Dite che andate alla Roccia di Francia, e la lasciate a man destra lontana da questo luogo da cento miglia e più. Camminate di notte per giungervi più presto ed andate fuora di strada fra boschi e boscaglie, che appena vi si trova sentiero non che strada. Amico, levatevi di qui, ed imparate a mentire ed andate in buon'ora. Ma per questo buon aiuto che vi ho dato e per il buon avviso che io vi do, non mi direte voi una verità? Sì, che la direte, poichè sapete sì mal mentire. Ditemi, siete voi per sorte uno che ho veduto spesse volte in corte tra paggio e cavaliere, che aveva fama di essere gran poeta, e che fece una canzone ed un sonetto ad una zingaretta che i giorni passati andava per Madrid, che era tenuta di singolar bellezza? Ditemelo, ch'io vi prometto a fè di cavaliere zingaro, di tenervi segreto, come giudicherete voi che più vi si convenga. Ma avvertite bene che negarmi la verità di essere quello ch'io dico, non avrebbe apparenza di verità; perciocchè questa faccia che veggo qui, è quella stessa che vidi a Madrid. E senza dubbio la fama del vostro bell'ingegno fece sì che molte volte vi mirai come uomo raro ed insigne, ed in tal modo mi restò fissa nella memoria la vostra faccia, che l'ho ben conosciuta ancorchè siate in abito molto diverso da quello nel quale eravate allora. Non vi turbate, ma fate animo, e non pensate d'essere giunto ad una compagnia di ladri, ma ad un asilo dove sarete guardato e difeso da tutto il mondo. Io m'imagino una cosa (se non travia la mia imaginazione), che voi vi siete incontrato colla vostra buona ventura nell'esservi incontrato in me. E ciò ch'io mi pento è, che, essendo voi innamorato di Preziosa, quella bella zingaretta alla quale faceste i versi, siate venuto a cercarla: per la qual cosa non vi avrò in minore stima, ma in molto maggiore vi terrò; perchè sebben sia zingaro, l'esperienza m'ha mostrato fin dove arriva la potente forza d'amore, e le trasformazioni che fa fare a quelli ch'ella coglie sotto la sua giurisdizione ed il suo imperio. Se questo è, come credo che sia senza dubbio alcuno, qui è la zingaretta che cercate. È vero, disse il morsicato, e l'ho veduta questa notte (parole, per le quali il cavaliere Andrea restò come morto, parendogli che fosse giunto al capo della confirmazione del suo sospetto), però non mi arrischiai a dirle quale io fossi, perchè ciò non mi conveniva.

Dunque, seguitò il cavaliere, voi siete il poeta che vi ho detto? Io son quello, rispose il giovine, che nè posso nè voglio negarlo: e forse potrebbe essere che dove io abbia pensato di perdermi, fossi venuto a guadagnarmi, se fedeltà si trova nelle selve e rifugio nei monti. La vi si trova senza dubbio, disse il cavaliere Andrea, e fra noi zingari la maggior segretezza del mondo. Con questa confidanza, signore, mi potrete scoprire l'animo vostro, che troverete nel mio ciò che desiderate senza doppiezza alcuna. La zingaretta è mia parente e sottoposta a fare ciò che vorrò; se la volete per moglie, io e tutti i suoi parenti ne avremo piacere, o se anco per amica, non ve la negheremo purchè abbiate denari, perciocchè la cupidigia mai esce dai nostri alberghi. Denari ho, rispose il giovine, nelle maniche di questa camicia ch'io porto attraversata su per le spalle, e sono quattrocento scudi d'oro. Fu questa un' altra ferita mortale che penetrò il cavaliere, veggendo che il portar tanti danari colui, non poteva esser per altro che per comprarsi il suo caro pegno. E con voce quasi tremula disse: Questa è buona quantità; non occorre altro se non manifestare il vostro intento, e quello sortirà effetto, e la fanciulla che non è punto sciocca, conoscerà di che vantaggio le potrà essere se sarà vostra. Ahi amico, sappiate che la forza che mi ha fatto mutare l'abito non è quella d'amore, nè il desiderare Preziosa come voi dite; perciocchè in Madrid non mancano di molte belle che possono e sanno rubare i cuori e cattivare le anime sì destramente e meglio che le più belle zingare; ancorchè io conceda che la bellezza di questa vostra parente avanza quante ho mai vedute. E chi m'abbia condotto a questo viaggio a piedi, e sia causa che mi hanno morso i vostri cani non è amore, ma la disgrazia mia. Per queste parole che il giovane andava dicendo, si sentiva il cavaliere Andrea ricuperare gli spiriti smarriti, parendogli che fossero indirizzate ad altro fine differente da quello ch' egli si era imaginato; e desideroso di uscire di quella confusione, tornò ad assicurarlo che poteva sicuramente aprirgli il suo secreto; onde egli seguitò dicendo: Io stava in Madrid in casa d'un signore de'principali e titolato, il quale io serviva non come mio signore, ma come mio parente. Costui aveva un figliuolo unico suo erede; il quale, sì per lo parentado come per essere amendue d'una medesima età e condizione, meco trattava, e conversava con molta famigliarità ed amicizia. Occorse che questo cavaliere s'innamorò di una donzella di qualità non men che rilevata, la quale egli volontieri si avrebbe presa per moglie, se non avesse avuta la volontà soggetta (come figliuolo ubbidiente) a quella de' suoi genitori, i quali aspiravano ad ammogliarlo anco più altamente. Con tutto ciò egli con tanta segretezza la serviva, che dagli occhi ingannati

non potevan le lingue cavar soggetto di palesare o conoscere i suoi desii. Io solo era testimonio de'suoi in-
tenti. Or venne una notte che la disgrazia doveva aver
eletta, pel caso che ora vi dirò. Passando [il mio parente ed io per la strada, e davanti alla porta della
casa dove abita questa fanciulla, vedemmo appoggiati
a quella due uomini che parevano di buon garbo. Volle
il mio parente andar a riconoscerli, ed appena era in-
viatosi alla volta di quelli, che con molta prestezza
cacciarono mano alle spade ed ai brocchieri, e vennero
verso di noi che facemmo il simile, e con arme uguali
ci assalimmo. Ben poco durò la zuffa, perchè non durò
molto la vita dei due contrari; i quali la perderono
in un medesimo tempo da due stoccate, una menata
dalla gran gelosia del mio parente, e l'altra dalla difesa
che io per lui faceva. Strano caso e rade volte veduto.
Trionfando noi dunque di quello che non avremmo
voluto incontrare, tornammo a casa, dove segretamente
pigliando quanti denari noi potemmo, ci ricovrammo
nel luogo più vicino aspettando che il giorno scoprisse
il succeduto, e qual voce corresse fra la gente chi avesse
commesso gli omicidj. Sapemmo che di noi due non
era indizio alcuno, ed i prudenti uomini di esso luogo
ci consigliarono che noi tornassimo a casa, e che con
la nostra assenza non dessimo o svegliassimo alcun
sospetto del fatto nostro. Ora in quello ch'eravamo
deliberati di seguire il loro parere, ci avvisarono che
i signori giudici di corte avevano fatto prendere nella
propria casa il padre e la madre della donzella, e la
medesima donzella, ed insieme alcuni servidori di casa;
fra' quali essendo esaminata una fantesca della signora,
disse che il mio parente spasseggiasse di notte e di
giorno per quella strada, vagheggiando la sua padrona,
e che con quest'indizio ne andavan cercando, e non
trovando se non i segni della nostra fuga, si confermò
per tutta la corte essere stati noi gli uccisori di quei
due cavalieri, ch'erano i principali di essa corte.

Infine, di parere del conte mio parente e dei sopradetti uomini, dopo quindici giorni che stemmo ascosi, il mio compagno vestitosi da contadino se ne andò alla volta di Aragona con pensier di passarsene in Italia, e di là sino in Fiandra, per aspettare che fine avrebbe avuto in questo caso. Io volli dividere la nostra sorte, perchè essa non corresse per un medesimo cammino: seguitai altra strada differente da quella del mio parente e travestito a piedi me ne uscii di Madrid con uno che mi lasciò in Talavera, da dove son venuto solo e fuor di via, sino a che questa notte ho dato fra queste quercie, dove m'è succeduto quel che vedete. E se dimandai della strada per la Roccia di Francia, ciò feci per rispondere qualche cosa a quello che mi veniva dimandato; chè invero altro non so della Roccia di Francia, benchè io sappia che quella è di là di Salamanca. Egli è così, rispose il cavaliere Andrea, ed ora la lasciate alla man destra ottanta miglia incirca da questo luogo; acciocchè voi sappiate quanto diritto viaggio avreste fatto se vi foste stato.

Quello che in effetto ho pensato di fare, soggiunse il giovine, non è più oltra di Siviglia, che quivi sta un gentilumo genovese, amicissimo del conte mio parente, il quale suole mandare a Genova gran quantità d'argento; ed io fo disegno ch'egli mi accomodi con quelli che hanno da condurlo come se io fossi uno di essi, e con questo stratagemma potrò passare sicuramente insino a Cartagena, e d'indi in Italia, perchè di breve debbono venir due galere ad imbarcare quest'argento. Questa, amico caro, è la mia istoria. Guardate ora se posso dire che questo incontro mi nasca più da mera disgrazia che da forza d'amore. Però se questi signori zingari volessino condurmi con essi loro fino a Siviglia, se vanno a quella volta, io li pagherei molto bene: perocchè mi do ad intendere, che nella loro compagnia andrei più sicuro, e senza la temenza con che cammino.

— Sì, davvero, essi vi condurranno, rispose Andrea, e, se non sarà appunto la nostra torma, perchè io non so ancor bene s'ella vada in Andalusia, vi sarete condotto da un'altra che incontreremo lungo il cammino fra due o tre giorni. Regalando loro un pizzico degli scudi che avete indosso essi faran stringhe della lor pelle per accontentarvi in ogni vostra bisogna.

Andrea lasciò un momento il ferito e andò a contare agli altri zingari quanto gli aveva narrato e ciò che domandava istantemente, come pure l'offerta ch'egli faceva di un bel gruzzolo di monete in retribuzione.

Tutti furon di parere ch'egli facesse parte della torma. Preziosa sola fu di contrario avviso, e la nonna disse che, in quanto a lei, le era assolutamente impossibile di recarsi a Siviglia, perchè, gli anni scorsi, ella aveva giuocato un brutto-tiro ad un berrettaio chiamato Friguillos, assai noto in paese. L'avea nientemeno fatto entrare in una gran vasca d'acqua fino al collo, nudo come un verme, e con una corona di cipresso in capo aspettando il tocco di mezzanotte per escire dalla vasca, dar di piglio alla sua zappa e scavare un grosso tesoro ch'essa aveva dato ad intendere essere nascosto in un certo angolo della sua casa. Appena il credulone intese il segno, aggiunse la vecchia scaltra, egli tanto vi affrettò mani e piedi per uscire dalla vasca, per non perdere la bella congiuntura, che fece rotolare a terra la vasca insieme a lui, e così tutto ammaccossi, si scorticò in diversi punti, e rimase a nuotare nell'acqua sparsa sul tavolato gridando a tutta gola che annegava; sua moglie, il vicinato, accorsero tosto con lumi, e lo videro che faceva tutte le contorsioni di chi annega, soffiando furiosamente, trascinando il ventre a terra, e gridando da disperato:

« — Aiuto, aiuto, ch'io annego. »

La paura l'assalì talmente che non credette

altro se non d'essere in un lago dov'egli si affogasse:
Lo abbracciarono subito cavandolo di quel pericolo, e
ritornato in sè ebbe da raccontar la burla della zingara.
e con tutto ciò zappò in quella parte ch'ella gli aveva
detto, più che d'un braccio in profondo, al dispetto di
quanti gli dicevano, che era inganno della zingara;
ed avria continuato quel zappare, se non glielo avesse
impedito un suo vicino, perchè aveva già cominciato a
toccare le fondamenta della sua casa, e di modo che
avrebbe fatto rovinare amendue, quella e questa. Sapu-
tasi la novella per tutta la città, fino a'fanciulli lo mostravano a dito, e raccontavano la sua credulità e l'inganno della zingara, la quale questo narrò, e se lo
prese per iscusa di non voler andare a Siviglia.

I zingari, che già sapevano dal cavalier Andrea, che
il giovane aveva soldi in buona quantità facilissima-
mente lo riceverono nella lor compagnia, con offerirgli
di guardarlo ed occultare tutto il tempo, ch'egli vorrebbe, e deliberarono di torcere il viaggio a man sinistra, ed entrare nella Mancia, e nel regno di Murcia,
poscia chiamarono il giovine, e gli dissero quello che
volevano per lui fare. Ei gli ringraziò e donò loro cento
scudi in oro, acciò se gli spartissero fra di tutti. Con
questo donativo restarono inteneriti più che non è una
pelle di martora e molto affezionati verso di lui. Solo
a Preziosa non piacque, chè don Sancio con loro si
restasse (questo disse il giovine esser il suo vero nome):
ma non ostante ciò i zingari glielo mutarono chiaman-
dolo Clemente, e così da indi in poi lo chiamarono
sempre. Ancora il cavalier Andrea rimase alquanto
di mala voglia, e non contento che fusse restato Clemente in compagnia loro, parendogli che di leggieri e
con ben poco fondamento, egli avesse lasciati li suoi primi disegni; ma Clemente, come se penetrasse la sua
intenzione, od il suo sospetto fra le altre cose questa
gli disse, che aveva desiderio d'andare nel regno di

Murcia per essere quello vicino a Cartagena, dove se venissero galere, come egli si credeva che dovessin venire, potesse con facilità passare in Italia. Finalmente il cavalier Andrea volle che Clemente facesse con esso seco camerata per averlo più innanzi agli occhi, a fine di osservare le sue azioni, e drittamente esaminare i suoi pensieri, e Clemente si tenne questa amicizia a gran favore. Andavano sempre insieme, largamente spendevano e spandevano scudi; correvano, saltavano, ballavano e tiravano il palo meglio di nessuno degli altri zingari, e dalle zingare erano più che mediocremente ben voluti e dagli zingari pure assai rispettati.

Lasciarono dunque l'Estremadura ed entrarono nella Mancia, e camminando a poco a poco giunsero nel regno di Murcia e per tutte le terre, castelli e borghi, dove passavano essi, erano disfide di palla, di scrimia, di correre, saltare e trar il palo e d'altri esercizj di forza, destrezza e leggierezza, e sopra tutti (come già abbiamo detto) il cavalier Andrea e Clemente ne riportavano l'onore. Ed in tutto quel tempo che fu più d'un mese e mezzo, Clemente mai ebbe occasione, nè gli la procurò di parlare con Preziosa, finchè un giorno stando insieme il cavaliere Andrea ed essa, accostatosi egli alla loro conversazione (perchè ve lo chiamarono), Preziosa gli disse: Insino dalla prima volta che tu sei giunto a questi nostri alloggiamenti, io ti conobbi Clemente, e mi venne in mente che tu mi desti alcuni versi in Madrid, ma cosa alcuna non volli dire, perchè io non sapeva con che intenzione eri venuto qua; e quando seppi della tua disgrazia mi rincrebbe nell'anima e poi rassicurossi l'animo mio ch'era tutto turbato, pensando che come vi erano nel mondo dei don Giovanni, che si mutavano in cavalieri Andrea, così vi potessero essere dei don Sanci, che si mutassino in altri nomi. Parlo a te in questo modo, perchè il cavalier m'ha detto d'averti dato contezza dell'essere suo e della

causa che l'ha portato a farsi zingaro (ed era vero
che il cavalier Andrea l'aveva ragguagliato di tutta la
sua istoria, per poter comunicare con lui i suoi pensieri). E non pensare che ti abbia giovato poco il
conoscerti io; posciachè per mio rispetto e per quello
che di te dissi, si facilitò l'albergarti e ricevere in
nostra compagnia; dove voglia Iddio che ti succeda
tutto quel bene che tu saprai meritare. Io voglio che
tu mi contraccambi questo buon desiderio con non
minacciar mai al mio cavaliere Andrea la bassezza
del suo intento nè gli metti davanti agli occhi quanto disdica alla qualità sua il suo perseverare in què-
sto stato; che quantunque io creda che sotto alla
chiave della volontà mia stia la sua, però a me rin-
crescerebbe molto vederlo mostrar segni, per minimi
che fossero, di qualche pentimento. A questo rispose
Clemente: Non credere, unica Preziosa, che il cavalier
Andrea con leggerezza d'animo m'abbia scoperto chi
egli sia; prima l'ho conosciuto io ed i suoi occhi mi
scopriron i suoi pensieri. Fui il primo a dir a lui chi
egli fosse innanzi che me ne dicesse; m'indovinò la
prigione della volontà sua come m'hai accennato; e
dandomi egli quel credito ch'era ragione che desse,
fidò il suo secreto al mio: ed esso è buon testimonio,
che io lodai la sua determinazione e che si fosse posto a questa degna impresa. Io non sono, o Preziosa,
di sì rozzo ingegno che non conosca fino dove si stenda
la forza e l'imperio della bellezza, maggiormente la
tua, perchè ella trapassa i limiti di tutti gli estremi
delle altre beltadi. E bastante discolpa di maggior errori, se pur si possano chiamar errori, quei che si fanno
per cause tanto degne e sì potenti. Ti ringrazio, signora, di quello che per mio credito dicesti, ed io penso
contraccambiarloti con il desiderare che quest'amorosi
lacci abbian felice fine, e che tu goda il tuo cavaliere Andrea, ed egli similmente la sua Preziosa, con gusto

de' suoi genitori, acciocchè da sì bell'accoppiamento
noi veggiamo nel mondo i più bei germi, che la savia
natura possa formare. Questo desidero, Preziosa, e questo dirò sempre al tuo cavalier Andrea e non cosa alcuna, che lo rimova dai ben collocati suoi pensieri.
Disse Clemente queste parole con tanto affetto che il
cavaliere stette in dubbio, se quelle avesse dette come innamorato o come uomo discreto e cortese; perciocchè della gelosia l'infelice infermità è di tal sorta, ch'ella nasce da un atomo, perchè s'egli tocca la
cosa amata, l'amante s'ange e si dispera.

Tuttavia, egli non ebbe per siffatte parole la ere-
sia confirmata; fidandosi molto più nella fede di Preziosa, che nella sua buona ventura, perchè sempre
gl'innamorati si chiaman infelici, mentre che non conseguiscono quello che bramano. Insomma il cavalier
Andrea e Clemente eran compagni e grand'amici, as-
sicurando il tutto la buona intenzione di Clemente e
la modestia e prudenza di Preziosa, che mai diede occasione di gelosia al suo cavaliere. Clemente aveva
umore e di molti concetti da poeta, come si conobbe
ne' versi ch'esso diede a Preziosa, ed anco il cavalier
Andrea se n'intendeva, ed ambedue erano affezionati
e dilettavansi di musica.

Occorse dunque, ch'essendo la compagnia alloggia-
ta in una valle distante sedici miglia da Murcia, una
sera per passar tempo, stando a sedere Andrea al piè
d'un sughero, e Clemente a quello d'una quercia ciascuno con la sua chitarra, ed invitati dal silenzio della
notte a vicenda, cantarono i seguenti versi:

Andr. Mira Clemente, el estrellado velo,
   Con que esta noche fria
   Compite con el dia
   De luces bellas adornado el cielo:

Andr. Mira, o Clemente, il velo stellato col quale questa

Y en esta semejanza,
Si tanto tu divino ingenio alcanza,
A quel rostro figura,
Donde asiste el extremo de hermosura,
Clem Donde asiste el extremo de hermosura,
Y adonde la Preciosa
Honestidad hermosa,
Con todo extremo de bondad se apura
En un sugeto cabe,
Que no ay humano ingenio que le alabe,
Si no toca en divino,
En alto, en raro, en grave y peregrino.
Andr. En alto, en raro, en grave y peregrino,
Estilo nunca usado
Al cielo levantado,
Por dulce al mundo, y sin igual camino,
Tu nombre, ò Gitanilla!
Causando asombro, espanto y maravilla,
La fama yo quisiera,
Que le llevara hasta la octava Esfera.
Clem. Que le llevara hasta la octava Esfera
Fuera decente, y justo,
Dando à los cielos gusto,
Cuando el son de su nombre allà se oyera,

fredda notte; ornato il cielo di belle luci, gareggia col giorno; così, se il tuo divino ingegno giunge a tanto, quel viso imita ov' è la somma bellezza.

Clemente. — La somma bellezza e la vaga onestà *Preziosa*, che meravigliosamente si accoppiano in lei; chè non havvi umano ingegno il quale laudando l'agguagli, se non s'accosti al soprannaturale, al sublime, al raro, al grave ed al peregrino.

Andrea. — Con sublime, raro, grave, peregrino e nuovo stile, levato al cielo, io vorrei fama, o Zingaretta, che, per dolce e strano cammino, cagionando stupore, spavento e meraviglia, levasse il tuo nome sino all'ottava sfera.

Clemente. — Che lo levasse sino all'ottava sfera saria convenevole e giusto, allietando i cieli quando lassù s'udisse il suono del

       Y en la tierra causara
       Por donde el dulce nombre resonara
       Musica en los oidos,
       Paz en las almas, gloria en los sentidos.

Andr. Paz en las almas, gloria en los sentidos,
       Se siente cuando canta
       La Sirena, que encanta,
       Y adormece à los mas apercebidos
       Y tal es mi Preciosa,
       Que es lo menos que tiene ser hermosa:
       Dulce regalo mio,
       Corona del donaire, honor del brio.

Clem. Corona del donaire, honor del brio
       Eres, bella Gitana,
       Frescor de la mañana,
       Zefiro blando en el ardiente Estio,
       Rayo con que Amor ciego
       Convierte el pecho mas de nieve en fuego,
       Fuerza, que ansi la hace,
       Que blandamente mata, y satisface.

Davano segni il libero ed il cattivo di non finire
così presto, se non avessero udito risuonarsi alle spalle
la voce di Preziosa (che la loro aveva sentito) e per
udirla meglio, e senza moversi con grande attenzione
e meraviglia stettero ad ascoltarla. Ella con moltissima

---

tuo nome, ed ovunque risonasse, saria musica alle orecchie, pace
alle anime, gloria ai sensi.

Andrea. — Pace nelle anime, gloria nei sensi si sente quando
canta la incantatrice Sirena, che ammalia i più scaltri; e tal' è la
mia Preziosa, di cui ultimo vanto è la beltà; dolce mio dono, corona ed onore di viva grazia e gentilezza.

Clemente — Corona di onore e di grazia, o bella Gitana, brezza
del mattino, zefiro lieve nell'ardente stagione estiva, raggio col
quale il cieco Amore converte il petto più di neve, in fuoco, poten-
ba che diletta ed uccide.

grazia cantava i seguenti versi, come se per rispondere agli altri precedenti fossero stati fatti; non so se d'improvviso o se composti con più tempo.

* En esta empresa amorosa,
 Donde al Amor entrerengo,
 Por mayor ventura, tengo
 Ser honesta, que hermosa.
La que es mas humilde planta,
 Si la subida endereza,
 Por grazia o naturalesa
 A los cielo se levanta.
En esto mi bajo cobre,
 Siendo honestidad su esmalte,
 No ay buen deseo que falte,
 Ni riqueza que no sobre.
No me causa alguna pena,
 No quereme, o no estimarme;
 Que yo pienso fabricarme
 Mi suerte, y ventura buena.
Haga yo lo que en mi es,
 Que à ser buena me encamine,
 Y haga el cielo, y determine
 Lo que quisiere despues.
Quiero ver si la belleza,
 Tiene tal prerogativa,
 Que me encumbe tan arriba,
 Que aspire à mayor alteza.

* In questa impresa leggiadra, dove intrattengo l'amore, mi ascrivo a maggior ventura l'essere onesta, che bella. — La pianta più umile, può per grazia o per felicità di natura levarsi al cielo. — In questa mia bassa argilla, essendo l'onestà suo ornamento; non havvi buon desiderio che manchi, nè ricchezza che non soverchi. — Non mi dà pena alcuna il non amarmi o stimarmi, ch'io penso fabbricar per me stessa la mia sorte e la lieta ventura. — Da me sia fatto il possibile, prenda il sentiero del bene;

Si las almas son iguales,
   Podrà la de un labrador
   Igua'arse por valor
   Con las que son imperiales.
De la mia lo que siento
   Me sube al grado mayor,
   Porque Majestad, y amor
   No tienen un mismo asiento.

Qui Preziosa pose fine al suo canto, ed il cavaliere
Andrea e Clemente si alzarono in piedi per riceverla.
Tra loro tre passarono discreti ragionamenti, e Preziosa nel suo párlare fece conoscere tanta discrezione, ed onestà essere in lei, accompagnata dall'acutez-
za del suo bell'ingegno, che presso Clemente l'intenzione del cavaliere trovò discolpa; che fin allora
non l'aveva ancor trovata: perchè attribuiva più a
gioventù, che a prudenza quella sua precipitosa determinazione. Quella mattina furon levati gli alloggiamenti ed andaron a stanziare in una terricciuola
della giurisdizione di Murcia, lontana da questa solamente dodici miglia, dove successe al cavalier Andrea una disgrazia, che il pose a pericolo di perdere
la vita e fu di questa sorta; che avendo i zingari
consegnato al castellano di quel luogo (com'era usanza) alcuni vasi ed altre argenterie per sicurtà, che
non avrebbon rubàto nella sua giurisdizione, Preziosa, l'avola sua e Cristina con altre due zingarette, Clemente ed il cavaliere alloggiarono in casa di
una vedova ricca, la quale aveva una figliuola

e poi il cielo faccia e determini ciò che vuole. — Voglio vedere
se la bellezza ha tale prerogativa da innalzarmi a siffatta altezza da potere ancora aspirare a luogo più eccelso. — Se le
anime sono eguali, quella di un contadino potrà agguagliarsi
per virtù all'animo degl'imperatori. — Ciò che sento della mia
mi trasporta sopra la comune sfera, perchè amore e maestà non
hanno il medesimo seggio.

di diciassette in diciotto anni, più licenziosa che bella, e per darne segno maggiore, Giovanna Carduccia era chiamata. Avendo questa visto ballare le zingare co' zingari, fu presa da voglia insana; perchè s'innamorò del cavalier Andrea sì fattamente, che propose di dirglielo e prenderselo per marito, s'egli volesse; ancorchè tutti i suoi parenti le vietassero ciò fare. Così cercando congiuntura da farsi intendere, trovollo in un cortile, dove egli era entrato a cercare due asinelli. Ella se gli accostò e con gran fretta, acciocchè non fosse veduta, gli disse; Cavaliere Andrea (che già ella sapeva il suo nome) io sono donzella e ricca, perchè la mia madre altri figliuoli non ha che me, e questa casa è sua; ed oltre a questo ha molte vigne ed altre quattro case; tu mi hai dato nell'umore, però se mi vuoi per tua moglie, sta in te solo. Rispondi presto, e s'hai giudizio, restati qui e tu vedrai che vita allegra ci daremo.

Restò stupito il cavalier Andrea della risoluzione della Carduccia e con quella prestezza ch'ella aveva chiesto, le disse: Signora donzella, ho già data parola di ammogliarmi e non s'ammogliano i zingari se non con zingare: però Iddio vi dia ogni bene e vi guardi da male, per tanta grazia che voi mi volevate fare, della quale non sono degno. Stette quasi la Carduccia per cader morta all'acerba risposta del cavaliere; a cui avrebbe replicato altre parole, se non avesse veduto ch'entravano altri zingari nel cortile. Uscì di lì confusa ed alterata, e volontieri si sarebbe allora vendicata se avesse potuto. Deliberò il cavalier Andrea, come giudizioso, d'allontanarsi da quell'occasione, che il diavolo gli porgeva davanti; perchè ben vide negli occhi di colei, che anco senza il vincolo del matrimonio ella era per darsi a tutto quello ch'egli voluto avesse; e non volle esporsi a corpo a corpo in quello steccato, e così ei chiedette a tutti i zingari che quella sera si partissero di quel luogo. Questi, che sempre l'ubbidivano subito, gliene compiacquero, e quella sera si partirono. Veggendo la Carduccia, che nel partirsi il cavaliere se ne portava seco la metà dell'anima sua, e che non le restava tempo da poter sollecitare il compimento de' suoi desiderj deliberò di trovar modo di farcelo restar per forza, poichè altrimenti non poteva; e così con l'industria, sagacità e segretezza, che il suo cattivo intento le insegnava, mise fra le robe del cavalier Andrea ch'ella conobbe esser di lui, alcuni coralli in filza e due medaglie d'argento, con altri suoi gioielletti di poca valuta. Appena erano usciti di quella osteria ch'ella cominciò a gridare, che quegli zingari le avevan rubato i suoi gioielli; alle cui grida venne la corte e tutta la gente del luogo.

Giurarono tutti i zingari, che cosa alcuna non avevan rubata, e voterebbono tutti i sacchi e ripostigli della lor compagnia. Questo fece alterare fuor di modo la vecchia zingara, temendo che in quello scrutinio si manifestassero le gioie di Preziosa ed i vestiti di don Giovanni ch'ella con molta cura ed avvedutamente serbava. Ma la buona Carduccia rimediò tutto con brevità; perciocchè al secondo invoglio che guardarono, disse, che domandassino qual era quello del zingaro ballarino, ch'essa l'aveva veduto entrare nella sua camera due volte e che potrebbe essere, ch'esso gli avesse rubati. Intese il cavalier Andrea che per lui quella ella diceva e sorridendo, così le disse: Signora donzella, questa è la mia guardaroba e questo il mio asino; se voi troverete in quella ciò che dite mancarvi, voglio pagarvelo sette volte più di quello che vale, oltra il sottopormi al gastigo, che dà la legge ai ladri. Corsero subito i ministri della giustizia a svaligiare ed a cercare in quelle robe; e poco ebbero cercato che trovarono il furto, di che restò sì sbigottito e spaventato il cavaliere, e come fuor di sè che, fatto immobile, pa-

-reva che trasmutato fosse in una pietra. Oh! dunque non fu vano il mio sospetto, disse allora la Carduccia; guardate signori, come sotto si bella cera si copre un sì gran ladrone.

Il giudice del luogo, ch'era presente prese a dire mille ingiurie al cavaliere ed a tutti i zingari, chiamandoli pubblici ladri ed assassini da strada. A tutto ciò niente rispondeva il cavaliere sospeso e pensoso, e non poteva imaginarsi il tradimento della Carduccia. In questo mentre se gli accostò un soldato bizzarro, nipote del giudice, il qual gli disse: Non vedete come è restato confuso il zingaro ladrone esperto ed invecchiato nel ru-bare? Io scommetterei, ch'egli vorrà fare dell'uomo da bene e negare il furto, ancorchè se gli abbia trovato nelle mani. Iddio mantenga che vi manderà tutti sopra una galera. Guardate se questo briccone non istarebbe meglio al remo servendo Sua Maestà che di andar ballando di luogo in luogo e rubando d'osteria in osteria, e per tutto dov'egli possa carpire '. Affè di soldato, che stò per dargli un mustaccione e gittarmelo ai piedi: il che dicendo egli senza far più parole alzò la mano e gli dette una guanciata a braccio sciolto e si gagliarda, che lo fece ritornar in sè e gli destò nella memoria ch'ei non era allora il cavalier Andrea, ma si ben don Giovanni e vero cavaliere: perchè subito egli assalì il soldato con gran prestezza e con più collera, cavan-dogli per forza dal fodero la propria spada, gliela rin-foderò nel corpo gittandolo morto a terra. Allora il popolo alzò un grandissimo grido e sdegnossi in gran maniera il giudice; Preziosa si tramortì, e molto si turbò il cavalier Andrea, rincrescendogli oltremodo di vederla angustiata ed isvenuta. Tutti corsero all'arme, e si spinsero alla volta dell'uccisore. Crebbe quella con-fusione, e crebbero le grida: e per soccorrere all'af-

' Rubare.

fanno di Preziosa, lasciò il cavaliere d'attendere alla propria difesa. Portò la sorte, che Clemente non si trovò presente all'infelice caso, perchè con le bagaglie era di già uscito ed ito via della terra.

Finalmente furono tanti ad avventarsi addosso al cavaliere che restò preso, e con due molto grosse catene l'incatenarono. Avrebbe voluto il giudice di subito farlo impiccare se avesse potuto: ma doveva mandarlo a Murcia, per essere quel luogo sotto la giurisdizione di quella, dove non lo condussero infin all'altro giorno, e durante quel poco tempo egli patì di molti strazj e vituperj, che lo sdegnato giudice, i suoi ministri e tutti quelli della terra gli fecero.

Fece il giudice prendere tutti quei zingari e zingare ch'egli potè, perchè la maggior parte d'essi era scampata via e fra loro Clemente, che temè d'essere còlto ed iscoperto.

In fine, con un sommario dell'informazioni del caso e con una gran fila di zingari, il giudice, i suoi ministri ed altra gente armata entrarono in Murcia; fra quali era Preziosa ed il povero cavaliere tutto avvinto e carco di catene e con manette alle mani ed i ceppi a' piedi sopra un mulo. Tutta Murcia usciva delle case per veder i prigioni, perchè già si sapeva la morte del soldato. Ma in quel giorno tanta parve a tutti la bellezza di Preziosa, che ognuno che la guardava la benediva; e ne venne la nuova alle orecchie della moglie del podestà: la quale per curiosità di vederla, fece sì, che il marito comandasse, che quella bella zingaretta non entrasse nella prigione con gli altri zingari: ma fu posto il cavalier Andrea in una stretta e buia segreta, la cui oscurità e l'esser priva dalla luce di Preziosa, lo trattarono di modo che ben credeva di mai uscire di lì vivo, se non per entrar morto nella sepoltura. Condussero Preziosa, con la sua avola, dalla moglie del podestà acciocchè la vedesse; e subito ch'essa la vide, disse: Con ragione la lodano per bella; accostandosele abbracciolla teneramente e non si saziava di mirarla, e domandò a sua avola di che età era quella fanciulla. Ella ha quindici anni (rispose la zingara) e due mesi, poco più o meno. Tanti ne avrebbe ora (disse la gentildonna) l'infelice mia Costanza. Ohimè! questa fanciulla m'ha rinnovata la memoria della mia disgrazia.

Allora Preziosa prese le mani di lei e baciandogliele per molte volte, bagnolle con le sue lagrime e le diceva: Signora mia, il zingaro prigione non ha colpa, perchè fu provocato a fare quello che fece; fu chiamato ladrone e non è tale; gli fu dato uno schiaffo sul viso, nel quale ben si scorge la bontà dell'animo suo. Pregovi per amor di Dio, cara signora, per quella gentildonna che siete, che gli facciate ben guardare la sua giustizia, ed il signore podestà non s'affretti a far eseguir il castigo che vorrebbon le leggi. E se in alcuna maniera v'è stata grata la bellezza che dite essere in me, trattenetela con trattenere l'esecuzione della sentenza contra il prigione, perchè nel fine della sua vita insieme sta il fine della mia. Egli ha da esser il mio sposo e giusti ed onesti impedimenti han disturbato, che insin ora non ci siamo ancor data la mano. Se sarà di bisogno pagar denari per conseguir perdono e pace della parte, tutte le nostre robe si venderanno al pubblico incanto e si darà ancora più di quello che possiamo. Signora mia, se sapete che cosa sia amore e se in alcun tempo voi l'avete provato ed ancor ne avete al signore vostro marito, abbiate compassione di me, che amo con tenerezza ed onestà colui che deve esser il mio.

Mentre questo diceva la zingaretta, giammai non le lasciò le mani nè lasciò di mirarla attentissimamente, spargendo amare lagrime in molta abbondanza. Medesimamente la gentildonna teneva con le sue mani quelle di Preziosa mirandola con non minor attenzione, e con non manco lagrime.

In questo mentre giunse il podestà, e trovando la sua consorte e Preziosa, ambe piangenti e tanto strettamente attaccatesi l'una con l'altra per le mani, restò meravigliato si di quel pianto, come della fanciulla. Dimandò della cagione di quel dolore; allora Preziosa, perchè gli rispondesse, lasciò le mani della signora e gittandosegli davanti inginocchióni s'attaccò a'suoi piedi, dicendo: Misericordia, signore, misericordia, se il mio sposo muore sarò morta anch'io. Egli non è in colpa o se la ha, sia data a me la pena; o pur se questo non possa conseguirsi almeno si trattenga il processo, con prolungare l'espedirlo, finchè si cerchino i mezzi possibili per aiutarlo; che potrebbe essere che quello, che non peccò maliziosamente fosse liberato dal cielo, che gli mandasse la salute di grazia.

Con nuova meraviglia e sospensione d'animo restò il podestà, udendo le discrete parole della zingaretta; e s'egli non si fosse ritenuto, per non dar alcun segno ed indizio di debolezza, non v'era dubbio, che l'avrebbe accompagnata nelle sue lagrime. Fra tanto stava considerando la vecchia zingara molte grandi e diverse cose; ma dopo ch'ebbe rivolte pel cervello quelle sue perplessità disse: Di grazia, signori, le signorie vostre m'aspettino un poco, ed io farò che questi pianti convertirannosi in allegrezza, ancorchè mi ci andasse la vita; e così con leggiero passo se n'uscì della sala, lasciando gli astanti molto stupiti per quello che detto aveva. Mentre ch'ella stette a ritornare, non cessò Preziosa di piangere e di pregare, acciò la causa del suo futuro sposo gli fosse prolungata con intenzione d'avvisare il padre di lui, perchè venisse a fare per sua difesa.

Ritornò la zingara con un cassettino sotto il braccio e disse alla signora consorte del podestà, che essi

con lei entrassino in una camera più appartata, perchè
aveva cose grandi da dire loro in secreto. Credendo il
podestà, che per averlo propizio nella causa del prigione, qualche altro furto di zingari gli volesse scoprire, di subito con lei e sua moglie se ne passò in
una retrocamera, ove la zingara inginocchiatasi davanti
a loro, prese a dire: Se le buone nuove che voglio
darvi, signori, non meritassero di conseguire per mancia
il perdono d'un mio gran fallo, son qui per riceverne
il castigo che mi volete dare. Ma avanti ch'io lo con-
fessi, vorrei signori, che mi diceste se conoscete questi
gioielli ed aprendo il cassettino dentro del quale erano
quelli di Preziosa, lo pose in mano al podestà; il quale
vide quei gioielletti puerili, ma non comprese ciò che potessin significare; guardolli parimente la consorte di lui,
pero nè anco ella s'accorse di cosa alcuna: ma solamente disse: Questi sono adornamenti di qualche picciola creatura. Così è, disse la zingara; e di che creatura, lo dice cotesto scritto in quella carta, che sta piegata nella cassetta. Immantinente lessela il podestà e
trovò che diceva.

« Chiamavasi la fanciulla donna Costanza, figliuola
di don Ferdinando d'Azevedo, cavaliere di Calatrava e
di donna Ghiomara di Menesez. Io la rubai in Madrid
in giorno dell'Ascensione del Signore, alle undici ore
dell'anno mille cinquecento novantacinque. La puttina
portava addosso questi ornamenti, che in questo cassettino sono riposti e guardati. »

Appena la gentildonna ebbe udite le parole scritte
nella carta che riconobbe gli ornamenti, e baciandoli
spesso cadde à terra tramortita. Corse da lei il podestà
(innanzi ch'egli avesse domandato alla zingara di sua
figliuola) e ritornata in sè disse alla vecchia: Buona
donna, anzi angelo che zingara, dov'è la creatura di

cui erano queste gioie? Dove, signora; in casa vostra
l'avete. Quella zingaretta che vi fece venire le lagrime
su gli occhi è dessa, e senza dubbio ella è vostra fi-
gliola, ch'io la rubai in Madrid in casa vostra il dì e
l'ora che quella carta accenna. Udendo questo la turbata signora cavossi i zoccoli e con prestezza correndo
ritornò nella sala dove aveva lasciata Preziosa e trovolla, che, circondata dalle sue donzelle e serve, ancor
piangeva, e senza farle parola con gran fretta le slac-
ciò il petto e guardò se avesse sotto la poppa sinistra
un picciol neo bianco col quale era nata e trovollo,
ma alquanto cresciuto. Dopo con la medesima prestezza le scalzò e scoprì un piede di neve e d'avorio
fatto al torno, e vide nel diritto quello ch'ella cercava ed
era, le due dita ultime d'esso attaccate l'uno con l'altro con un poco di carne; la quale quando era bambina, mai non le vollero tagliare per non darle dolore.
Il petto, le dita del piede, i gioielli, il giorno notato in
iscritto, e l'anno ch'ella fu rubata, la volontaria confessione della zingara e l'alterazione di allegrezza ch'a-
vevano sentita suo padre e sua madre, quando la videro, confermarono senza alcun dubbio nell'animo della
gentildonna, essere Preziosa la lor figliuola Costanza: e
così presa in braccio con essa ritornò dov'erano il podestà e la zingara. Ritrovavasi Preziosa in gran confusione, non sapendo intendere perchè con lei s'avessero usate sì fatte diligenze e tanto più, veggendosi
tra le braccia della gentildonna che le dava de' baci
sin alle centinaia. Venuta poi donna Ghiomara con la
preziosa soma a alla presenza del suo marito, e trasfe-
rendola dalle sue braccia in quelle di lui, disse: Rice-
vete signore, la vostra figliuola Costanza, che questa
è e non dubitate in verun modo, perchè il segno delle
due dita attaccate insieme, e quello del petto si trovano
in lei ed io gli ho veduti; di più mel disse l'animo,
insin dal punto che i miei occhi la videro. Io non ne

dubito, rispose il podestà, tenendo in braccio Preziosa, perchè i medesimi effetti ho sentito nell'animo mio, che voi nel vostro. Oltracciò, come avrebbero potuto aggiustarsi insieme tante particolarità e circostanze, se per miracolo non fosse stato? Stava tutta la gente di casa sopra di sè, domandandosi l'un l'altro che poteva essere quello, e tutti credevano cose lontane assai dal vero; perciocchè chi avrebbe imaginato che dei lor padroni fosse figliuola la zingaretta? Disse il podestà alla sua moglie, alla sua figliuola ed alla zingara, che tenessero secreto quel caso, finchè lui lo manifestasse: e disse ancora, ch'ei perdonava alla vecchia l'offesa ch'ella gli aveva fatta in rubargli l'anima sua poichè il gran contento d'avergliela restituita scancellava il suo fallo: ma che solo gli dispiaceva, che sapendo ella le qualità di Preziosa, l'avesse impromessa per essere sposa d'un zingaro, d'un ladrone ed omicida.

Ahi, signor mio, disse allora Preziosa, egli non è nè zingaro nè ladro; se ben ei sia micidiale, lo fu però di quello che gli tolse l'onore, e non potette far di meno che non mostrasse chi egli è, e l'ammazzasse. Come, cara figliuola mia, non è egli zingaro? Allora la zingara vecchia raccontò brevemente la storia d'Andrea cavaliere, dicendo ch'egli era figliuolo di don Francesco di Carcamo, cavaliere di sant'Jacopo, e si chiamava don Giovanni pur cavaliere della medesima milizia: i cui vestiti ella aveva custoditi insin da quando ei gli mutò in quelli di zingaro. Raccontò parimente il concertato che tra lui e Preziosa era seguito, di aspettare due anni di prova innanzi che sposarsi, e disse con parole di gran rispetto dell'onestà di amendue, e della grata condizione di don Giovanni. Tanto si meravigliarono di questo, quanto dell'avere trovata la figliuola. E comandò il podestà alla zingara che andasse per i vestiti di don Giovanni. Ella v'andò; e ritornò con un zingaro che portò quelli. Mentre ella stette ad andare e ritornare, il padre e la madre di Preziosa le fecero mille domande, alle quali ella rispose con tanta discrezione e grazia, che se non l'avessero conosciuta per figliuola se ne sarebbono innamorati. Le domandarono fra le altre cose, se a don Giovanni portava affezione alcuna. Rispose, che non altra che quella la quale la aveva obbligata a doversi mostrare grata ad un cavaliere che si era umiliato a farsi zingaro per amore di lei: con tutto ciò, che la sua volontà non s'allargherebbe mai ad altro più di quello che a loro piacesse. Taci, figliuola Preziosa, disse suo padre (questo nome di Preziosa voglio che ti resti per sempre, in memoria della tua perdita e del tuo ritrovamento), che io mi piglio l'assunto di porti in istato che non disdica da quella che tu sei.

Sospirò Preziosa udendo questo, e sua madre, come donna giudiziosa, intese che sospirasse per essere innamorata di don Giovanni, e disse al suo marito: Signore, essendo don Giovanni di Carcamo cavaliere sì segnalato com'egli è, e amando tanto sinceramente la nostra figlia, per mio parere non istaria se non bene dargliela per isposa. A cui rispose: Solo oggi l'abbiamo trovata, e volete che così presto la perdiamo? Godiamola per qualche tempo, perciocchè dopo maritata ella non sarà più nostra, ma di suo marito. Voi, signore, avete ragione, diss' ella: ma date ordine di cavar fuora don Giovanni, che deve essere in qualche scuro carcere. Vi è senza dubbio, disse Preziosa; perciocchè ad un ladro, micidiale e sopratutto zingaro, non avranno dato migliore stanza. Io voglio andar a vederlo, soggiunse il podestà, come se io andassi a fargli confessare il furto: e di nuovo v'incarico, signora, che nessuno sappia questa storia finchè io non voglia. Ed abbracciata Preziosa, se ne andò alla carcere ed entrò nella segreta dov'era don Giovanni, e non volle che alcuno vi entrasse con lui. Trovollo con amendue i piedi ne' ceppi e con i ferri alle mani, e che non gli avevano ancora levato il piè d'amico [*]. Il camerotto era scuro, ma il podestà fece aprire per di sopra un luminale, per dove entrava un poco di luce, e molto scarsa; e quando vide l'incarceratogli disse: Come sta il buon pezzo di carne? Così avessi io nelle mani quanti zingari sono in Ispagna per finirli tutti in un giorno, come Nerone voleva fare di Roma, con un sol colpo.

Sapete voi, crivellato ladrone, ch'io sia il podestà di questa terra, e che qua io venga per sapere fra me e voi, se sia vero che abbiano fatta sposa vostra una zingaretta che v'era in compagnia? Udendo questo il cavaliere Andrea, s'immaginò che il podestà si fosse innamorato di Preziosa; perchè la gelosia è si sottile che penetra i corpi senza far lesione e dividerli: con tutto ciò, egli rispose: Se quella zingaretta vi ha detto ch'io sia il suo sposo, ha detto il vero; e s'ha detto ch'io nol sia, medesimamente ha detto la verità; perciocchè non è possibile che Preziosa dica bugia. Ed ella è tanto verace! disse il podestà; ciò non è poco in una zingara. Or dunque, galantuomo, ella m'ha detto ch'è vostra sposa, ma che ancora non vi ha data la mano. Ed ha saputo che per la vostra colpa avete da morire; e m'ha pregato che avanti la vostra morte io la faccia sposare con voi, perchè vuole onorarsi di rimanere vedova di un si gran ladrone come voi siete. Faccialo dunque vostra signoria, gli rispose il prigione, com'essa vi ha supplicato, che purchè sia sposato con lei passerò contentissimo all'altra vita, partendomi da questa col nome d'esser suo. Molto la dovete amare, disse il podestà. Tanto, rispose il carcerato, ch'esprimere non si potrebbe. Però vi prego, signor mio, seguitò egli, che la mia causa presto si

[*] Ceppo straordinariamente grosso e sicuro che si mette ai'più arbiti malfattori.

spedisca. Uccisi quello che volle levarmi l'onore, ed al pari di me io amo quella zingaretta; e morrommi contento se morirò in grazia sua, e son sicuro che non ci abbia da mancare quella di Dio; poichè abbiamo osservato con ogni onestà e puntualità quello che noi ci promettemmo l'uno all'altro. Questa notte io manderò per voi, disse il podestà, e nella mia casa sarete sposato con Preziosetta, e domani a mezzogiorno vi farò impiccare ad una forca: con che avrò fatto quello che è di giustizia, e soddisfatto al desiderio d'ambedue voi. Ringraziollo il cavaliere Andrea, e tornossene il podestà a casa sua, ed alla moglie diede contezza di ciò che con don Giovanni era passato, e d'altre cose che ei pensava di fare.

Mentr'egli si fermò nella prigione, raccontò Preziosa a sua madre, insin dall'uovo, il corso della sua vita; e come sempre aveva creduto di esser zingara, e nipote di quella vecchia; ma tuttavia ch'ella si era stimata di assai miglior condizione che quella di zingara. Sua madre le comandò che le dicesse la verità, se ella amava don Giovanni di Carcamo. Con rossore e con gli occhi chinati a terra le rispose: che per aver considerato la qualità di zingara, e che migliorerebbe la sua bassa sorte maritandosi con un cavaliere così qualificato come don Giovanni di Carcamo, e per averle l'esperienza fatto conoscere la sua buona condizione ed onesto procedere, alcune fiate l'aveva mirato con occhi affezionati; ma che in risoluzione nessuna altra volontà voleva avere che quella ch'essi avrebbero voluto.

Venne la notte, ed era circa le quattro ore, che fu cavato il cavaliere Andrea dal carcere senza manette e piè d'amico *, ma con una lunga catena che sino ai piedi tutto il corpo gli cingeva. Giunse in questo modo al palagio del podestà senza essere veduto da alcuno, se

---

* Dichiarato qui di sopra.

non da quelli che lo conducevano; i quali con silenzio
lo fecero entrare in una camera dove lo lasciarono solo.
Indi a poco vi entrò un prete, che gli disse che si dovesse confessare, perchè egli aveva da morire il giorno
seguente. A cui rispose il cavalier Andrea: Molto volontieri mi confesserò; ma perchè non mi si sposa prima? E se si ha da sposarmi, certo che è molto cattivo
il letto nuziale che mi aspetta. Donna Ghiomara che
tutto questo sapeva, disse a suo marito che le paure
e gli affanni che si davano a don Giovanni erano troppo
eccessivi, e che però gli moderasse; perchè potria essere che lo levassino di vita. Parve al podestà questo
essere un buon consiglio, e così egli entrò a richiamar
il prete che il confessava e gli disse: che prima avessero da sposare il zingaro con Preziosa zingaretta, e
che dappoi lo confesserebbe, e che intanto si raccoman-
dasse di tutto cuore a Dio, che molte volte fa piovere
le sue misericordie nel tempo che sono più aride e per-
dute le speranze.

Dunque fu fatto venire il cavaliere Andrea in una
sala dov' erano solamente il podestà, donna Ghiomara
sua moglie, Preziosa e due servitori di casa: ma quando Preziosa vide don Giovanni cinto con una sì lunga
catena, la faccia scolorita e gli occhi appannati dallo
aver pianto, se le smarrì il cuore, e s'appoggiò al braccio di sua madre, la quale abbracciandola le disse: Ritorna in te, figliuola cara, che tutto quello che tu vedi
ha da tornare in tuo gusto ed utile. Ma lei, che non sapeva ciò ch' essi avessero trattato, non sapeva nè anche
consolarsi, e la zingara vecchia stava di mala voglia
e non poco turbata, e gli astanti con gran sospensione
d'animo aspettavano il fine di così nuovo caso.

Allora il podestà disse al confessore parocchiano, signor reverendo, questo zingaro e questa zingara sono
quelli che avete da sposare. Nol posso fare, rispose egli,
se non precederanno prima le forme e circostanze che

in tal caso si richiedono. Dove si sono fatte le pubblicazioni? Dove è la licenza del mio superiore, acciò si possa fare lo sposalizio? Questa, rispose il podestà, è stata innavvertenza mia, ma farò che il vicario del vostro superiore la dia. Dunque, soggiunse il parrocchiano, sinchè io non la vegga, le signorie vostre mi perdonino, altro non posso farci; e senza replicar parole se ne uscì di casa; perchè non succedesse qualche disgusto, e gli lasciò tutti confusi. Il parrocchiano ha fatto molto bene, disse il podestà, e potrebbe essere che questa fosse particolare provvidenza del cielo, acciocchè il supplizio del cavaliere Andrea si prolunghi; perchè in effetto ha da essere sposato con Preziosa, e prima debbono precedere le pubblicazioni: onde si darà tempo al tempo, che suole dare dolce riuscita a molte amare difficoltà.

Ma con tutto ciò vorrei sapere dal cavaliere Andrea se per avventura i suoi succcessi s'incamminassero di modo, che senza queste paure ed apprensioni, egli si trovasse sposo di Preziosa, se si terrebbe per felice, o come il cavaliere Andrea o come don Giovanni di Carcamo. Quando il cavaliere udì nominarsi per lo suo nome disse: Poichè Preziosa non ha potuto contenersi nei limiti del silenzio ed ha manifestato chi io sono, dico, che sebbene io fossi monarca del mondo, avrei per gran ventura l'avermela per moglie, e stimerei tanto questo favore che porrei termine a' miei desiderj, per non desiderare più altro che la felicità del cielo. Dunque per questo buon animo che mostrate, signor don Giovanni di Carcamo, a suo tempo farò che Preziosa sia vostra legittima consorte, ed insin da quest'ora ve la do e consegno, acciò abbiate certa speranza che sarà tutta vostra, come la più ricca gioia di casa mia, della mia vita e dell'anima mia. Stimatela quanto dite, perchè dandovi per isposa Preziosa vi do donna Costanza d'Azevedo, unica mia figliuola; la quale se vi agguaglia nell'amore, non vi disdice punto nel lignaggio. Attonito restò don Giovanni udendo cotali parole, che gli significavano l'amore che il podestà gli aveva. E donna Ghiomara succintamente gli raccontò la perdita di sua figliuola, e come l'aveva trovata, con i certissimi segni che la vecchia zingara diede del suo furto; della qual cosa ancora molto più restò don Giovanni stupefatto. Però ebbe più forza l'indicibile allegrezza, perchè gli fece abbracciare i suoi suoceri: chiamolli genitori e signori suoi; baciò le mani a Preziosa, la quale con lagrime gli chiedeva che le lasciasse baciar le sue.

Quindi s'interruppe il silenzio, e la segretezza del caso, la cui nuova uscì di casa con l'uscirne i servidori che v'erano stati presenti. Laonde, inteso tutto dal giudice, zio del soldato morto, vide serrati essere i passi della sua vendetta; poichè non aveva da aver luogo il rigore della giustizia per eseguirla nel genero del podestà. Don Giovanni si rivestì i suoi primi vestiti da campagna che gli aveva riportati la vecchia zingara. Convertironsi la prigione e le catene di ferro in libertà ed in catene d'oro, e la mestizia de' zingari presi in allegrezza: poichè il giorno seguente furono sciolti e lasciati andare. Ricevette il zio del morto due mila scudi che gli avevano promessi, acciocchè desistesse dalla querela e perdonasse a don Giovanni: il quale non iscordandosi del suo compagno Clemente, lo fece cercare: ma ei non fu trovato, nè di lui poterono sapere cosa veruna, finchè quattro giorni dopo si ebbe nuova certa ch'egli si era imbarcato sopra una di due galere di Genova che si trovarono nel porto di Cartagena, ed eransi partite per l'Italia.

Divulgato così gran caso, venne l'innamorata Carduccia, figliuola dell'albergatrice di sopra accennata, ed iscoprì alla giustizia non essere vero il furto del cavaliere Andrea zingaro, e confessò il suo amore e la sua colpa, alla quale non si diede pena alcuna; perciocchè nell'allegrezza del trovamento degli sposi fu seppellita la vendetta e la clemenza risuscitata.

Disse il podestà a don Giovanni, ch'egli aveva per nuova certa, che il suo padre don Francesco di Carcamo era stato eletto per podestà di quella terra, perchè staria bene aspettarlo, affinchè col suo beneplacite si facessin le nozze. Rispose don Giovanni, che non trasgredirebbe in un sol punto l'ordine suo; ma che prima d'ogni altra cosa egli desiderava essere sposato con Preziosa. Concedette licenza l'arcivescovo che con una sola pubblicazione si facesse lo sposalizio. Rallegrossene tutta la città (per essere in quella molto amato il podestà) con luminarie, cacce di tori e battagliuole con canne nel giorno d'esso sposalizio. Restò in casa la vecchia zingara, perchè non volle mai appartarsi da Preziosa. Volarono alla corte le novelle del caso e del matrimonio della zingaretta. E seppe don Francesco di Carcamo essere suo figliuolo il zingaro, ed essere di lui sposa la zingaretta ch'egli veduta aveva; la cui bellezza fu per discolpa della leggerezza del figliuolo (il quale egli credeva esser perduto, sapendo ch'esso non era gito in Fiandra) e maggiormente per vederlo ammogliato con la figliuola d'un tanto cavaliere, e così ricco com'era don Fernando d'Azevedo. Egli affrettò la sua partenza per andar a vedere i suoi figliuoli; e nello spazio di venti giorni giunse a Murcia; alla cui venuta si rinnovarono le allegrezze, e si raccontarono le vite degli sposi. Ed i poeti della città, che ve ne sono alcuni molto buoni, si pigliarono l'assunto di celebrare co' versi loro quel raro caso, ed insieme la singolar bellezza della zingaretta, e le altre sue doti.

Così ne scrisse il famoso dottor Pozzo, nei cui versi durerà la fama di Preziosa, mentre dureranno i secoli.

INDICE

DI QUESTO SECONDO VOLUME

مقصود

Lightning Source UK Ltd.
Milton Keynes UK
UKHW031613280420
362451UK00010B/676

9 781274 150752